Berlin, 1919-1933

Série Mémoires

L'histoire des idées, des sensibilités, des créations dans le monde, au travers de lieux-symboles saisis à des moments charnières de bouillonnement ou de rupture.

Nos remerciements à Laure Siaud pour la première ébauche de cet ouvrage.

Tél. : 40.26.06.06. Fax : 40.26.00.26. ISBN : 2-86260-340-6. ISSN : 1157-4488
Dépôt légal : 3e trimestre 1995. Imprimé en France.

Berlin, 1919-1933

Gigantisme, crise sociale et avant-garde : l'incarnation extrême de la modernité

Dirigé par Lionel Richard

Éditions Autrement - Série Mémoires n° 10

Sommaire

1. *Prologue*

Une identité contradictoire

Lionel Richard

Comme Paris a la Seine, Berlin a la Sprée. Toutes proportions gardées, bien sûr !... Mais, de même qu'avec la Seine pour Paris, c'est avec la Sprée qu'à Berlin tout a commencé. En 1215, la région de la Sprée est rattachée à l'Empire germanique. Peu après, deux localités surgissent : Cölln sur une île, Berlin sur l'un des bords de la rivière. En 1237 pour Cölln, disent les documents. Pour Berlin, en 1244. Et comme les deux cités, au cours du temps, s'unissent puis se désunissent, pour se réunir en définitive durablement, la date de fondation de Berlin retenue officiellement a été celle de 1237.

Les années passent avant que n'émerge une vraie ville. Décimé par la peste et la guerre de Trente Ans, Berlin ne sort de sa misère pour un début de splendeur que sous la férule du Grand Électeur Frédéric-Guillaume, duc de Prusse. Quand il monte sur le trône, en 1640, il a vingt ans, et son règne s'étend sur près d'un demi-siècle. C'est par lui que Berlin acquiert une forme : il ordonne de paver ses rues, il y introduit l'éclairage. Aimant les arts, marié à une princesse d'Orange, il invite des peintres hollandais à y travailler. Il accueille les huguenots, chassés par la révocation de l'édit de Nantes. Ainsi Berlin atteint-il en 1697, avec 4 292 réfugiés français, 22 000 habitants.

De Frédéric II à Guillaume II, ensuite, progressivement la cité s'étoffe. En population, en bâtiments, en monuments. De bourgade provinciale, paysanne, Berlin entre, en l'espace d'un siècle et demi, dans l'âge industriel. Et à quelle vitesse ! Aucune ville européenne ne bat ce record : en cinquante ans, le nombre de ses habitants est multiplié par quatre. Comment ? Par un mouvement constant d'immigration, surtout en provenance de l'Est. À peine le XIXe siècle amorce-t-il sa dernière décennie que Berlin donne asile à plus d'un million de personnes, dont près d'un quart d'origine slave.

En 1887, T. Colani, un professeur de l'université de Strasbourg, passe un mois à Berlin et relate ses impressions dans une suite d'articles publiés par *Le Temps*[1]. Il ne manque pas d'éloges pour la propreté de la ville, son hygiène, sa modernisation grâce aux progrès de la technique. À la différence de Paris, un métro y fonctionne déjà. Nulle capitale, en Europe, qui soit dotée d'un réseau ferré aussi développé. Ramifié comme une toile d'araignée, il conduit vers Dresde et Prague, vers Hambourg et la mer du Nord, vers Stettin et la Baltique, vers Varsovie puis Pétersbourg. C'est, dit T. Colani, « une ville industrielle de premier ordre, la plus grande ville industrielle du continent ».

Métropole dépassant largement toutes les autres villes allemandes, Berlin est-il pour autant reconnu par l'ensemble des Allemands comme leur capitale ? Le prestige de ses institutions universitaires attire assurément tous les professeurs ambitieux de Tübingen, Heidelberg ou Leipzig, qui rêvent de compter parmi les collègues de l'éminent spécialiste d'histoire ancienne Theodor Mommsen et du brillant physicien Hermann von Helmholtz[2]. Mais pour le reste, selon T. Colani, impossible d'y voir « le cœur où passe et repasse le sang de la nation ». Depuis 1871 et la réalisation de l'unité allemande par Bismarck, Berlin a beau prendre l'avantage sur Vienne, et même tenter de rivaliser avec Paris, son rayonnement « n'exerce

1. T. Colani, *En Prusse il y a trente ans (1886-1888). Études, notes, impressions de voyage*, Paris, Librairie Fischbacher, 1920, p. 82.
2. Hermann von Helmholtz (1821-1894), physicien et physiologue ; Theodor Mommsen (1817-1903), juriste et spécialiste d'histoire ancienne.

d'influence marquée sur la nation ni en politique, ni en littérature, ni dans les arts ».

Le célèbre globe-trotter Jules Huret, une dizaine d'années plus tard, publie à son tour, dans *Le Figaro*, une série de reportages sur Berlin. Lui aussi relève tout ce que la ville a de moderne. Des milliers d'immeubles neufs ou en cours de construction, une vie nocturne intense avec des omnibus qui circulent jusqu'à l'aube, des voitures-arrosoirs pour le nettoyage des rues, des téléphones automatiques un peu partout ! Même constatation que T. Colani, par ailleurs : Berlin est la capitale de la Prusse, non de l'Allemagne entière. De Hambourg à Leipzig, de Munich à Cologne, sa primauté est contestée sous les prétextes les plus divers[3].

Mauvais prétextes, généralement ! Dans cette confédération d'États qu'est l'Allemagne impériale, les réticences l'emportent devant l'hégémonie prussienne, et l'enracinement dans la « petite patrie » prévaut sur le sentiment national. L'évidence, pourtant, s'impose avec force au fil des années : Hambourg, deuxième ville allemande, ne compte que la moitié des habitants de Berlin vers 1910. Un million contre deux ! Et même contre trois, en ajoutant les proches communes de la banlieue berlinoise. Leipzig, Munich et Dresde viennent ensuite, oscillant autour d'un demi-million seulement.

Chargé de tous les espoirs ou de tous les maux, Berlin signifie alors nécessairement pour les Allemands, malgré leurs particularismes, l'incarnation de la mégapole moderne. Cette réalité devient perceptible, du reste, à travers l'évolution des représentations littéraires et picturales qui en sont données. Tandis que le décor urbain des romans de Theodor Fontane, dans les années quatre-vingt, reste encore idyllique, de même que les paysages d'un peintre comme Walter Leistikow, il prend avec la génération nouvelle, vers 1910, la figure d'un Moloch dévorant. Mouvement incessant, grouillement, anonymat, solitude, corruption, prostitution : tels sont quelques-uns des éléments qui hantent l'univers berlinois des poèmes de Gottfried Benn et de Georg Heym, ou celui des tableaux d'Ernst Ludwig Kirchner et de Ludwig Meidner.

Ce Moloch répugne et séduit tout à la fois. Car la vie intellectuelle n'est certainement pas dénuée d'intérêt à Munich, Dresde

3. Jules Huret, *Berlin*, Paris, Bibliothèque Charpentier, 1909, p. 59-60.

ou ailleurs, mais elle ne possède ni l'attrait ni le foisonnement qu'elle peut avoir à Berlin. Initiatives de poids, c'est à Dresde que le groupe *Die Brücke*, Le Pont, autour de Kirchner, s'est formé en 1905, et à Munich, celui du Cavalier bleu, *Der blaue Reiter*, en 1911, avec Franz Marc et Vassili Kandinsky. Néanmoins, contrairement à l'opinion de Walther Mehring qui ne voit dans la capitale allemande qu'un « immense camp militaire, la caserne de l'Allemagne », le dynamisme de l'innovation artistique a son siège à Berlin. Le mouvement dit « expressionniste » est impensable sans les deux revues berlinoises *Der Sturm, La Tempête*, et *Die Aktion*. La première a été fondée par Herwarth Walden en 1910, épaulée d'une galerie de peinture, et l'autre par Franz Pfemfert, en 1911. Naissance d'une production cinématographique avec Paul Wegener et *L'Étudiant de Prague* en 1913, régénération du théâtre avec les mises en scène de Max Reinhardt, découverte de l'art international grâce aux expositions organisées par Walden : immédiatement avant 1914, Berlin est incontestablement devenu le haut lieu de la culture nouvelle en train de s'élaborer.

Une République et sa capitale

Le décalage par rapport au reste de l'Allemagne s'accentue avec la guerre. Quelle que soit la « petite patrie » dont chacun peut se réclamer, on doit se soumettre d'abord et avant tout, dès le moment où s'ouvrent les hostilités, aux ordres et décisions émanant du gouvernement central de Berlin. L'autonomie des États régionaux et des dynasties de province ne compte pas devant la nécessité de préserver l'Empire, l'artificielle nation allemande, et la loi est de se plier à son autorité suprême. Le soldat enrôlé n'est plus aussi nettement bavarois, saxon, rhénan ou prussien qu'auparavant : il appartient à l'armée allemande.

Depuis la fondation du fameux Reich bismarckien, l'épreuve de la guerre est la première manifestation d'un sort commun auquel tous les Allemands sont confrontés. Elle contribue à imposer, dans les consciences, l'image de Berlin comme celle du vrai et seul pouvoir. Là délibère, en effet, le Reichstag, où s'affrontent les partisans de la politique impériale et les rares députés qui s'y opposent. À Berlin est en place la machinerie administrative et militaire qui commande à l'ensemble du pays. Les principaux partis et syndicats y sont présents, eux aussi, avec leurs organes de direction.

Étant donné qu'il rayonne sur toute l'Allemagne, un parti exerce alors une influence considérable sur le dépassement des clivages régionaux à l'intérieur des masses ouvrières : le parti social-démocrate. En soutenant les menées militaires de Guillaume II et de ses gouvernements successifs, il est un ferment de l'unité nationale. Et il l'est jusque dans le rejet de ses prises de position par une frange de la population qu'il prétend représenter. Car cette contestation de ses orientations officielles, qui se manifeste clairement à partir de 1916, s'implante elle aussi sur l'ensemble du territoire allemand.

Aidé par l'aggravation des conditions de vie, ce mouvement d'opposition animé par les spartakistes aboutit aux soulèvements révolutionnaires d'octobre-novembre 1918. La révolution se propage d'abord en province, mais elle ne peut, là encore, en dépit de certaines aspirations séparatistes, comme en Bavière, se passer de Berlin. Les plus fortes manifestations de masse et les combats les plus violents s'y déroulent. C'est le pivot et le lieu majeur des décisions. Ainsi les Conseils d'ouvriers et de soldats désignent-ils des délégués auprès d'un Conseil central qui se réunit à Berlin. Leurs adversaires ne s'y trompent pas : c'est à Berlin, pour commencer, que l'écrasement de cette révolution est entrepris, avec l'assassinat de Rosa Luxemburg et de Karl Liebknecht en janvier 1919.

Par la guerre et ses suites, non sans moments tragiques, voici donc la résidence de fonction des rois de Prusse qui accède enfin vraiment au rang de capitale de l'Allemagne entière ! Et la Constitution de la République de Weimar, promulguée le 11 août 1919, donne des assises juridiques à cette accession. Elle ne se contente pas de reprendre ce qui lui a été difficilement légué. Elle justifie le rôle de Berlin en réorganisant administrativement et politiquement l'ancien système fédéral de l'empire déchu.

La République allemande nouvellement instituée ne comprend plus, tout en maintenant une prééminence de la Prusse, que dix-sept régions administratives ou *Länder*, au lieu de vingt, et leur autonomie est limitée à quelques domaines, comme la police, l'enseignement, les cultes et la culture. Tous les grands services deviennent nationaux : les postes, les chemins de fer, l'armée

suite p. 22

Berlin, janvier 1919, propagande en faveur des élections à l'Assemblée nationale.

Haut : Parmi les assassins de Karl Liebknecht et Rosa Luxemburg au foyer de l'hôtel Eden, janvier 1919.
Bas : Signatures de contrats dans les Corps francs, au café Vaterland, place de Potsdam, janvier-février 1919.

Combats de rue, mars 1919.

suite de la p. 18

(réduite à moins de cent mille hommes, conformément au traité de Versailles) sont unifiés et centralisés dans la capitale. Les impôts, de même, sont prélevés nationalement par le ministère central des Finances, puis répartis vers chaque *Land*, à la disposition des parlements et gouvernements locaux. Désormais, une chose est claire : l'État, c'est Berlin.

La perception en est rendue encore plus nette grâce à un artifice qui détermine un agrandissement gigantesque de l'agglomération berlinoise : l'intégration au Vieux-Berlin, en 1920, de sa proche banlieue. La capitale de l'Allemagne augmente sa superficie de 6 700 à 87 000 hectares. En toute propriété, elle en reçoit 27 000 en terres cultivables et 21 000 en forêts. Sa population passe à quatre millions, dont un million d'ouvriers. En étendue, elle devient la ville la plus vaste du monde. Et, par le nombre de ses habitants, la troisième après New York et Londres. Le réseau de communication d'une pareille métropole est évidemment immense : vingt gares pour les grandes lignes, cent gares de banlieue, six cents kilomètres de voies ferrées. Malheureusement, le tout dans un état pitoyable en 1919. Il en va de même pour la distribution de l'eau, du gaz, de l'électricité. Un gouffre pour les crédits municipaux ! D'énormes investissements doivent être réalisés pour rénover, moderniser les transports et les services publics. L'électrification du métro de surface, le *S-Bahn*, est mise en chantier dès 1920.

Quant à l'approvisionnement de la ville en marchandises, il s'effectue, pour l'essentiel, par train (le plus gros trafic ferroviaire de toute l'Allemagne !), mais aussi par bateau. À partir de 1923, de nouvelles installations portuaires, en cours de construction depuis une dizaine d'années, sont enfin ouvertes. Berlin dispose de trente-cinq kilomètres de quais, de plusieurs centaines de milliers de mètres carrés de surface de débarquement. Jusque dans ses activités de port fluvial, qui ne sont pas au tout premier plan de sa vie économique, il arrive presque en tête : il n'est précédé que par Duisbourg, le port charbonnier de la Ruhr.

En Europe, au milieu des années vingt, nulle part le commerce n'a semblable fièvre. Près de 500 000 employés y sont occupés. Ils se répartissent dans 17 000 maisons de gros, 56 000 détaillants, 54 grands magasins. Rien d'étonnant à ce que ce lieu d'implantation d'un tiers des sociétés allemandes anonymes ou par actions soit équipé de 3 000 banques ! Indices éloquents : pour les 6,4 p. cent de la population allemande que représente Berlin, le prélèvement de l'impôt direct national, entre 1927 et 1929, est évalué à 13 p. cent des rentrées fiscales de toute l'Allemagne, alors que l'ensemble de la région industrielle de Dusseldorf, l'une des plus riches, n'en fournit que 8 p. cent.

Réservoir d'usines et d'une production en tous genres, Berlin donne dans la démesure. Il compte 300 000 établissements industriels, autant que le Bade et le Wurtemberg réunis. Pour la métallurgie, la chimie, le textile, la Rhénanie-Westphalie et l'Allemagne centrale ont encore la capacité de le concurrencer, mais il tient la dragée haute à Leipzig pour l'imprimerie, dont c'est pourtant une spécialité ancienne. Il talonne Dresde pour la fabrication des cigarettes, et Munich pour la production de bière.

Ses édiles en viennent, en conséquence, à vouloir l'instaurer capitale des foires industrielles : foires non pas générales, comme à Leipzig, mais par branches. Pour les abriter, des bâtiments sont construits en 1923 sur un vaste terrain près de la gare de Witzleben, dans le quartier de Kaiserdamm, d'après des plans de Hans Poelzig et Martin Wagner. En 1924 s'y tient une foire aux vêtements et aux chaussures, en 1925 une foire de l'industrie radiophonique. À l'occasion de celle-ci, une tour de 121 mètres de haut est érigée, avec un restaurant sur deux étages. La colonne de la Victoire, achevée en 1873, avait été le dernier monument symbolique représentatif de l'époque de Bismarck mis en place à Berlin. En acier, dénué de tout ornement, ce nouveau monument symbolise l'Allemagne républicaine et le triomphe de l'invention technique.

Grâce à l'aéroport de Tempelhof, ouvert en 1924 à deux kilomètres du centre de la ville, Berlin acquiert, pour couronner sa situation d'exception en Allemagne, une incomparable possibilité de commerce et d'échanges internationaux. Le voici en relation, en quelques heures, avec Budapest, Constantinople, Moscou, Londres, Paris. L'investissement de la municipalité dans cette construction, à égalité avec l'État central et la Prusse, a été fort lourd[4]. Mais l'exploitation du trafic, où elle est partie prenante à travers la société Luft-Hansa, et qui représente une augmentation du volume annuel

4. Le budget municipal de Berlin, en 1924, était encore inférieur à ce qu'il était dix ans auparavant. D'où l'austérité.

de passagers de 17 000 à 40 000 en 1928, n'est pas simplement efficace. Elle se double d'un prestige envié : l'aéroport de Tempelhof est le centre de la navigation aérienne européenne et l'un des plus modernes du monde.

Malheureusement, ce gigantisme terriblement visible est loin de masquer le reste. Et le reste, c'est un amoncellement de baraquements, de taudis, de « cages à lapins », d'immeubles insalubres. Berlin, de 1923 à 1930, est la ville allemande qui, avec Francfort, accorde le plus de subventions pour la construction de logements sociaux. De nouvelles rues, des places, des parcs sont aménagés dans les vieux quartiers de Kreuzberg. La place Alexandre, l'Alexanderplatz, inaugurée par Frédéric-Guillaume III en octobre 1805, à l'occasion de la visite du tsar Alexandre Ier, est transformée. Seulement, il faudrait construire, selon l'architecte Martin Wagner, nommé responsable de la planification urbaine en 1926, environ 70 000 logements par an durant dix ans, alors que la disponibilité annuelle est en moyenne de 20 000.

Une fois l'inflation surmontée, l'univers quotidien berlinois est envahi par la technique. De 50 000 à 70 000 camions et autos sillonnent alors régulièrement les rues, contre 7 000 en 1914, ce qui cause en 1925 une dizaine de milliers d'accidents, le double en 1926, presque le triple en 1927, et 150 morts en moyenne par an. Au milieu de la place de Potsdam, où la circulation est particulièrement dense, est installée la première tour de signalisation aux feux vert et rouge : elle « règle le jeu des rues, telle une chaise d'arbitre au tennis », note en 1929 Franz Hessel au fil de ses *Promenades dans Berlin*.

Des ateliers et des salles de cinéma (l'UFA-Palast, le Capitole), des théâtres, des restaurants, des cafés sont imposants d'espace, de tape-à-l'œil, de modernisme. Certaines de ces brasseries servent deux à trois mille consommateurs par soirée. Sur le Kurfüstendamm, un Luna Park géant invite les badauds à se « projeter vers l'avenir ». Dans les quartiers commerçants, des milliers de réclames lumineuses scintillent : en 1928 ont même lieu une fête et un bal de la lumière ! La banlieue se voit également propulsée dans la frénésie du nouvel âge technique : l'agreste Köpenick, avec ses hectares de forêts et ses lacs, se parsème de villas grandioses, de lotissements, et de vastes baignades y sont aménagées.

Revers de la médaille : la misère, la criminalité. À l'est, autour

La place Alexandre en 1932 (haut) et au début du siècle (bas).

Haut : La place de Potsdam en 1928, avec, à gauche, la tour de contrôle de la circulation.
Bas : La circulation à Berlin en 1930. Pour la première fois, utilisation de feux.

de l'Alexanderplatz, la pègre a ses bandes et ses postes de commandement sur les bas-fonds. Dans l'ouest élégant, la surexcitation est à son comble de neuf heures du soir à trois heures du matin avec les boîtes de nuit, les cabarets, les music-halls : mendiants et prostituées y défendent âprement leur bout de trottoir, les plus divers plaisirs du sexe y règnent, dans les arrière-salles enfumées la cocaïne circule de narine en narine. C'est aussi Berlin et ses neuf prisons, dont une seule pour les femmes, Berlin et les deux mille huissiers, juges, avocats de son annuaire téléphonique - un autre gigantisme.

Ruptures et continuité

Cette identité contradictoire est inséparable des contradictions politiques de l'époque. Il a été souvent dit que la République de Weimar était une république sans républicains. Le 9 novembre 1918, sous la pression des grèves et des manifestations de rue, le régime impérial s'était écroulé en un après-midi. Deux pouvoirs concurrents étaient alors apparus à Berlin. D'une part, une république « sociale », annoncée devant le Reichstag par Scheidemann, qui représentait le groupe des députés social-démocrates, y compris Ebert, nouveau chancelier par la grâce des instances monarchistes. De l'autre, une république « socialiste », proclamée du haut d'un balcon du Berliner Schloß, le Château royal, par Liebknecht, au nom de l'extrême gauche et des masses qui, par leur action, avaient été responsables du renversement de l'ordre ancien. L'anéantissement des tentatives d'instauration de cette république « socialiste », entrepris à l'instigation d'Ebert et mené à bonne fin par le social-démocrate Noske, marque ensuite le cours de la démocratie allemande.

Même si les institutions démocratiques prennent assise sur des élections au suffrage universel organisées régulièrement, la République de Weimar tient ses origines d'un retour à l'ordre fondé, dans les faits, sur une alliance contre nature : celle qui s'établit entre les couches sociales influentes sous Guillaume II, un ensemble de forces antidémocratiques, et les dirigeants social-démocrates. Ce paradoxe d'un État républicain largement influencé par un esprit antirépublicain trouve son illustration la plus nette après la mort

Le président de la République Ebert, le chancelier Marx et le ministre des Affaires étrangères Stresemann lors de la cérémonie en l'honneur des victimes de la Première Guerre, en 1924.

d'Ebert, avec le succès aux élections présidentielles, en avril 1925, d'un officier monarchiste : le maréchal Hindenburg. Le même Hindenburg qui, en novembre 1919, devant l'Assemblée nationale récemment réinstallée à Berlin dans l'ancien Reichstag après un intermède au Théâtre national de Weimar, prétendait que l'armée impériale n'avait pas été battue militairement, mais qu'elle avait été trahie et minée par les forces hostiles à Guillaume II ayant mené campagne contre la guerre. Argument utilisé ultérieurement avec persévérance par les nationalistes, sous la formule du « coup de poignard dans le dos » !

Berlin est lui-même travaillé par ces contradictions, soit qu'il les connaisse intrinsèquement, soit qu'elles se répercutent sur sa vie politique. De 1919 à 1933, sa population demeure, à une très large majorité, prolétarienne. Avec une relative constance, cette population impose à la ville, par son vote, un conseil municipal de gauche. Stabilité d'autant plus remarquable que, de 1921 à 1929, Berlin possède un seul maire : Gustav Böss, membre du parti démocrate, alors que le gouvernement central, pour une durée identique, épuise quinze cabinets ministériels, dont aucun ne tient plus de dix-huit mois. Néanmoins, ne manquent en même temps à Berlin ni les manifestations ni les succès des forces antidémocratiques.

C'est à Berlin qu'un groupe de conspirateurs, autour des officiers Kapp et Ludendorff, le samedi 13 mars 1920, s'empare des bâtiments gouvernementaux. Toutefois, c'est aussi à Berlin qu'il est rapidement isolé par l'intervention non des autorités en place, mais de la population. Avant même que le gouvernement n'ait réagi, les syndicats proclament la grève générale. Plus de gaz, plus d'électricité, plus d'eau. Sur les ordres de Kapp, des affiches sont placardées dans la ville, annonçant que tout gréviste risque la peine de mort. Aucun effet. Le 17 mars, Kapp est obligé d'abandonner : il s'enfuit en Suède.

Cette victoire contre une tentative de dictature signe-t-elle l'impuissance des courants d'extrême droite à Berlin ? Évidemment non. Le 31 août 1921, plus de cinq cent mille manifestants y défilent à l'initiative du parti communiste pour exiger la dissolution des organisations représentatives de ces courants et se livrant à des activités terroristes. Sans résultat. Le 4 juin 1922, Scheidemann est grièvement blessé lors d'un attentat. Vingt jours plus tard, l'automobile du ministre des Affaires étrangères, Walther Rathenau, est

Haut : Walther Rathenau.
Bas : Gustav Noske en 1919.

prise sous une rafale de tirs dans la Königstraße : il est rapidement ramené chez lui par son chauffeur, mais il meurt en cours de route. Le 3 juillet, c'est au tour du publiciste Maximilian Harden, virulent dénonciateur de tous les scandales, d'être assassiné près de sa maison de Grunewald.

La justice, qui plus est, reste marquée par l'héritage du pouvoir impérial, et la tendance des juges est de s'en prendre davantage à la gauche et l'extrême gauche qu'à l'extrême droite. En 1925, les prisons allemandes renferment environ sept mille incarcérés pour menées révolutionnaires. À l'opposé, Hitler est condamné à cinq ans de prison pour sa tentative de coup d'État en novembre 1923 à Munich, et il est libéré au bout de neuf mois, tandis que son associé le général Ludendorff est complètement acquitté. Entre 1919 et 1933, une bonne dizaine de journalistes de gauche ou d'extrême gauche sont inculpés pour atteinte aux principes républicains : en 1931, Carl von Ossietzky est ainsi condamné à dix-huit mois de prison ferme pour avoir prétendument divulgué dans l'hebdomadaire *Die Weltbühne*, qu'il dirige, des secrets militaires. En revanche, pratiquement pas d'inculpations de journalistes nazis, alors que la presse nazie est remplie quotidiennement d'insultes racistes et d'attaques ouvertes contre l'État républicain.

« La République allemande est devenue un terrain de manœuvre des cohortes réactionnaires », écrit Ossietzky dès avril 1920. À Berlin même, aucun des 775 officiers compromis dans le putsch avorté de Kapp n'a été condamné par un tribunal. Beaucoup d'entre eux, en conséquence, poursuivent leurs activités antirépublicaines. Sous un pseudonyme, Erhardt continue ainsi dans des associations secrètes, l'organisation Consul entre autres, son « combat contre le bolchevisme ». En octobre 1924, toujours à Berlin, s'ouvre le procès de vingt-six membres de cette organisation Consul ayant participé à des assassinats politiques : dix-huit sont condamnés à des peines ne dépassant pas huit mois de prison et les autres sont acquittés. En décembre 1925, une loi d'amnistie permet aux inculpés d'être graciés.

L'élection de Hindenburg à la présidence de la République favorise le retour sur le devant de la scène, en toute impunité, des associations nationalistes et monarchistes. La vogue des croix gammées et des emblèmes antirépublicains devient telle que les autorités universitaires de Berlin en arrivent, à la fin de 1925, à interdire dans les établissements scolaires tout port d'insignes quels qu'ils soient. Hindenburg, se désignant comme un « homme de devoir », s'est trouvé contraint, il est vrai, de prêter serment sur la Constitution républicaine pour prendre ses fonctions, mais voilà qui n'a été qu'une formalité : dans ses actes, il cautionne les courants attachés aux valeurs impériales.

Le débat qui surgit autour de la nature du drapeau digne de représenter l'Allemagne indique dans quelle situation ambiguë les institutions officielles sont désormais plongées. En 1924, le parti populiste avait proposé devant le Reichstag que le drapeau républicain noir, rouge et or soit abandonné au bénéfice d'un retour au drapeau impérial noir, blanc et rouge. La demande avait été repoussée. Jusque-là, les anciennes couleurs impériales n'avaient été maintenues que pour le pavillon des bateaux de commerce, avec un écusson aux couleurs de la République ajouté sur l'un des angles. Or le 5 mai 1926, une ordonnance de Hindenburg décide que l'ancien drapeau impérial sera également utilisé à l'étranger dans toutes les missions diplomatiques. Protestations. Débats à la Chambre. Le gouvernement Luther démissionne. Le 17 mai, un gouvernement Marx le remplace. L'ordonnance reste en vigueur. En définitive, l'Allemagne a dès lors deux drapeaux. Ce qui revient à rejeter la pleine validité du drapeau républicain. Et Berlin en fait l'expérience : le 11 août 1927, à l'occasion de l'anniversaire de la Constitution de Weimar, jour de fête nationale, le maire est conspué par les conseillers municipaux des partis de droite parce qu'il a donné l'ordre de hisser sur l'Hôtel de Ville les seules couleurs de la République.

Autre affaire qui en dit long, celle de l'indemnisation des aristocrates et hobereaux victimes d'une confiscation de biens par les institutions républicaines en 1919. Déjà le prince héritier des Hohenzollern avait pu récupérer en Basse-Silésie, en 1923, ses quatorze fermes et 14 000 hectares de terre. L'accession de Hindenburg à la présidence de la République pousse tous les « spoliés » à réclamer une indemnisation, et la discussion est portée devant la diète de Prusse, puis devant le Reichstag. Sous l'impulsion des forces de gauche hostiles à cette indemnisation, une campagne est organisée dans la population pour obtenir qu'un référendum ait lieu. Ce référendum se déroule le 20 juin 1926. À Berlin, 58 p. cent des votants se prononcent contre. Mais 36,4 p. cent seulement sur l'ensemble de l'Allemagne. Les hobereaux « spoliés » ont gagné. Si tout ce qu'ils demandent n'est pas accepté, un accord est conclu sur le dédommagement ou la récupération de leurs biens. Les Hohenzollern retrouvent leurs anciennes terres et leurs collections d'œuvres d'art - redevenant ainsi, par la grâce de la République, les plus grands propriétaires de Prusse.

Berlin, au fur et à mesure que les tensions sociales augmentent à l'intérieur de la République de Weimar par suite des contradictions qui minent ses institutions, est donc lui-même projeté de nouveau dans les conflits violents. Quand les nationalistes de l'association des Casques d'acier, le *Stahlhelm*, décident de défiler dans les rues lors de la Pentecôte 1927, des manisfestations ouvrières sont organisées dès le mois de mars pour protester. La police charge : deux morts. Quand, lors du 1er mai 1929, les communistes outrepassent l'interdiction de manifester, le préfet de police d'alors, le social-démocrate Zörgiebel, n'hésite pas à donner l'ordre de réprimer la manifestation : trente et un morts.

Une métropole culturelle

Ces contradictions ne doivent pas faire oublier le rôle exceptionnel que joue Berlin, entre 1923 et 1930, en devenant une métropole culturelle. Accueillante, ouverte aux influences internationales, la capitale allemande est la seule ville, avec Paris, à proposer en Europe une vie artistique aussi riche et diversifiée. Dès 1920, grâce notamment à Lissitzky, l'avant-garde russe y est connue mieux que partout ailleurs : la galerie van Diemen a le privilège d'accueillir la première exposition d'artistes soviétiques organisée dans les démocraties occidentales. Par ailleurs, une centaine de milliers d'émigrés russes, avec leurs journaux, leurs maisons d'édition, y trouvent asile. Beaucoup de Hongrois, fuyant la répression après l'échec de la révolution dans leur pays, s'efforcent d'y travailler : le sculpteur Lazlo Péri, les critiques d'art Kallai et Kemény, le théoricien du cinéma Béla Balázs.

Un quartier juif existe aussi. Seuls les nouveaux immigrés, originaires de l'Est le plus souvent, se sont regroupés sur ce ghetto, dans un entrelacs de ruelles derrière l'Alexanderplatz. C'est là qu'on entend parler yiddish, qu'on rencontre des vieillards en caftan ou la kippa sur la tête, que des boutiques portent des inscriptions en caractères hébraïques.

On afflue à Berlin de l'intérieur même de l'Allemagne. Exemple caractéristique, celui de Brecht. Natif d'Augsbourg, il ne découvre Berlin, par plusieurs voyages et séjours, qu'en 1920-1921. Il n'a pas beaucoup plus de vingt ans et la réputation d'une belle carrière théâtrale à venir est attachée à son nom. Mais où réussir ? Seul Berlin est l'occasion de tous les possibles ! Il part donc proposer un drame, *Baal*, à Max Reinhardt, qui le refuse. La vie misérable qu'il doit mener, mangeant à peine et logeant dans un réduit glacé, l'oblige à déchanter. Au printemps 1922, sous-alimenté, il est contraint de s'aliter. Des amis le conduisent d'urgence à l'hôpital de la Charité. Néanmoins, c'est dans cette ville où il a manqué mourir qu'il s'installe définitivement en 1924. Berlinois non de cœur, mais de raison, par réalisme. Il est convaincu que les grandes cités sont le réservoir de tous les changements fondamentaux du siècle. Et puis, enfin, il participe directement au théâtre. On met en scène ses pièces, ou ses adaptations. Il connaît le succès avec *L'Opéra de quat'sous*, en 1928 : succès auquel n'est pas pour rien la musique de Kurt Weill, autre Berlinois d'adoption.

En aucun domaine, la fracture avec les capitales régionales de cette Allemagne n'apparaît de façon plus manifeste. La chute des dynasties et la disparition de la vie de cour les ont démunies de leur brillant artificiel. Théâtres, opéras et salles de concert y fonctionnent, certes, et souvent avec succès, mais sans commune mesure avec ce que propose Berlin. Une Allemagne décentralisée, acéphale, n'est plus que le rêve de retardataires qui confondent le XIXe siècle avec le XXe. Berlin joue si bien son rôle, au contraire, qu'il condamne toutes les autres villes allemandes à la médiocrité.

En 1923, dans un livre intitulé *Allemagne*, Paul Colin a très bien saisi pourquoi Berlin drainait les ambitions et les énergies :

> « Certes il y a de grands journaux en Bavière, en Saxe, à Cologne, à Francfort, à Hambourg et dans beaucoup d'autres villes, mais il y en a autant à Berlin que partout ailleurs et pour tous les partis. Certes il y a de grands théâtres et de grands régisseurs à Francfort, à Darmstadt, à Dresde, à Munich et ailleurs, mais à Berlin il y a l'œuvre de Reinhardt que poursuit Holländer, il y a Jessner, il y a le Lessing-Theater et beaucoup d'autres, ne serait-ce que la Freie Volksbühne. Certes il y a de célèbres universités à Heidelberg, à Iéna, à Bonn,

à Munich, mais celle de Berlin compte plus de dix mille étudiants.[5] »

Cette richesse des possibilités de réussite n'empêche pas, évidemment, les échecs, le chômage, ni l'émergence d'une bohème aux conditions de vie difficiles. En 1927, à Berlin, deux mille artistes n'ont aucun revenu déclaré. Ils perçoivent l'aide municipale réservée aux nécessiteux. La crise économique, deux ans plus tard, en conduit plus d'un aux soupes populaires et à la mendicité. C'est l'époque où prolifèrent, d'arrière-cour en arrière-cour, les chanteurs de rues.

Toujours est-il que les activités culturelles de Berlin, comme pour le reste, n'ont pas d'équivalent. Modèle de cette incontestable supériorité, la célèbre Scala, ouverte en 1921 dans une ancienne patinoire, le palais de la Glace : ses programmes de variétés changent deux ou trois fois par jour, et, derrière la gare de Silésie, elle possède un théâtre de trois mille places ! Capitale mondiale des distractions et du spectacle, Berlin offre aux amateurs la fréquentation de trois opéras, d'une cinquantaine de théâtres, d'une centaine de cabarets et de plus de trois cents cinémas.

La musique moderne, tellement décriée partout ailleurs, existe à Berlin en permanence, que ce soit à travers l'enseignement de Ferruccio Busoni jusqu'à sa mort, en 1924, et celui d'Arnold Schönberg à l'Académie prussienne des beaux-arts de 1926 à 1933, ou grâce à l'audace des directeurs de concerts. D'où le privilège de premières qui sont de vraies découvertes : à l'Opéra national, *La Femme sans ombre* de Richard Strauss en 1919, le *Wozzeck* d'Alban Berg en 1925, le *Cardillac* de Hindemith en 1928 ; à la Philharmonie, Stravinski joue son *Concerto pour piano et orchestre* sous la direction de Wilhelm Furtwängler en 1924. Du côté des représentations théâtrales, le même esprit d'avant-garde, sans crainte du scandale, règne notamment avec Leopold Jessner au Théâtre national, et, de 1924 à 1927, à la Volksbühne, avec Erwin Piscator.

Même les arts mineurs y sont assurés de réussites brillantes. De Berlin, non de Hambourg, Leipzig ou Francfort, partent les chansons qui se retrouvent ensuite sur toutes les lèvres. De la *Mélodie rouge* interprétée par Rosa Valetti, sur des paroles de Kurt Tucholsky, à *C'est moi la fringante Lola* que chante Marlene Die-

5. Paul Colin, *Allemagne*, Paris, F. Rieder & Cie, 1924, p. 156-157.

suite p. 38

Première de la Salomé *de Richard Strauss à l'opéra Kroll, le 5 septembre 1928. À l'extrême gauche, le chef d'orchestre et compositeur Alexander von Zemlinsky, en compagnie des interprètes, et, au centre, de l'administrateur, Ernst Legal.*

Haut : À gauche, Igor Stravinski en visite à Berlin lors de la représentation de son Œdipus Rex *en février 1928. Au centre, le décorateur Ewald Dülberg et, à droite, le chef d'orchestre Otto Klemperer.*
Bas : Erich Maria Remarque en 1929, avec le directeur de la firme Universal, Carl Laemmle, en vue du tournage de À l'Ouest, rien de nouveau.

suite de la p. 35

trich dans le film de Josef von Sternberg, *L'Ange bleu*, combien de succès reviennent à Friedrich Holländer, ce vieux Berlinois dont le père était déjà le musicien attitré du Metropol-Theater sous Guillaume II !

La vie scientifique, elle aussi, jouit d'un grand rayonnement, même si celui-ci est fortement discuté. Dans les institutions universitaires ou les centres de recherches travaillent des savants de renom : le chimiste Otto Hahn, les physiciens Max von Laue, Max Planck, Lise Meitner et, particulièrement attaqué par des campagnes antisémites, Albert Einstein. Dans les sciences humaines, dominent des personnalités comme l'historien Friedrich Meinecke, ou l'économiste Werner Sombart, qui enseigne la sociologie. La psychanalyse a ses clans de toute obédience, mais la tradition freudienne est surtout solidement implantée, à travers l'Association psychanalytique internationale que préside Karl Abraham.

Berlin ne séduit pas simplement les étudiants par ses distractions, qui sont tout de même plus excitantes qu'à Leipzig, Francfort ou Marbourg, mais par le côté stimulant de ses activités intellectuelles. Tout ce qui est à la mode, une mode d'ailleurs parfois empruntée aux autres pays et vite assimilée, traverse les discussions de cafés, les débats dans les journaux et les revues. Comble d'espérance pour les jeunes ambitieux, c'est une ville où il est extrêmement facile de lier connaissance avec les personnalités célèbres. Pour forcer un peu le hasard, il suffit de se promener dans les endroits qu'elles fréquentent. Par exemple, s'asseoir à la terrasse du Romanisches Café en fin d'après-midi.

Où trouver mieux qu'à Berlin ? L'information est centralisée par des groupes de presse comme Scherl, Mosse, Ullstein, qui occupent un quartier entier. C'est à Berlin qu'en 1926 entre en fonction le premier émetteur de radio diffusant sur tout le territoire national. Les maisons d'édition les plus ouvertes à la littérature moderne y ont leur siège : Fischer, Kiepenheuer, Rowohlt. Des galeries d'art, comme celles de Paul Cassirer, de Flechtheim, de Nierendorf, y sont implantées solidement. Les studios de tournage, pour le cinéma, y sont d'immenses fabriques de rêve : près de Tempelhof pour les firmes Messter et Union, à Weissensee pour les sociétés Decla et Greenbaum, à Babelsberg et près du Jardin zoologique pour la Bioscop. Et qui veut toucher un public populaire, pour tenter à la fois de renouveler les formes artistiques et transmettre un message politique, ne peut rien souhaiter d'autre que le Wedding rouge, à la façon de Hanns Eisler avec les chorales ouvrières et les troupes d'agit-prop. Bref : quand on souhaite vivre au rythme de son époque, on est, à Berlin, vraiment placé aux avant-postes.

Goebbels à la conquête de Berlin

Au début des années trente, hélas, l'époque se met considérablement à changer. Le nombre des chômeurs passe à Berlin de 220 000 en janvier 1929 à 350 000 en septembre 1930, et à 650 000 à la fin de 1932. Terminés, en raison de la crise économique de 1929, les crédits américains[6] pour la République de Weimar et les rêves utopiques de libération par la technique sur le modèle des gratte-ciel de Manhattan !... Jessner démissionne de la direction du Théâtre national. Démission symptomatique : social-démocrate, concevant le théâtre comme un forum et voulant porter l'art au peuple, il est déçu devant les restrictions financières causées par la crise et devant l'évolution de la situation politique. La même année, en décembre 1930, le film *À l'Ouest rien de nouveau* tiré du roman pacifiste d'Erich Maria Remarque passe au Lichtspieltheater : orchestrées par Goebbels, des manifestations nazies provoquent des bagarres dans la salle, de sorte que le gouvernement de Prusse, pourtant à majorité social-démocrate, décide d'interdire la projection.

Jusque-là, les nazis avaient peu de pouvoir dans la ville. En 1928, ils n'avaient obtenu que 16 000 voix aux élections, tandis que les social-démocrates en obtenaient 400 000, et les communistes 350 000. Berlin était traditionnellement « rouge », grâce au poids des quartiers ouvriers de Wedding, Reinickendorf, Neukölln et Friedrichshain. Hitler lui-même, plus à l'aise à Munich, vitupérait la capitale comme « rouge et enjuivée ». D'où la volonté de Goebbels de partir « à la conquête de Berlin », un peu comme Mussolini avait entrepris sa « marche sur Rome ».

6. Avec le plan Dawes, accepté par le Reichstag le 29 août 1924 (seuls les communistes votèrent contre), la République de Weimar reçut jusqu'à la crise économique de 1929 une aide des banques étrangères, où la participation américaine était la plus importante. Soit : 39 p. cent des États-Unis, 18 p. cent des Pays-Bas, 15 p. cent de la Grande-Bretagne, 13 p. cent de la Suisse, 5 p. cent de la France. Cet argent fut essentiellement utilisé par l'Allemagne dans l'industrie lourde, pour moderniser son appareil de production.

Cette conquête est engagée de manière systématique. Elle commence avec la création de l'hebdomadaire *Der Angriff*, *L'Offensive*, le 4 juillet 1927. S'il ne tire qu'à quelques milliers d'exemplaires et demeure sans influence profonde sur les masses, la violence verbale et physique est en route. Insultes, grossièretés, humiliations racistes sont désormais le lot de tous ceux qui représentent à Berlin le monde de la « culture ». Foin des nuances : n'importe qui, pour peu qu'il soit de gauche, se voit traité de « Juif », de « bolchevik », ou de « judéo-bolchevik ». En 1931, Bertolt Brecht et Kurt Weill sont violemment attaqués[7] à propos de *L'Opéra de Quat'sous*, qualifié de nuisible au « sang allemand ».

Les nazis ne sont pas sans complices parmi les écrivains et les artistes conservateurs. Depuis la fin du XIXe siècle, la plupart de ces derniers conspuent Berlin. Ils le dépeignent comme un repaire de la corruption. Wilhelm Stapel, directeur du périodique *Deutsches Volkstum*, dénonce ainsi, en 1930, les « insolences de la capitale ». Il donne pour mot d'ordre : « En avant contre Berlin ! » Même position de la part d'Erwin Guido Kolbenheyer, qui estime un an plus tard, toujours dans *Deutsches Volkstum*, que le « rythme frénétique » de Berlin ne peut qu'indisposer les « natures sensibles » que sont les vrais écrivains[8].

Quand, le 15 novembre 1933, Goebbels inaugure solennellement la Chambre de la culture, c'est la Philharmonie qui, avec pompe, sert de lieu à la cérémonie. On y fête la victoire de la « mise au pas ». La Philharmonie, centre de la musique internationale, devient le symbole de cette victoire. Goebbels y prononce un discours intitulé : « La culture allemande devant de nouvelles tâches. » Berlin est appelé par son conquérant à se plier docilement au rituel d'un théâtre dont il est dorénavant, lui, le tout-puissant metteur en scène. Les Brecht, Jessner, Piscator et tant d'autres sont rayés des programmes.

Les Olympiades de 1936 sont le sommet de cette mise en spectacle de Berlin comme conquête nazie. Opposé au nazisme et néanmoins spectateur plus ou moins fasciné, Louis Gillet raconte dans

---

7. *Nationalsozialistische Monatshefte*, mars 1931, p. 125.
8. Wilhelm Stapel, *Deutsches Volkstum*, n° 1, 1930, et Erwin Guido Kolbenheyer, *ibid.* n° 4, 1931. Sur ces problèmes, voir mon livre *Le Nazisme et la culture*, Paris-Bruxelles, Complexe, 1988.

Rayons et ombres d'Allemagne[9] : « Tout le pays vient se mirer dans le miroir de cette ville superbe, et y contemple l'image de son bien-être et de sa grandeur. Il y trouve le sentiment réconfortant de sa puissance. Avec un génie remarquable, le régime a fait de ces fêtes une manifestation, une consécration de l'unité. »

Assurément, Berlin n'a pas été condamné à couper les ponts avec la musique, la peinture, le théâtre. Il restait, plus que jamais, la capitale de l'Allemagne, et la centralisation des structures du pays à partir de lui a été encore plus rondement menée que sous la République de Weimar. Les dirigeants nazis, par conséquent, ont voulu maintenir dans cette capitale une certaine splendeur artistique. Ils ont pu trouver quelques opportunistes ou larbins afin d'accomplir le travail.

Qu'en a-t-il été du rayonnement culturel de Berlin ? Il a été anéanti. Pour aboutir à quoi ? À 70 000 tonnes de bombes déversées sur la ville, et, après la capitulation devant l'armée Rouge, à 75 millions de mètres cubes de gravats à déblayer. Sur 160 000 Juifs avant 1933, à peine 10 000 survivants.

« On ne fixe pas les aspects changeants d'une telle capitale », note en 1928 un voyageur français, Denis Jean[10]. Il ajoute : « Parlez aujourd'hui avec dix personnes qui reviennent de là-bas, vous n'en trouverez pas deux qui aient vu les mêmes choses et de la même manière. Il y a trop d'éléments disparates, trop d'apparentes contradictions dans la vie de Berlin. »

Mais n'est-ce pas justement le propre du Berlin de la République de Weimar de posséder une identité contradictoire ?... C'est une capitale qui se modifie selon les phases classiques du développement de l'Allemagne de 1919 à 1933 : inflation, stabilisation, crise. Elle n'est jamais, à chacune de ces périodes, tout à fait la même, pas plus qu'elle n'est à l'image de l'ensemble de l'Allemagne. C'est l'analyse de ce Berlin contradictoire qui a été tentée ici, étape par étape. Un Berlin historique, lavé de ses mythes.

9. Louis Gillet, *Rayons et ombres d'Allemagne*, Paris, Flammarion, 1937.
10. Denis Jean, « Passage à Berlin », *Les Œuvres libres*, n° 88, octobre 1928, p. 331-381.

Lionel Richard

2. *Lendemains de guerre : crises politiques, misère et art d'avant-garde (1919-1924)*

Au bout de quatre ans de guerre, Berlin a froid et faim. Des marins se sont révoltés à Kiel au début d'octobre 1918, et l'Allemagne connaît partout des troubles révolutionnaires. Le 9 novembre 1918, l'empereur a été contraint d'abdiquer. Un nouveau chancelier s'est vu confier la direction du gouvernement : le social-démocrate Friedrich Ebert. La ville est submergée par les grèves, les manifestations, les défilés, les rassemblements, les innombrables proclamations et discours. La révolution de Novembre n'est pas partie de Berlin, mais son sort est en train de s'y jouer. Toutes les entreprises ont créé des Conseils d'ouvriers et de soldats, à l'initiative des opposants à la politique impériale, notamment les spartakistes, autour de Karl Liebknecht et Rosa Luxemburg. Entre eux et leurs frères ennemis, les social-démocrates, partisans de réformes mais non d'un bouleversement radical du système économique et d'une socialisation des moyens de production, la lutte pour le pouvoir est ouverte.

Le 6 janvier 1919, Ebert charge un camarade de parti, Gustav Noske, de prendre le commandement de toutes les forces militaires concentrées à Berlin et dans ses environs pour en finir avec ce qu'il estime être un chaos. Deux jours plus tard, le gouvernement annonce que l'offensive va être lancée contre toutes les positions occupées par les « bandes armées » qui prétendent représenter le peuple et ses aspirations. Le 15 janvier, Karl Liebknecht et Rosa Luxemburg sont assassinés par la soldatesque chargée de rétablir l'ordre. Ebert et Noske couvrent le meurtre. Le 19 janvier, les premières élections de représentants à une Assemblée constituante peuvent se dérouler dans toute l'Allemagne.

Mais cette Allemagne républicaine est un pays sans institutions légales, sans Constitution. Les députés doivent s'atteler à la tâche. Et pour cela, il leur faut du calme. Ebert et son gouvernement les envoient donc, après avoir fait investir la région par des troupes et fait liquider les trublions révolutionnaires locaux particulièrement obstinés, dans une petite ville éloignée de Berlin, rendue célèbre par Goethe et Schiller : Weimar.

Pendant qu'est élaborée ladite Constitution de Weimar, que sont discutés ses articles, jusqu'à ce qu'elle soit votée le 31 juillet et officiellement promulguée le 11 août 1919, Noske peut poursuivre à Berlin ses opérations de « nettoyage », en s'appuyant notamment sur les Corps francs, troupes d'aventuriers de l'ancienne armée impériale à la solde de hobereaux et d'industriels. En mars, le bilan de la répression est de plus d'un millier de victimes. Le 18 mars 1920, tiré de son refuge à Neukölln, est assassiné à son tour le compagnon de Rosa Luxemburg, Leo Jogisches.

Si les troubles continuent çà et là en Allemagne jusqu'à la fin de 1923, le calme finit par régner à Berlin, et les institutions républicaines y sont à peu près installées en 1920. En témoigne le fait qu'en mars 1920 une tentative de coup d'État fomentée par un officier, Kapp, et une partie de l'armée avec l'appui de certains milieux industriels, échoue grâce à la grève générale des ouvriers berlinois, et que ces mêmes ouvriers ne cherchent pas à utiliser leur pouvoir pour se retourner contre le gouvernement. La phase « putschiste » d'une partie de la classe ouvrière sous influence communiste est terminée pour longtemps à Berlin.

Ce qui ne signifie pas que les oppositions politiques aient disparu, loin de là. Les forces d'extrême droite, antirépublicaines et antisémites, n'ont pas été jugulées. Elles redressent au contraire la tête, puisque l'on s'est servi d'elles pour écraser la révolution. Le 26 août 1921 est assassiné Matthias Erzberger, l'ancien négociateur de l'armistice, et le 24 juin 1922 le ministre des Affaires étrangères, Walther Rathenau, signataire du traité germano-soviétique de Rapallo deux mois auparavant. Les meurtriers appartiennent à une organisation qui, issue des Corps francs, s'est donné pour but d'extirper le « bolchevisme » de la société allemande : l'organisation Consul. Ils seront condamnés à des peines dérisoires, puis amnistiés, tandis qu'en 1925 resteront encore enfermés dans les bagnes des milliers de prisonniers ayant participé aux événements révolutionnaires de 1918-1919. Comme l'écrit Robert Minder dans *Allemagnes et Allemands*[1], les Alliés « préféraient laisser la Germanie glisser vers la droite plutôt que la voir livrée aux communistes », et ils sont restés impassibles devant cette « évolution politique de l'Allemagne weimarienne ».

Mais dans sa vie au jour le jour, le Berlin de l'époque est surtout marqué, du moins dans ses quartiers populaires, par le désespoir, le manque de confiance, l'oppression, l'amertume. C'est une ville qui, entre novembre 1918 et mars 1919, compte en moyenne 180 000 chômeurs, et jusqu'à 300 000 avec la proche banlieue. Elle doit prendre en charge 20 000 orphelins et environ 100 000 blessés ou invalides de guerre. Ses hôpitaux se remplissent quotidiennement d'un millier de malades atteints de la grippe espagnole, avec un fort taux de mortalité. La misère et la malnutrition des enfants y sont terribles.

À la fin de 1918, le mark a perdu 40 p.cent de sa valeur, et le gouvernement se révèle impuissant devant l'inflation galopante : le 2 novembre 1922, le dollar est coté 9 000 marks, il atteint 22 000 marks en mars 1923, et un milliard en novembre. Berlin est alors un paradis pour les étrangers qui changent leur argent avec un énorme bénéfice, et c'est le cas de nombreux émigrés russes. En revanche, elle devient pour ses propres habitants la ville la plus chère d'Allemagne, et la corruption, le marché noir, les lieux de plaisir y prolifèrent. Profiteurs et spéculateurs font leurs choux gras, luxe et gaspillage côtoient famine et dénuement. Grâce à des prêts bancaires, un industriel comme Hugo Stinnes quadruple ses avoirs en cinq ans.

Bien des témoignages mettent l'accent sur la crise des valeurs morales qui domine dans ce Berlin de l'après-guerre. Dans un repor-

---

1. Robert Minder, *Allemagnes et Allemands*, Paris, Le Seuil, 1948, p. 165.

tage du *Journal*, Édouard Helsey relate ainsi, à la date du 17 septembre 1923 : « Vous pourrez, pendant des heures, vous promener dans Berlin, vous compterez sur vos dix doigts les gens que vous verrez sourire. Une couche de tristesse et d'appréhension enduit les visages. [...] Vous ne rencontrerez que physionomies traquées, figures aux abois, regards insolvables, toutes les grimaces de la banqueroute. »

Paradoxalement, c'est dans ce Berlin-là aussi qu'un mouvement culturel s'épanouit avec une énergie sans pareille en Europe. Métropole ouvrière, Berlin est en même temps, pendant ces années, l'un expliquant peut-être l'autre, un concentré exceptionnel d'expériences artistiques en tous genres. De la révolte de l'expressionnisme finissant à la dérision dadaïste et aux premières manifestations d'un réalisme violemment caustique, c'est l'irruption d'une génération nouvelle : des peintres Otto Dix, George Grosz, John Heartfield, Rudolf Schlichter au metteur en scène Erwin Piscator, des architectes Erich Mendelsohn et Bruno Taut à l'auteur dramatique Bertolt Brecht, des compositeurs Ernst Krenek et Kurt Weill aux cinéastes Fritz Lang et Friedrich Wilhelm Murnau.

Un archipel hiérarchisé

Gerhard Brunn et Detlef Briesen

Berlin était une juxtaposition de « petites villes », et l'on a tort de ne voir en lui qu'une métropole culturelle qui aurait fait des années vingt l'âge d'or d'une avant-garde artistique. La vie du petit peuple n'y avait rien de réjouissant. L'exemple de Neukölln en témoigne.

Quelle image se fait-on généralement aujourd'hui du Berlin de la République de Weimar ? Celle d'une métropole scintillante, émaillée de publicités lumineuses. C'est le Berlin capitale politique de l'Allemagne, mais aussi capitale des musées, du théâtre, de la musique, ou encore capitale des plaisirs les plus fous, avec ses salles de cinéma immenses et ses boîtes de nuit.

Cette image, transfigurée par la nostalgie après 1945, représentait dans les années vingt l'un des nombreux clichés négatifs utilisés pour diaboliser une cité qui passait pour un lieu de perdition. Elle était décriée comme non allemande, moralement dépravée, parasitaire.

Pour endiguer ce flot constant d'impressions qui composaient un sombre tableau de la ville, ses défenseurs créèrent une image positive, celle du « vrai » Berlin. Aux clichés de la métropole gouvernementale et culturelle, de la ville du plaisir, ils opposèrent la réalité de la métropole industrielle. Pour effacer l'image de « Berlin-Babylone », ils inventèrent les métaphores du « gigantesque corps créatif » ou de l'« usine mondiale trépidante », destinées à illustrer l'idée que Berlin était en premier lieu une ville industrielle et commerçante, le « cœur industriel » de l'Allemagne, l'un des « grands centres d'activité » européens[1]. Les « vrais » Berlinois, la véritable population berlinoise, on les trouvait selon eux dans les usines et les bureaux, dans les quartiers du nord et de l'est très densément peuplés, et non dans l'écume chatoyante du Kurfürstendamm, l'avenue chic.

Berlin était les deux à la fois : d'un côté, la capitale de la politique, de la culture et du divertissement ; de l'autre, et simultanément, la plus grande ville industrielle du continent. Elle comptait en 1925 plus de 290 000 entreprises ; 200 000 personnes y étaient employées dans les seules industries métallurgiques.

Ces deux éléments créaient-ils une unité, ou les deux Berlin se côtoyaient-ils en toute indépendance ? Bon nombre de déclarations plaident en faveur de la seconde hypothèse. Parlant de son enfance à Berlin, Ludwig Marcuse indique :

> « L'ouvrier au centre et au nord de la ville n'était pas pour moi quelqu'un de réel. Nous vivions à une demi-heure de tramway de l'Alexanderplatz et de l'usine de mon père - ce qui voulait dire quelques millions de lieues. Je ne connaissais que des bourgeois, des gouvernantes et des bonnes. Eux étaient réels[2]. »

Un archipel de villes

À y regarder de plus près, l'entité berlinoise n'était pas seulement scindée en deux, mais en une multitude de parties. Berlin, pour reprendre le terme employé par les observateurs de l'époque, était « fractionné ». C'était un archipel de villes séparées selon les classes sociales, dans la réalité comme dans la conscience de leurs habitants. Franz Hessel parlait en 1929 des nombreuses « petites villes de Berlin »[3]. À l'intérieur du Grand-Berlin, il y avait encore des villages où l'on pratiquait l'agriculture, de somptueux quartiers résidentiels, et des villes autrefois autonomes, qui s'accrochaient à leur particularité, regroupaient plusieurs centaines de milliers

1. Cf. I. Landau (éd.), *Berlin unter dem Scheinwerfer*, Berlin, 1924, p. 35, 90, 115 *sq.*
2. Ludwig Marcuse, *Mein zwanzigstes Jahrhundert. Auf dem Weg zu einer Autobiographie*, Munich, 1960, p. 32.
3. Franz Hessel, *Spazieren in Berlin*, Berlin, 1929 ; trad. fr. *Promenades dans Berlin*, Grenoble, 1989.

d'habitants : ainsi Charlottenbourg ou Schöneberg. Et tout autour de la ville résidentielle traditionnelle, l'habitat ouvrier : Wedding Friedrichshain, Kreuzberg.

Berlin était-il donc une ville faite de villes, comme le bassin de la Ruhr ? Pas dans la même mesure. Contrairement à cette région, Berlin était structuré hiérarchiquement : il était doté depuis la réforme du Grand-Berlin en 1920 d'un centre et d'une administration centrale.

Si l'on prend l'ensemble des agglomérations urbaines allemandes, environ un citadin sur quatre vivait et travaillait à Berlin en 1925. La ville abritait également - le rapport entre les deux chiffres est étonnant - un quart environ de toutes les personnes employées respectivement dans l'industrie, l'artisanat, le commerce, le transport, l'administration et les professions libérales dans les grandes villes allemandes. Et, au total, ces personnes percevaient un bon quart (28 p. cent) de tous les revenus économiques imposables dans ces mêmes villes, des revenus qui avaient d'ailleurs considérablement diminué depuis 1914.

Distinguer des centres d'activité essentiels dans le monde du travail berlinois n'est pa simple. On retrouvait à Berlin l'hétérogénéité de toutes les métropoles. Dans l'industrie, les salariés des secteurs de l'électrotechniq e, de la mécanique de précision et de l'optique occupaient une place considérable, avec 190 000 personnes. On comptait 240 000 employé dans le secteur de l'habillement. Même si la Première Guerre mondiale l'avait notablement appauvrie, la ville fournissait encore de nombreuses prestations de services. Le domaine culturel représentait aussi une somme considérable d'emplois. On s'en rend compte si l'on compare l'ensemble des villes allemandes de plus de 100 000 habitants : 40 p. cent environ des employés de l'édition et des organismes de crédit vivaient à Berlin, 40 p. cent des artistes et écrivains, ainsi que 28 p. cent des comédiens et musiciens.

La croissance de Berlin à partir de la première moitié du XIXe siècle suscita l'étonnement des contemporains : en 1850, on y recensait 418 733 habitants ; sa population allait décupler entre cette date et 1939, où elle atteignit 4,3 millions. Pourtant, aussi phénoménal qu'ait pu être l'essor démographique de Berlin, il restait comparable à celui du reste du pays. Car les villes allemandes les plus importantes connurent la même expansion : dans le même intervalle Munich et Francfort virent leur population multipliée par neuf ; celle de Hambourg et de Cologne fut multipliée par huit. Cela explique que les Berlinois ne représentèrent jamais plus de 6,5 p. cent des Allemands.

À l'ouest et au sud, surtout, les grands centres régionaux - tels Munich, Hambourg, Francfort, Leipzig - pouvaient rivaliser avec Berlin. Sa zone d'influence était donc concentrée sur l'ancienne Prusse, à l'est de l'Elbe. Toutes les enquêtes ont montré avec une étonnante unanimité que l'Allemagne était scindée en une partie occidentale, avec une structure régionale équilibrée, et une partie orientale, la province profonde, où Berlin, la métropole, puisait sa substance. La capitale n'exerçait donc pas la même attraction sur toute l'Allemagne : c'est surtout l'est du pays qui fournissait à la ville ses nouveaux habitants.

En 1905, date de la dernière enquête sur l'origine des Berlinois, 1,74 million d'habitants, sur les quelque 3,23 millions que comptait l'agglomération, n'étaient pas nés à Berlin[4]. Ils provenaient principalement (81,3 p. cent) des provinces d'Allemagne orientale, celles de l'ancienne Prusse, à l'est de l'Elbe et de l'Oder. Aussi Berlin garda-t-il, dans les années vingt, son caractère de ville prussienne et orientale. Entre 1914 et 1925, une partie seulement des nouveaux habitants (41 p. cent) provenait de régions situées hors de l'Allemagne orientale.

L'immigration étrangère ne pesait, elle non plus, d'aucun poids dans la balance. Dans les années vingt, Berlin n'était ni une ville multinationale, ni une ville internationale. En 1925, sur les 4 millions d'habitants qui y résidaient, on ne trouvait que 688 Français, 1 437 Britanniques et 1 030 Américains[5]. Les « étrangers » ne représentaient que 2,39 p. cent de la population berlinoise ; de surcroît, plus de 77 p. cent avaient l'allemand pour langue maternelle. À l'exception d'une courte période, au début des années vingt, où les émigrants russes utilisèrent Berlin comme une étape vers l'Ouest ou sur le retour dans leur patrie, la métropole, du moins pour ce qui concernait sa population résidente, demeura donc presque exclusivement allemande.

---

4. D'après *Berlins wirtschaftliche Verflechtung*, Berlin, 1928, p. 6 *sq*.
5. D'après *Statistik des Deutschen Reichs*, 401, p. 174 *sq*.

Une mosaïque très allemande

Berlin, caractérisé ainsi dans son unité fonctionnelle, était une ville qui pratiquait dans ses propres murs une extrême ségrégation, non seulement géographique, mais aussi sociale. Bien des populations s'y côtoyaient, tout en restant séparées. Elles pouvaient se retrouver pour travailler dans un même lieu de la grande ville, gagner leur vie dans une même entreprise ; mais elles n'avaient, sinon, pratiquement rien en commun. Eduard Bernstein décrit, dès 1910, cette situation :

> « Le propriétaire d'une grande entreprise industrielle de la capitale habite dans une villa de Grunewald. Son directeur occupe un appartement à étages, sur le Kurfürstendamm ; d'autres employés bien payés logent à Schöneberg, Wilmersdorf ou dans l'une des meilleures rues résidentielles de Berlin. Son personnel administratif moyen est installé dans des logements modestes du même quartier, mais on le rencontre aussi, selon les cas, dans les faubourgs situés au nord, à l'est ou au sud-est ; c'est dans ces quartiers, où ils sont répartis selon la situation géographique des locaux de leur entreprise, que l'on trouve ses ouvriers et ses employés mal payés[6]. »

Examinons plus attentivement cette vaste mosaïque que constituaient les populations de Berlin. On y trouvait déjà la bonne société allemande, ou plutôt ses divers milieux, qui ne se recoupent que partiellement[7]. Il y avait aussi le Berlin politique, celui des députés, ministres, fonctionnaires et journalistes, gravitant autour de la Wilhelmstraße et de la place de la République, entre le quartier des ministères et le Reichstag. Puis le « petit peuple des artistes », du théâtre ou du cinéma, de la vie musicale. Les hommes de lettres ne pouvaient manquer au tableau, avec leur lieu de rencontre favori, l'inévitable Romanisches Café. Autre univers, le monde élégant du « thé de cinq heures », pris dans les hôtels sélects, l'Adlon, l'Esplanade... Sans oublier les habitués des courses qui hantaient les tribunes de l'hippodrome, dans le quartier de Grunewald. Tout ce beau monde se rencontrait aux grands bals, notamment au Bal de la presse, et croisait au fil des nuits berlinoises dans les restau-

6. Eduard Bernstein, *Die Geschichte der Berliner Arbeiterbewegung. Ein Kapitel zur Geschichte der deutschen Sozialdemokratie*, 3e partie, Berlin, 1910, p. 66.
7. Eugen Szatmari, *Das Buch von Berlin*, Munich, 1927.

rants élégants, les bars ou les cabarets. Il y avait enfin le Berlin érudit, celui de l'université, totalement séparé des autres lui aussi.

Berlin avait donc son « grand monde », celui de la République de Weimar, qui connut son apogée entre la stabilisation monétaire et la crise économique mondiale, de 1924 à 1929. Homogène par ses goûts, il contribua à la floraison culturelle de cette période, mais pour le reste il était lui-même divisé entre, d'une part, un cercle « traditionnel », celui de l'ancienne société de cour, qui comprenait entre autres les néo-conservateurs, apparemment sans pouvoir mais encore influents ; d'autre part, le « nouveau » cercle, républicain, qui détenait le pouvoir politique ; et entre les deux, enfin, le monde dit « apolitique », celui de la haute finance, de l'économie, des arts et des sciences, du corps diplomatique. Malgré tous ses efforts, celui-ci ne put parvenir à réconcilier les deux premiers politiquement opposés. Il n'en eut pas le temps : la crise politique s'annonçait déjà, qui allait opposer la brutalité national-socialiste et la radicalisation communiste.

Le monde situé entre le palais impérial et Grunewald, tel que Bob Fosse l'a fait revivre, de manière caricaturale, dans son film *Cabaret*, était fort éloigné, en fait, des quartiers où habitait le « peuple », le vrai « peuple de Berlin ». Rien de commun avec les curiosités touristiques qu'il « fallait impérativement voir et découvrir » ni avec la vision littéraire des observateurs subtils de l'autre Berlin comme celle du « flâneur » Franz Hessel qui appréciait comme une « comédie sans pareille le moment où, le matin, à de brefs intervalles, les bataillons des ouvriers se dirigent vers leurs lieux de travail »[8]. Ce peuple, même si on le côtoyait parfois dans les brasseries de plein air, les *Biergarten*, on ne le regardait jamais que de l'extérieur, sans appréhender sa réalité ; on en faisait une simple figure littéraire, permettant de peindre avec finesse le contraste entre la pauvreté et la richesse.

Les ouvriers de Neukölln

L'un de ces « Berlin » aujourd'hui inconnus, qui accueillaient le « peuple de Berlin », était l'arrondissement de Neukölln. On

8. *Berlin unter dem Scheinwerfer*, p. 116.

l'avait créé en 1919, à partir de trois villages de la Marche : Britz, Rudow, Buckow, et d'une ville autonome, Rixdorf-Neukölln. L'ancien Rixdorf-Neukölln, rattaché par de multiples liens au centre de Berlin, était une agglomération urbaine à forte densité de population : 271 330 habitants, sur les 290 327 de l'arrondissement, vivaient là en 1925, regroupés sur une superficie de deux kilomètres carrés ! Les anciens villages, au sud de ce nouvel arrondissement, pour leur part, conservèrent leur caractère rural après avoir été intégrés à la ville.

> « L'arrondissement, indiquait le premier rapport administratif qui suivit l'intégration à la ville, est essentiellement une zone d'habitation. La population provient, pour sa plus grande part, des milieux ouvriers et des classes moyennes[9]. »

« Zone d'habitation », cela signifiait d'abord qu'elle devait remplir le rôle de ville-dortoir, d'annexe de l'ancien Berlin, rôle qu'elle conservera durant toutes les années vingt, si l'on néglige quelques boutiques et ateliers qui travaillaient surtout pour répondre aux besoins du quartier. L'expansion de Neukölln et sa transformation en zone résidentielle s'effectuent essentiellement durant les dix dernières années précédant la Première Guerre mondiale : de 1900 à 1910, sa population était passée de 90 442 à 237 289 âmes, soit une augmentation d'environ 15 000 habitants par an ! Une croissance qui s'expliquait moins par l'afflux d'émigrants lointains que par le déplacement vers les faubourgs de la population berlinoise. En réalité, la plupart des habitants de Neukölln étaient d'anciens Berlinois[10].

Dans les années vingt, sa population stagna et on n'y construisit plus de nouveaux logements. La Première Guerre mondiale, en mettant un terme à la prospérité générale de la capitale, avait fait de Neukölln un arrondissement en crise.

Le fait qu'elle ait été essentiellement une zone résidentielle provoqua, d'autre part, la séparation classique entre lieu d'habitation et lieu de travail. L'examen des diverses données fournies par le recensement des professions et des entreprises en 1925 le montre : l'arrondissement comptait seulement 65 037 postes de travail, alors

---

9. *Ibid.*, p. 7.
10. Rapports du Bureau statistique de la ville de Neukölln, 1911-1920.

que 159 886 personnes actives y vivaient[11]. En bus et en train, à vélo ou même à pied, les gens effectuaient chaque jour de longs trajets pour se rendre à leur travail à Berlin ou dans les zones industrielles du nord et du sud-est de la métropole. De plus, l'arrondissement était mal desservi par le réseau de transports en commun : le tramway, moyen de transport le plus important et le plus rapide du Grand-Berlin, n'atteignait que la lisière du cœur fortement peuplé de Neukölln, ce qui allongeait encore la durée des aller-retour quotidiens de ses habitants.

Ils vivaient dans des conditions souvent misérables, entassés pour la plupart dans des immeubles de cinq étages, dans des logements où l'on ne dénombrait qu'une ou deux pièces en plus de la cuisine. En 1913, sur les 80 636 logements que comptait au total Rixdorf-Neukölln, seuls 36 063 avaient deux pièces d'habitation, cuisine non comprise ; 34 453 logements n'étaient même pourvus que d'une seule pièce. Ils étaient fréquemment occupés par des familles de deux, trois ou quatre enfants. Ces conditions allaient encore empirer après la guerre : après 1914, on cessa pratiquement de construire, et le parc de logements existants se dégrada. Au cours des six premiers mois de l'année 1920, on n'acheva pas un seul logement à Neukölln, alors qu'avant la guerre on en fournissait habituellement environ 1 500 par semestre[12]. Ces appartements et ces maisons étaient tous d'une exiguïté accablante :

> « Nous ne vivions que dans la cuisine. On y mangeait, on y buvait, on y habitait. La chambre à coucher était tabou, on y dormait seulement. On ne chauffait que la cuisine. Nous avons toujours dormi dans le froid... On ne pouvait pas appeler ça une cuisine, c'était une espèce de boyau avec un évier[13]. »

Les gens cherchaient donc des espaces de liberté en dehors de leurs minuscules appartements dans le Neukölln des petits lopins et des jardins ouvriers. Avec environ 7 300 jardins ouvriers et une surface d'environ 367 hectares[14], la zone maraîchère était à peu

11. Cf. *Statistik des Deutschen Reichs*, 415, p. 2 *sq*. *Statistik des Deutschen Reichs*, 403, p. 2 *sq*.
12. Cf. les rapports semestriels du bureau statistique de la ville de Neukölln, 2, 1, depuis 1912.
13. Johann Friedrich Geist et Klaus Kürvers, *Das Berliner Mietshaus 1862-1945*, Munich, 1984, p. 536.
14. Premier rapport administratif, p. 47.

près aussi étendue que le centre ville lui-même (375 hectares). Comme partout à Berlin, le Neukölln des jardins ouvriers connut lui aussi, d'après les experts de l'époque, « un essor important pendant la Guerre mondiale ; [...] à l'époque de l'économie encadrée et des cartes de rationnement, celui qui détenait un jardin ouvrier était un homme très envié ; des milliers de personnes s'efforçaient d'obtenir un lopin de terre ou de jardin ; ce que l'on y récoltait constituait en effet un bon supplément à ce que l'État pouvait distribuer[15] ».

Ces petits lopins de vingt mètres sur vingt en moyenne étaient le plus souvent rassemblés en colonies affublées de noms bucoliques, tels que « la Colline chatoyante », « la Vallée de la joie » ou « la Lisière de la forêt ». Avec l'inévitable manie de l'association qui caractérise les Allemands, elles possédaient toutes un président, un adjoint, un secrétaire, un trésorier, des délégués, sous le contrôle du Bureau des jardins ouvriers. Celui-ci était régi par le décret sur les jardins ouvriers et les petites terres affermées, promulgué en 1919 par l'Assemblée nationale. Les propriétaires de la « Villa Elfriede » ou du « Repos de Hertha » défendaient ainsi jalousement leurs droits sur ces espaces libres et autonomes.

Une culture bavaroise

Pour tous, adultes, enfants, ou amoureux cherchant à s'isoler, ces jardins ouvriers constituaient la principale possibilité, souvent la seule, d'échapper aux cages à lapins de Neukölln, les Mietskasernen, et au contrôle qui s'y exerçait. Un témoin de cette époque, Erich Schmidt, se souvient :

> « À chaque fois que le temps le permettait, on allait aux champs, labourer, planter, désherber, ramener de l'eau de fontaines éloignées[16]. »

Pour les adolescents, on organisait aussi des promenades, des excursions à bicyclette ou en tramway dans les faubourgs de Berlin : partant de Neukölln, on se rendait notamment sur le lac de Müggel,

15. *Ibid.*, p. 187.
16. Erich R. Schmidt, *Meine Jugend im Groß-Berlin*, Brême, 1988, p. 25.

ou bien on allait se promener dans les collines de la même région. Sur la carte des loisirs des habitants de Neukölln, le centre de Berlin était en revanche une *terra incognita.*

La densité et la cohésion de l'habitat correspondaient à la composition sociale de ces années-là. Neukölln était une agglomération réservée à des ménages modestes, même s'ils n'étaient pas les plus pauvres : les travailleurs de l'industrie lui donnaient son visage politique, culturel et économique.

La classe ouvrière de Neukölln était cependant composite, trait caractéristique des métropoles. Il est difficile d'affirmer que telle ou telle branche industrielle prédominait. Les ouvriers de la métallurgie, de la machine-outil, du papier, de l'alimentation, de l'habillement ou du bâtiment, y étaient en nombre presque égal. Sociologiquement, les ouvriers n'avaient donc absolument pas un profil professionnel uniforme.

En revanche, l'orientation politique de l'ensemble de l'arrondissement était parfaitement claire. Tout comme l'orientation sociale de la ville, elle s'était affirmée avant même la Première Guerre mondiale : dès 1913, le candidat social-démocrate Zubeil avait été élu avec 83,26 p. cent des voix au Reichstag. Fait remarquable : à l'une des élections à la diète prussienne, soumises au suffrage censitaire, le candidat social-démocrate obtint même dans la première catégorie fiscale 2 110 voix sur 2 975 ! Jusqu'en 1933, Neukölln fut donc incontestablement un bastion du mouvement ouvrier[17]. Celui-ci, depuis la révolution de 1918, se divisait à parts à peu près égales entre social-démocrates et communistes. Tous deux restèrent jusqu'en 1933 les partis les plus puissants, et de loin.

À l'aune de la culture élitaire traditionnelle, il était difficile de trouver trace, dans le Neukölln des années vingt, de l'éclat attribué à Berlin : un esprit provincial présidait à la vie quotidienne dans cette ville devenue un quartier de la capitale. Les journaux locaux ne contiennent pratiquement aucune allusion à l'atmosphère survoltée des métropoles. La vie nocturne n'existait guère, du moins dans l'arrondissement lui-même. Les distractions proposées ne répondaient qu'aux besoins les plus simples : on appréciait particulièrement les fêtes de la bière à la mode bavaroise, les bals populaires, les cafés viennois, ainsi que les petits bistrots d'origine bavaroise

17. Rapport semestriel 1913, 1, p. 29-30.

ou autrichienne, les *Heurigstuben*. Les historiens de la ville ont souvent insisté sur ce penchant pour le sud de l'Allemagne et tout ce qui venait de la Bavière :

> « Installe-toi dans le métro et descends à la station Hermannplatz. Passe ensuite dans le ''Nouveau Monde'' et apprends le bavarois. Le bavarois ? Bien sûr, le bavarois ! Pour parler bavarois et être bavarois comme les Berlinois[18]. »

Peu d'attractions locales pouvaient concurrencer le charme faubourien d'une Mizzi Melitza, chanteuse de cabaret à la manière viennoise : de 1920 à 1922, les « chanteurs d'élite » qui se produisaient au théâtre municipal paraissent avoir exercé un règne presque absolu. Il y avait aussi des cinémas bon marché[19] et, l'été, les *Biergarten*. Les témoins de cette époque citent toujours les soirées dansantes en cercle restreint, où les voisins et les parents veillaient rigoureusement sur la moralité des jeunes filles qui s'y rendaient[20]. Neukölln n'était pas le pavé qu'arpentaient les globetrotters en quête de flânerie.

Qu'un quartier de la capitale, au début des années vingt, ait pu être aussi provincial n'a rien d'étonnant : la population modeste souffrait particulièrement de la crise aiguë qu'avait provoquée la Première Guerre mondiale. On trouvait à Neukölln en mars 1924 plus de 15 000 mutilés et quelque 2 200 veuves[21]. Et la guerre avait également aggravé les conditions de vie des survivants, comme le montre la courbe de consommation de la bière, indicateur classique du niveau de vie des ménages modestes en Allemagne *(cf. tableau, p. 59)*.

Ces statistiques montrent qu'il fallut longtemps, après 1918, pour que l'existence retrouve un cours normal. Le confort relatif que l'on connaissait vers 1914 était perdu. Le petit peuple s'approvisionnait difficilement. À la fin de 1919, les vivres, les logements et le charbon étaient encore soumis au rationnement, et l'Allemagne n'avait toujours pas accès aux marchés internationaux. C'est seulement à la fin de 1920 qu'on retrouva des bananes à Berlin,

18. Szatmari, *op. cit.*, p. 207.
19. Cf. *Nahaufnahme Neukölln. Kinos. Kamera. Kopiermaschinen*, publication du musée Emil-Fischer, Berlin, 1989.
20. Robert Dinse, *Das Freizeitleben der Großstadtjugend. 5 000 Jungen und Mädchen berichten*, Berlin, 1932.
21. Premier rapport administratif, p. 30 et 31.

VILLE DE NEUKÖLLN
LA CONSOMMATION DE BIÈRE DE JUILLET 1911 À DÉCEMBRE 1920

SEMESTRE	CONSOMMATION DE BIÈRE AU TAUX D'ALCOOL INFÉRIEUR À 1,75 % (LITRES PAR PERSONNE)	CONSOMMATION DE BIÈRE AU TAUX D'ALCOOL SUPÉRIEUR À 1,78 % (LITRES PAR PERSONNE)	CONSOMMATION TOTALE DE BIÈRE (LITRES PAR PERSONNE)
2/1911	6,3	50,4	56,7
1/1912	4,2	47,5	51,7
2/1912	4,6	47	51,6
1/1913	4,7	44,8	49,5
2/1913	3,9	48,2	52,1
1/1914	5	43	48
2/1914	4	35,8	39,8
1/1915	2,3	29,5	31,8
2/1915	1,8	26,3	28,1
1/1916	1,8	21,2	23
2/1916	1,9	19,1	21
1/1917	4,1	8,6	12,7
2/1917	10,2	1,1	11,3
1/1918	11,6	0,7	12,3
2/1918	17,2	0,6	17,8
1/1919	19,4	0,3	19,7
2/1919	20.3	1,2	21,5
1/1920	14,7	1,4	16,1
2/1920	16,8	0,4	17,2

Étant donné qu'un impôt était prélevé sur la consommation de bière à Neukölln, des statistiques sur cette consommation étaient publiées régulièrement. Nous avons donc emprunté nos chiffres aux rapports semestriels de l'Office de statistiques de la ville de Neukölln.

pour la première fois depuis la déclaration de guerre[22]. À Noël 1919, la ration hebdomadaire de graisse s'élevait à 20 grammes de beurre et 70 grammes de margarine par adulte[23]. Si l'on excepte une brève amélioration, en 1922, les habitants de Neukölln furent contraints, jusqu'à la stabilisation monétaire de 1923-1924, de se ravitailler dans la campagne environnante. Les douze soupes populaires ouvertes pendant la guerre continuèrent d'accueillir les indigents. Au cœur de la crise, à l'automne 1923, elles distribuaient encore par mois plus de 50 000 repas gratuits dans le seul arrondissement de Neukölln, essentiellement à des chômeurs[24]. Dans ce même arrondissement[25], un habitant sur huit[26] était au chômage en 1923-1924.

22. *Neuköllner Illustrierte Woche*, 26, 1920.
23. *Neuköllner Illustrierte Woche*, 19, 1919.
24. Premier rapport administratif, p. 28.
25. Premier rapport administratif, p. 55.
26. Un habitant sur trois sera au chômage en 1933. Cf. Felix Escher, *Neukölln*, Berlin, 1988, p. 73.

Qui n'a jamais été chez Mix et Genest
Chez Schwarzkopf, AEG, Borsig,
Ne connaît pas la cruauté de la vie,
Il lui reste à la découvrir !

Ces quelques vers composaient un dicton bien connu dans les quartiers ouvriers de Berlin, dicton légèrement mélancolique mais non sans ironie à l'égard de soi-même. Il rappelait tout simplement que le travail dans l'industrie était un véritable bagne. Pour la « cruauté de la vie », c'est un fait que les salariés modestes, c'est-à-dire la majorité des quatre millions de Berlinois, tiraient le diable par la queue. Avoir de l'argent pour assurer sa survie, voilà ce qui prédominait. Et cet argent, on n'en disposait que si l'on avait du travail. Dès lors, le pire des spectres était celui du chômage... Avant même la crise économique mondiale, on demanda à de jeunes ouvrières, en 1928, d'indiquer leurs principaux soucis. L'enquête porta sur 750 personnes et ses conclusions furent claires : voir leur existence menacée par la faim, le chômage, la maladie, la mort, était ce qui, en vérité, oppressait le plus les ouvrières, et non des problèmes personnels, des frustrations dans leur métier, ou des peines d'amour[27]...

Traduit de l'allemand par Olivier Mannoni.

27. Mathilde Kelcher, *Kummer und Trost jugendlicher Arbeiterinnen. Eine sozialpsychologische Untersuchung an Aufsätzen von Schülerinnen der Berufschule*, Leipzig, 1929. Cf. également : Lisbeth Franzen-Hellersberg, *Die jugendliche Arbeiterin. Ihre Arbeitsweise und Lebensform. Ein Versuch sozialpsychologischer Forschung zum Zweck der Umwertung proletarischer Tatbestände*, Tübingen, 1932.

Gerhard Brunn et Detlef Briesen

Naissance du Grand-Berlin

Wolfgang Ribbe

Aussitôt après la guerre, c'est un Berlin nouveau qui surgit, englobant les communes environnantes. Ce remaniement territorial, succédant à une réforme administrative, avait déjà été prévu sous l'Empire, mais il n'avait pu être mené à bonne fin. Sous la République de Weimar, la capitale de l'Allemagne devient ainsi une immense métropole. C'en est fini de son caractère provincial.

Même si, jusqu'en 1920, Berlin ne cessa d'être un foyer d'agitation politique, le conseil municipal de Berlin et l'ensemble de l'administration de la ville travaillèrent dans un calme relatif. En témoignent les décisions qui furent prises en quelques mois. Le 19 novembre 1918, le fonctionnement de l'assemblée des conseillers municipaux fut transformé, et sa composition changée le 23 février 1919, grâce à des élections respectant enfin le principe du suffrage universel. Le parti socialiste-indépendant, avec 33 p. cent des voix, et le parti social-démocrate, avec 31,8 p. cent, remportèrent les deux tiers des sièges. C'était aussi la première fois que les femmes participaient au vote.

Peu après, les deux partis vainqueurs imposèrent à la diète prussienne la loi sur la formation d'une nouvelle communauté urbaine. Cela, grâce à l'abstention des représentants du Zentrum (le parti du Centre, catholique), et contre l'avis des autres partis bourgeois qui redoutaient l'avènement d'un Berlin « rouge », avec un Hôtel de Ville dominé par le parti social-démocrate et les autres organisations de gauche.

Cette loi du 27 avril 1920 entra en vigueur le 1er octobre de la même année. Elle transforma Berlin en une grande communauté urbaine moderne. Pour l'essentiel, le texte fixait les règles du fonctionnement communal, articulé de façon à concilier les intérêts de l'ancienne ville de Berlin, le Vieux-Berlin, et ceux de ses environs. Son objectif était de maîtriser, par une planification à l'échelle de la région, la croissance pratiquement incontrôlée de l'un des centres industriels les plus importants d'Allemagne.

Jusque-là, plusieurs expériences de ce type avaient été tentées, mais elles avaient échoué, ou n'avaient connu que des succès partiels. Depuis 1900, il était clair que la croissance de la population, les problèmes de logement et d'urbanisation, devenaient tels que seule une pensée directrice à l'échelle régionale était envisageable pour l'avenir. On comptait, en effet, près de dix millions d'habitants sur un rayon d'environ 25 kilomètres autour du cœur médiéval de Berlin. Or les responsables successifs au sein des diverses municipalités n'avaient trouvé aucune vraie réponse à cette situation, ce qui peut paraître d'autant plus étonnant qu'au début du siècle une réflexion sur les agglomérations de plusieurs millions d'habitants avait été engagée dans le monde entier.

En 1907, les Unions d'architectes berlinois avaient pris l'initiative de publier un texte intitulé *Idées pour un plan-cadre de l'évolution urbaine du Grand-Berlin*, où elles exposaient leurs principes et leurs revendications. Elles prévoyaient un gigantesque réseau de communication par trains rapides et par voie fluviale. En même temps, elles souhaitaient conserver les zones d'espaces verts et de forêts, percer, dans les ensembles de bâtiments, des rues et des promenades, des terrains de sport et de jeux, et déterminer les lieux qui seraient destinés à des édifices publics. En considération de la superficie urbaine, il fallait aussi veiller, selon les mêmes Unions d'architectes, à la liaison des quartiers périphériques entre eux, c'est-à-dire aux routes et aux chemins de fer de ceinture. Et pour venir à bout de ces problèmes, des dispositions devaient être prises par voie légale.

Sollicité, le gouvernement de Prusse avait fini par regrouper les alentours de Berlin et leurs conseils municipaux dans un Syndicat de communes. Deux lois, l'une datée du 19 juillet 1911, l'autre du 1er janvier 1912, décidèrent de la formation de ce Syndicat à partir des villes de Berlin, Charlottenbourg, Lichtenberg, Neukölln, Schöneberg, Spandau et Wilmersdorf, et quelque 400 autres municipalités des cantons de Niederbarnim et Teltow. Sa mission fut de coordonner les questions d'urbanisation dans la zone concernée, avec un droit de regard sur l'occupation des sols, les espaces de détente et le réseau de communication, à l'exception des routes nationales.

Les dysfonctionnements apparurent d'autant plus clairement qu'ils coûtaient aux municipalités un surcroît de dépenses. Les administrations des dix-sept centrales hydrauliques, à gaz et électriques, mais aussi de près de soixante entreprises de canalisation, travaillaient chacune pour soi, voire fréquemment les unes contre les autres.

De lourds handicaps ont pesé sur ce Syndicat de communes, notamment son champ d'action géographique. Ses performances furent très inégales. Il connut des succès incontestables dans la préservation des espaces de détente pour la population. Quelques résultats furent tardivement obtenus dans le secteur de la circulation, mais pratiquement aucun dans le domaine de la construction.

Les forces défendant l'idée de l'unité d'un Grand-Berlin se rassemblèrent, durant ces années, dans un Comité de citoyens, soutenu principalement par le maire de Schöneberg, Alexander Dominicus. Ils défendaient l'idée d'une municipalité confédérale au sein de laquelle chacune des communes pourrait conserver des prérogatives essentielles. À la municipalité confédérale, toutefois, devait être concédée une « compétence sur la compétence », c'est-à-dire la possibilité de décider seule l'extension de ses pouvoirs à des missions relevant de l'intérêt de la communauté. Ce projet, que Charlottenbourg défendit très longtemps, fut abandonné, au cours des négociations de 1919-1920, en faveur d'une municipalité centrale.

En ce début de la République de Weimar, deux éléments essentiels déterminent la situation de Berlin et de ses environs immédiats. L'un concerne l'occupation des sols, l'autre les conditions socio-économiques. Berlin se trouve au centre d'un paysage urbain ancien, au voisinage de trois autres villes qui existaient déjà à l'époque préindustrielle (Spandau, Charlottenbourg, Köpenick) et d'une quantité de villages. Or, contrairement à ce qui s'était passé par exemple à Paris, où la ville, en l'absence de toute concentration de population à l'extérieur, avait rayonné autour de son noyau, ici les villages proches de Berlin étaient devenus peu à peu les points de cristallisation d'une croissance urbaine autonome. Ce dont témoignaient éloquemment des bourgs comme Schöneberg, Neukölln, Lichtenberg et Wilmersdorf.

De fait, l'Allemagne, entravée par les particularismes locaux, n'a pu se doter des institutions politiques propres à un grand État moderne que fort tardivement : Berlin, sa capitale, a partagé ce fardeau historique. Les territoires autonomes semblables à ceux qui, sous la forme des principautés, avaient ralenti la marche de l'Allemagne vers l'unité, étaient deux fois plus nombreux dans l'espace du Grand-Berlin. Ils étaient éparpillés en huit villes, cinquante-neuf municipalités, et vingt-six circonscriptions foncières.

Jusqu'en 1919, le Vieux-Berlin, avec 1,93 million d'habitants, avait peu à peu perdu, face à sa banlieue qui en totalisait 1,75 million, le rôle dominant qui était le sien. Avec ses 323 000 habitants, Charlottenbourg était devenue l'une des villes les plus importantes d'Allemagne et l'une des plus solides financièrement. Son voisin Neukölln était un bastion ouvrier, avec 362 000 habitants. Les agglomérations de Schöneberg, Lichtenberg et Wilmersdorf, elles aussi, étaient peuplées de plus de 100 000 âmes. Spandau et Steglitz approchaient ce seuil. À côté de ces véritables concentrations citadines, il existait des communes rurales à l'aspect agricole encore prononcé, comptant moins de 2 000 habitants, ce qui ne rendait pas facile leur intégration dans un vaste ensemble cohérent.

NOMBRE D'HABITANTS DE QUELQUES FAUBOURGS DE BERLIN

	1871	1880	1890	1900	1910	1919	AUGMENTATION EN POURCENTAGE	
							1871 à 1890	1890 à 1919
Charlottenbourg	19 587	30 562	76 859	189 305	305 978	322 792	293	320
Köpenick	5 267	8 924	14 619	20 925	30 879	32 586	177	123
Lichtenberg	4 754	17 281	33 943	60 255	133 141	144 662	610	330
Neukölln	8 125	18 729	35 702	90 422	237 289	262 128	340	635
Schöneberg	4 555	11 180	28 721	95 998	172 823	175 093	530	510
Spandau	20 451	29 944	45 951	65 030	84 855	95 513	125	109
Steglitz	1 899	6 476	12 530	21 425	62 954	83 366	558	568
Wilmersdorf	1 662	2 911	5 164	30 671	109 716	139 406	210	2 600

Source : Maurice Halbwachs, « Groß-Berlin. Grande agglomération ou grande ville ? », *Annales d'histoire économique et sociale*, Paris, volume 6, 30 novembre 1934, p. 547-570.

Le projet du Grand-Berlin qui fut élaboré dès le début des discussions offrait la vision d'une nouvelle ville aux dimensions extraordinaires : 880 kilomètres carrés de superficie totale. Il faut avoir à l'esprit que Vienne, après avoir incorporé ses communes voisines à la fin du XIXe siècle, ne couvrait que 178 kilomètres carrés, et que même des métropoles comme Paris ou New York disposaient d'un territoire moins vaste : respectivement 470 et 840 kilomètres carrés. Seul Londres, avec sa structure étendue de ville-jardin, avait une surface plus grande : 1 790 kilomètres carrés.

Lorsque le sous-secrétaire d'État Freund fut chargé par le gouvernement de Prusse de rédiger la loi qui fonderait l'existence du Grand-Berlin, il se rendit compte très vite de la prédominance des intérêts matériels. En vérité les municipalités mesuraient, pour l'essentiel, leur besoin d'indépendance à l'aune de leurs possibilités financières. D'autre part, celles qui se trouvaient les plus éloignées du Vieux-Berlin ne montraient pas d'enthousiasme devant le regroupement proposé.

L'édile de Charlottenbourg, Scholtz, comptait parmi les plus réticents : selon le point de vue de ce libéral de droite, une intégration des communes de banlieue à un Grand-Berlin devait avoir pour conséquence la victoire des social-démocrates au nouveau conseil municipal. Or, si l'on se référait aux principes d'imposition bien connus qui étaient les leurs, de lourdes ponctions seraient prélevées sur les possédants, ce qui provoquerait une émigration de ces catégories. La structure du Grand-Berlin telle qu'on la prévoyait, concluait-il, souffrirait très rapidement d'un déficit financier.

En réalité, la position de Scholtz pouvait s'expliquer autrement. Charlottenbourg avait, pour une bonne part, acquis ses moyens financiers grâce à une imposition sur des revenus payés par Berlin, et donc provenant d'une utilisation de l'infrastructure de celui-ci. Son conseil municipal ne pouvait se résoudre à perdre ces privilèges. Ce type de dilapidation parasitaire des ressources fiscales de Berlin valait pour toute la banlieue, mais encore davantage pour ses secteurs résidentiels, puisque leurs habitants avaient la direction de leurs affaires à Berlin même. Il n'était pas illogique, par conséquent, qu'ils paient leurs impôts à l'endroit où ils disposaient de leurs sources de revenus.

En définitive, la loi du 27 avril 1920 décida de la formation d'une commune qui s'étendrait sur 87 600 hectares et comprendrait 3,8 millions d'habitants. Ses dimensions furent jugées insuffisantes par les urbanistes. Dans un mémorandum joint au projet de loi,

Le grand Berlin, 1920

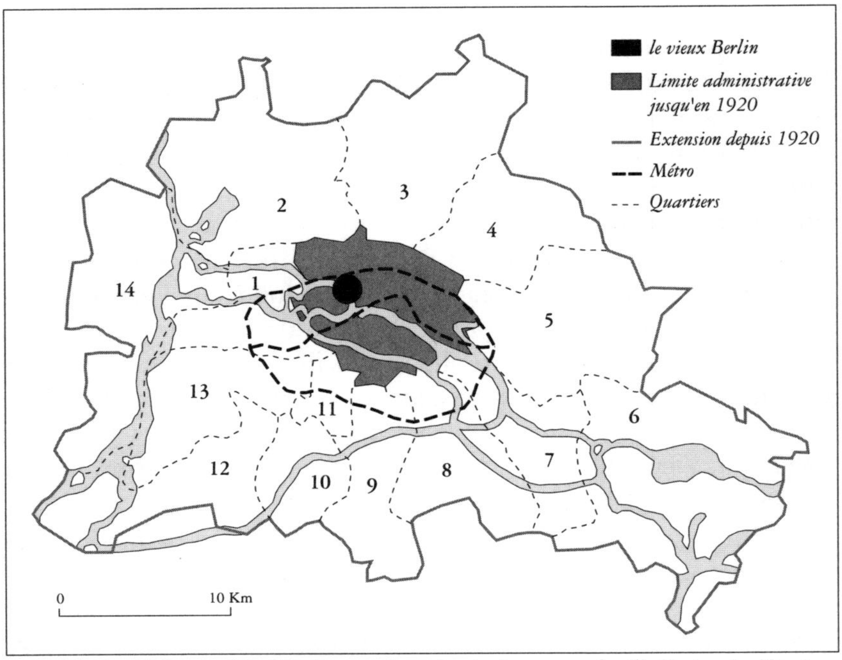

source : Maurice Halbvachs, "Groß Berlin, grande agglomération ou grande ville ?", *Annales d'histoire économique et sociale,* Paris, volume 6, 30 novembre 1934.

1. *Charlottenbourg*
2. *Reinickendorf*
3. *Pankow*
4. *Weissensee*
5. *Lichtenfeld*
6. *Köpenick*
7. *Treptow*
8. *Neukölln*
9. *Tempelhof*
10. *Steglitz*
11. *Schöneberg*
12. *Zehlendorf*
13. *Wilmersdorf*
14. *Spandau*

l'architecte Martin Mächler estimait qu'il fallait choisir comme territoire communal une zone délimitée par un rayon de 50 kilomètres autour du Vieux-Berlin. En fait, le territoire du Grand-Berlin fut le fruit d'un compromis entre des conceptions administratives et des mesures souhaitables en ce qui concernait l'urbanisme. La nouvelle ville fut organisée en vingt arrondissements administratifs, ce qui permit une certaine décentralisation. Chacun d'eux eut ses élus au conseil municipal berlinois.

Quant à la densité de ces arrondissements, elle était très diversifiée. À leur création, le nombre de leurs habitants allait de 33 000 pour Zehlendorf à 366 000 pour Kreuzberg. Leur délimitation avait été déterminée moins par le taux de leur population que par le souci de préserver, autant que possible, les composantes sociales et le fonctionnement particulier de chacune des communes, ainsi que leurs liens réciproques. Ce dispositif tenait compte également des désirs manifestés par les anciennes municipalités.

En fonction de la loi adoptée, il devait être procédé tous les quatre ans à un vote en vue d'élire deux cent vingt-cinq conseillers municipaux. Comme auparavant, la direction de l'administration municipale revenait au maire et à ses adjoints, trente personnes au maximum. Les conseillers municipaux élisaient à leur tour pour une durée de douze ans dix-huit adjoints rémunérés. Pour les conseillers non salariés, le mandat restait ordinaire, et ne devait donc pas excéder quatre ans.

Qu'en a-t-il été du Grand-Berlin « rouge » que redoutaient tant les partis bourgeois ? En réalité, l'extension du Vieux-Berlin a plutôt contribué à entraver ce phénomène. L'assimilation des banlieues résidentielles a conduit les partis de gauche, à partir de 1920, à n'obtenir ensemble qu'une faible majorité. Comme d'incessantes querelles les séparaient, la formation d'un conseil municipal viable se révéla impossible. Le parti social-démocrate, en dépit de ses réserves, porta ses voix sur le candidat du parti démocrate Gustav Böss, qui, ainsi élu maire dès 1920, administra la nouvelle métropole berlinoise durant une décennie.

Avec la dévaluation du mark et les suites économiques de la guerre, la situation évolua rapidement vers une inflation galopante. Les conditions de paix draconiennes, fixées en 1919 par le traité de Versailles, et l'importance des réparations à payer, en argent et en nature, accentuèrent encore les difficultés. Les réparations n'ayant

ÉVOLUTION DU PRIX D'UN TICKET DE MÉTRO EN MARKS	
1er janvier 1918	0,10
1er mai 1918	0,15
1er septembre 1919	0,20
1er janvier 1920	0,30
1er avril 1920	0,50
1er avril 1921	1,00
1er avril 1922	1,50
1er octobre 1922	10,00
1er novembre 1922	20,00
1er décembre 1922	50,00
1er février 1923	150,00
1er avril 1923	300,00
1er juillet 1923	1 000,00
1er août 1923	10 000,00
1er octobre 1923	4 500 000,00
1er novembre 1923	2 000 000 000,00
22 novembre 1923	150 000 000 000,00

Source : Willy Mann, *Berlin zur Zeit der Weimarer Republik*, Berlin, 1957, p. 70.

pas été versées dans les délais prévus, la Ruhr fut occupée par les troupes françaises à titre de « caution ». Les partis et les groupes de droite tentèrent alors de tirer un profit politique de tous ces événements. Ils qualifièrent la République de Weimar de « république des Juifs », et ses représentants, qui avaient signé le « diktat » de Versailles, reçurent le nom de « criminels de Novembre », par allusion au renversement de la monarchie le 9 novembre 1918.

À Berlin, l'émotion fut à son comble lorsque, le 24 juin 1922, le ministre des Affaires étrangères, Walther Rathenau, directeur de la compagnie d'électricité AEG, qui avait été l'organisateur de l'économie de guerre, fut assassiné par des membres d'une organisation secrète d'extrême droite. Issu d'une famille juive, il était traité, dans les milieux nationalistes et antisémites, de « politicien de la liquidation ». En réalité, il s'était au contraire efforcé d'amoindrir les charges des réparations imposées par le traité de Versailles et, peu avant son assassinat, il était parvenu à conclure avec l'Union Soviétique le traité de Rapallo, qui représenta, pour les deux États, un premier pas hors de l'isolement politique.

Un peu moins de dix-huit mois plus tard, à Munich, un agitateur qui n'était déjà plus tout à fait un inconnu et se nommait Adolf Hitler tentait un putsch. Dans la nuit du 9 novembre 1923, il appela à une « marche sur Berlin », mais la police de Munich put procéder à son arrestation avant qu'il ne parvînt, avec ses partisans, au pied du monument aux morts de Berlin, comme il l'avait annoncé.

Le 15 novembre 1923, une livre de pain coûtait à Berlin 80 milliards de marks. Les agences pour l'emploi enregistraient 210 000 chômeurs. Des émeutes de la faim éclatèrent dans les rues. Des boulangeries, des épiceries furent prises d'assaut. Le 20 novembre, le dollar valait 4,2 billions de marks. Une réforme monétaire s'imposa d'abord comme seule solution, et elle fut adoptée.

Cette décision, qui fut la première par laquelle la toute jeune démocratie allemande risqua et imposa son autorité, provoqua une stabilisation de la monnaie et fut à l'origine d'un nouvel essor économique dans tout le pays. Pour autant, on ne saurait parler sans réserve, comme certains l'ont fait, d'un « âge d'or des années vingt »...

Traduit de l'allemand par Olivier Mannoni.

Wolfgang Ribbe

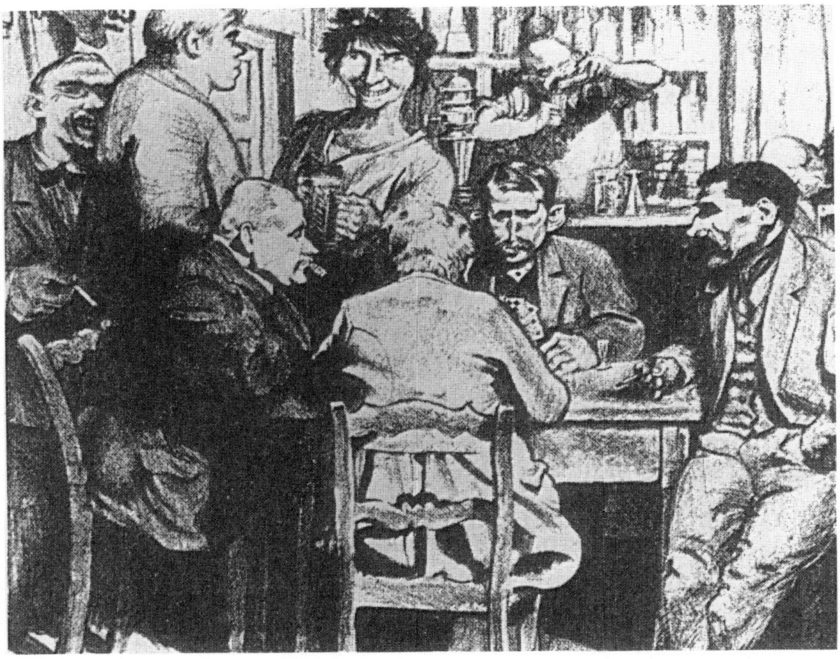

Haut : Un bistrot ouvrier, lithographie de Karl Holtz.
Bas : Marché noir dans le quartier des Granges.

Exclus et délinquants

Eike Geisel

Comme toute métropole, Berlin avait également ses quartiers misérables et ses repaires du gangstérisme. Dans le Scheunenviertel affluent notamment les Juifs émigrés de l'Est. Cette population de Juifs pauvres se répartit au centre de Berlin, dans une sorte de ghetto appelé dans le langage populaire la « Suisse juive ».

À la fin des années vingt, Berlin n'est pas simplement le centre administratif de l'Allemagne, son marché capitaliste, il en est aussi la plus grande ville industrielle. On y trouve près de 900 000 employés et fonctionnaires. Un douzième de tout le secteur industriel allemand, avec environ 1,7 million de travailleurs, s'y concentre. Les grandes entreprises, plus de 2 000, sont dominées par les géants de l'industrie électrique et des machines-outils. Ils façonnent des quartiers entiers de la ville. Quand ces quartiers ne ressemblent pas, comme celui de Siemensstadt, au nord, à des lieux de production rigoureusement entourés d'immeubles !... Plus de 50 000 ouvriers y sont occupés. La compagnie d'électricité AEG forme à elle seule le cœur de Wedding. C'est aussi dans le nord, à Tegel, que se situe la gigantesque usine de machines-outils Borsig.

Chaque jour, des millions de travailleurs traversent Berlin, sur terre et sous terre. Le monde moderne, avec ses images et ses sensations fortes, est déjà là tout entier dans ces flots de circulation, qui convergent vers les carrefours stratégiques pour se disperser ensuite aux quatre points cardinaux.

Mais la métropole, pour les autochtones aussi bien que pour les touristes, a ses limites. Elle ne dépasse pas les commerces de l'Alexanderplatz, l'Alex, comme on l'appelle. Là trône le grand magasin Hermann Tietz ; là s'arrête le tramway. Derrière, entre les halles du marché central et le théâtre de la Volksbühne, la Scène populaire, s'étend une sorte de territoire ennemi, l'univers du marché noir, des jeux de hasard, des hôtels louches, des filles à bon marché.

Un quartier de la misère

Cette arrière-cour au beau milieu de la ville s'appelle le Scheunenviertel, le quartier des Granges. Il tient son nom des granges, étables et hangars installés là au XVIIe siècle. À partir du XIXe siècle, les paysans venus de la campagne s'y entassèrent. Très tôt, il devint le synonyme de la misère, de la vie borgne, du crime.

En 1906, son centre, délabré, fut rasé, mais cette tentative d'assainissement ne changea rien aux conditions d'habitat des couches sociales les plus basses. Selon une enquête effectuée au lendemain de la Première Guerre, on ne pouvait entrer dans les logements du Scheunenviertel qu'après avoir bu un bon coup de gnole : « Souvent, on n'y trouve aucun meuble. Quatre à six personnes en moyenne vivent dans une seule pièce... »

À la fin des années vingt, l'architecte Hanz Poelzig fut chargé d'essayer de supprimer ces îlots insalubres, souillure au cœur de la ville. Mais son projet, un peu à la Metropolis de Fritz Lang, ne put être que partiellement réalisé : ne surgit de terre qu'une poignée d'immeubles d'habitation et de bureaux, dans le style rationnel et fonctionnel de l'époque.

Toute métropole possède son quartier de marginaux et de déclassés. L'histoire de celui-ci ne trancherait pas sur la chronique ordinaire s'il n'avait représenté, durant quelques décennies, la première halte des émigrés juifs de l'Est en route vers la terre promise : les États-Unis. C'est aux alentours de l'ancienne rue des Grenadiers, parsemée de boutiques, d'hôtels meublés et de synagogues, que des milliers d'entre eux, rescapés des pogroms, finirent par s'installer, avec l'illusion d'avoir mis le pied sur la première marche qui menait au paradis.

Cette émigration, en fait, avait commencé au cours de la Première Guerre. Quelques milliers de Juifs de l'Est furent alors trans-

Haut et bas : Le quartier juif. La rue des Grenadiers (en haut), à l'angle de la Münzstraße (en bas).

férés en Allemagne, le plus souvent par la force, afin de travailler dans l'armement ou à l'extension du réseau de tramway de la capitale. Beaucoup restèrent. Des milliers d'autres vinrent se joindre à eux quand, après le repli des Allemands et l'effondrement de la monarchie des Habsbourg, et en réponse aux bouleversements de la Révolution russe, une tempête de persécutions en tout genre s'abattit sur eux en Europe de l'Est.

Une halte pour les émigrés juifs de l'Est

Première et, le plus souvent, dernière halte des émigrés juifs, le Scheunenviertel permet alors de cristalliser un vieux fantasme populaire, l'identification facile entre le Juif et l'étranger. Vêtus de noir, les Juifs de l'Est font figure, pour ainsi dire, de nègres juifs. En 1925, ils représentent environ un quart des 172 000 Berlinois d'origine juive.

Contrairement aux Russes blancs émigrés, arrivés à Berlin, certes, en aussi grand nombre, mais avec un peu d'argent sur eux ou quelques objets de valeur qu'ils avaient pu sauver, et installés dans l'ouest bourgeois de la ville, les Juifs émigrants d'Europe orientale possèdent à peine davantage que ce qu'ils ont sur le dos. Ce sont des prolétaires, habitués à exercer de petits métiers ambulants. La rue des Grenadiers devient leur centre, presque aussi familier que ne l'était leur *shtetl*, et où leur est proposé tout ce qui est nécessaire à un réfugié.

Les nouveaux arrivants sont répartis en réfugiés politiques et en réfugiés économiques. Distinction vaine, en réalité : aux yeux de tous, ils apparaissent indifféremment comme des trouble-fête, des êtres incapables de se conformer à la vie sociale de Berlin. Bref, pour employer un vocabulaire actuel, ils se révèlent difficilement intégrables. Attirés en Allemagne par l'ordre libéral de la République de Weimar, ils apportent avec eux, dit-on, les symptômes de la crise, de l'être asocial, et, naturellement, du typhus : c'est ce que vont répétant les antisémites, renforçant dans la population l'idée latente que ce fameux ordre libéral menace de la réduire à moins que rien.

En 1920, le préfet de police de Berlin, le social-démocrate Ernst, s'inquiète déjà des problèmes que ses successeurs rencontreront, selon lui, inévitablement : la situation des Juifs de l'Est, explique-t-il, « par la manière dont on les tolère et les traite aujourd'hui avec bienveillance, amènera les dangers les plus terribles, sur les plans politique, économique et sanitaire ». Un an plus tôt, on avait encore pu, de justesse, parer au danger : la soldatesque avait abattu Rosa Luxemburg et assassiné son compagnon Leo Jogisches, deux Juifs de l'Est...

En novembre 1923, c'est la pègre qui descend dans les rues juives, en pillant les boutiques de fruits et de légumes, et en poussant ce cri de guerre : « Déclassés de toutes les classes, unissez-vous ! » Après avoir passé ses journées devant les tables de jeu installées devant les offices de placement, la pègre, ce mélange d'êtres surnuméraires, d'épaves, de « paumés », se retrouve le soir devant les zincs du quartier.

Dans le Scheunenviertel, ni Al Capone, ni Camorra, ni *capo di tutti i capi*. Les choses se passent plutôt de façon familière, dans un esprit grégaire et apathique, en respectant les règles d'une association. La pègre allemande s'organise sur le modèle des *Sparvereine* et des *Ringvereine*, structures corporatistes qui donnent à l'afflux amorphe de ceux qui ont échoué là un aspect presque convenable au premier abord, avec ses associations de proxénètes et de voleurs aux noms bon enfant : « Solide comme le roc », « Fidèle à jamais », « Le Chêne allemand ».

À l'est de Berlin, ce genre de structure suffit alors à donner le frisson au petit-bourgeois : à côté des établissements notoires de divertissement grivois, des arrière-salles avec ballets roses et danses de nus, des cabarets pornographiques et des bars montants, les *Ringvereine* commandent des milliers de prostituées clandestines. Pourtant, une fois mise sous tutelle une décennie plus tard, cette pègre, loin d'être le reflet contestataire d'un ordre social en train de s'effondrer, se révélera au contraire un instrument de sa stabilisation.

Dans le Scheunenviertel, on prie dans des chambres qui jouxtent d'autres pièces aménagées en vagues brasseries rudimentaires. Les pieux côtoient les impudents, les associations religieuses juives le syndicat du crime. Les saints et les putains sont logés au même étage. En un mot, c'est le lieu de tous les amalgames, après quoi, bien sûr, il est facile d'assimiler le rabbin au voyou. Pour les contemporains, le carré de rues qui s'étend derrière l'Alexanderplatz, tout comme le quartier des malfrats autour de la gare de Silésie, est une enclave à l'intérieur de la ville, le territoire des exclus de la société.

Un nid à préjugés

À l'époque, les rafles y sont monnaie courante. « Camp de rassemblement » et « détention administrative avant expulsion » y sont des notions familières. Une dénomination nouvelle apparaît même : celle de camp de concentration. De temps à autre, les Juifs internés sont menacés par leurs gardiens de ce que, plus tard, ces derniers accompliront dans l'exercice de leur fonction.

Mais à cette haine envers les immigrants juifs de l'Est répond aussi un intérêt, devenu engouement, pour la culture représentée par le judaïsme oriental, et pour l'Europe orientale en général. *Ex oriente lux*, tel est le slogan pour lequel on s'enthousiasme dans certains milieux intellectuels, juifs et non juifs, où l'on porte un regard critique sur le développement de la civilisation. Dans l'esprit de ces rêveurs, Berlin est à l'avant-garde : il est appelé à devenir le lieu de rencontre de l'Ouest et de l'Est, un lieu où, naturel et spontané, l'Orient viendra fertiliser un Occident asséché.

Traduit de l'allemand par Olivier Mannoni.

Eike Geisel

Haut : Rafle de police dans le Scheunenviertel.
Bas : Contrôle d'identité dans le Scheunenviertel, dans les années vingt.

Tristes quartiers

Joseph Roth

Les Juifs de l'Est qui passent par Berlin ont souvent un visa de transit qui les autorise à rester deux à trois jours en Allemagne. Nombre d'entre eux, porteurs d'un tel document, sont restés à Berlin deux à trois ans.

La plupart des Juifs de l'Est installés de longue date à Berlin sont arrivés avant la guerre. Des parents les y ont suivis. Des fugitifs venus de territoires occupés sont venus à Berlin. Des Juifs qui avaient rendu des services à l'armée d'occupation allemande en Russie, en Ukraine, en Pologne, en Lituanie durent suivre l'armée allemande en Allemagne.

Il y a aussi des délinquants juifs de l'Est à Berlin. Des voleurs à la tire, des escrocs au mariage, des imposteurs, des faux-monnayeurs, des spéculateurs sur l'inflation. Presque pas de cambrioleurs. Pas plus d'assassins que d'individus prêts à tuer pour voler.

Le Juif de l'Est n'est délivré de la lutte pour les papiers, contre les papiers, que lorsqu'il mène le combat contre la société par des moyens délictueux. Le délinquant juif l'était, la plupart du temps, déjà dans son pays natal. Il arrive en Allemagne sans papiers ou avec de faux papiers. Il ne se présente pas à la police.

Seul le Juif de l'Est honnête - il est non seulement honnête mais craintif - se présente à la police. C'est beaucoup plus difficile en Prusse qu'en Autriche. La police criminelle berlinoise a la particularité de faire des perquisitions à domicile. Elle vérifie également les papiers dans la rue. Cela arrivait fréquemment pendant la période de l'inflation.

Le commerce des vieux vêtements n'est pas interdit, mais il n'est pas toléré non plus. Quiconque n'a pas de licence ne peut pas acheter mon vieux pantalon. Il ne peut pas le vendre non plus.

Et pourtant, il l'achète. Et il le vend aussi. Il s'installe dans la Joachimsthalerstraße ou à l'angle de cette rue et du Kurfürstendamm et fait comme s'il ne faisait rien. Il doit voir, au visage des passants, premièrement s'ils ont de vieux vêtements et, ensuite, s'ils ont besoin d'argent. On vend les vêtement achetés le lendemain à la Bourse aux vêtements.

Il existe des différences hiérarchiques aussi parmi les colporteurs. Il y a des colporteurs riches, puissants, vers lesquels les petits élèvent un regard très humble. Plus un colporteur est riche, plus il gagne d'argent. Il ne descend pas dans la rue, il n'en a pas besoin. Je ne sais même pas si je peux vraiment l'appeler « colporteur ». En réalité, il a une boutique où il vend des vêtements d'occasion et il a une patente. Si ce n'est pas la sienne propre, elle appartient à un citoyen, à un bourgeois berlinois qui n'entend rien au commerce des vêtements, mais qui touche un pourcentage sur les affaires auxquelles il est associé.

Les propriétaires de boutiques et les colporteurs se réunissent le matin à la Bourse aux vêtements. Les seconds apportent ce qu'ils ont acquis la veille, tous les vieux vêtements et habits. Il y a une hausse au printemps sur les costumes d'été et de sport. Il y a une hausse en automne sur les *cutaways*, les smokings et les pantalons rayés. Celui qui se présente en automne avec des costumes d'été en lin n'entend rien aux affaires.

Le colporteur revend au propriétaire de la boutique, avec un bénéfice ridiculement faible, les vêtements qu'il a achetés la veille aux passants pour une somme ridicule. Le propriétaire de la boutique les fait repasser, « rafraîchir », retoucher. Il les accroche ensuite devant son enseigne et les laisse flotter au vent.

Celui qui s'entend à la vente des vêtements d'occasion pourra bientôt en vendre des neufs. Il ouvrira un magasin au lieu d'une boutique. Il deviendra un jour propriétaire d'un bazar.

Un colporteur peut faire carrière à Berlin. Il s'assimilera plus vite que ses homologues à Vienne. Berlin égalise les différences et étouffe les particularités. C'est pour cette raison qu'il n'y a pas de grand ghetto berlinois.

Il n'y a que quelques petites rues juives, aux environs du pont de Varsovie et dans le « quartier des

Granges ». La plus juive de toutes les rues berlinoises est la triste Hirtenstraße.

Aucune rue au monde n'est aussi triste. La Hirtenstraße n'a même pas l'espérance sans joie de la saleté végétative.

La Hirtenstraße est une rue berlinoise tempérée, mais non modifiée par la présence de ses habitants, les Juifs venus de l'Est. Il n'y passe aucun tramway. Aucun autobus. Rarement une automobile. Uniquement des camions, des charrettes, les plébéiens des moyens de transport. De petites auberges sont cachées dans les murs. On y accède par des marches. Des marches étroites, sales, usées. Elles ressemblent au négatif des talons usés. Dans les entrées ouvertes, des détritus s'accumulent. Les détritus sont objets de commerce. Du vieux papier journal. Des chaussettes déchirées. Des semelles sans chaussures. Des lacets. Des cordons de tablier. La Hirtenstraße est ennuyeuse comme une rue de banlieue. Elle n'a pas le caractère de la grand-rue de la petite ville. Elle est neuve, de mauvaise qualité, déjà dégradée, c'est de la camelote. Une rue sortie d'un grand magasin. D'un grand magasin à bon marché. Elle compte quelques vitrines aveugles. Dans ces vitrines, des pâtisseries juives, des croissants au pavot, des petits pains, du pain noir. Une burette, du papier tue-mouches qui suinte.

En outre il y a des écoles talmudiques et des maisons de prière. On voit des inscriptions en hébreu. Les lettres semblent étranges sur ces murs. On voit, par les fenêtres à moitié aveugles, des dos de livres.

On voit des Juifs avec leur *tallès* sous le bras. Ils sortent de la maison de prière et vont à leurs affaires. On voit des enfants malades, des vieilles femmes.

La tentation est toujours forte de transformer en ghetto cette rue ennuyeuse, tenue aussi propre que possible. Mais c'est toujours Berlin qui l'emporte. Les habitants livrent un combat inutile. Recherchent-ils l'expansion ? Berlin les comprime.

Extrait de *Juifs en errance*, traduction de Michel-François Demet, coll. « Le don des langues », Le Seuil, Paris, 1986, p. 60-64.

Joseph Roth

Explosion artistique et contestation

Jürgen Schebera

Avec l'écroulement de l'Empire wilhelminien, les écrivains et les artistes se lancent dans un mouvement sans précédent de rénovation culturelle. Berlin devient alors une métropole artistique européenne : c'est le temps des expériences audacieuses dans les salles de théâtre et de concert. Mais la réaction nationaliste et raciste n'a pas désarmé.

Pour les artistes, les créateurs, l'abdication de Guillaume II, les événements révolutionnaires de novembre-décembre 1918 et la fondation de la nouvelle république constituèrent une situation de renouveau sans précédent. On vit alors apparaître au grand jour des sentiments que beaucoup avaient déjà éprouvé sous le coup des événements de la guerre, dans leur opposition à la société figée de l'Empire. Il s'agissait de la fin d'une ère dépassée, d'une rénovation fondamentale de la vie en société.

Avec trente années de recul, dans ses Mémoires parus en 1946, le peintre et écrivain Karl Jakob Hirsch nous fait encore ressentir l'émotion brûlante de ces semaines quand il écrit :

> « Nous nous trouvions à l'époque dans un état d'exaltation ; Spartakus pouvait bien tirer, la réaction défiler, nous n'en avions cure. L'ère nouvelle était là, et le poète Leonhard Frank avait proclamé que "l'homme est bon". Le soleil du bonheur de l'humanité était bien haut dans notre ciel de jeunes gens[1]. »

1. Karl Jakob Hirsch, *Heimkehr zu Gott*, Munich, 1946, p. 67.

Très tôt, pourtant, chez la plupart, la phase d'exubérance générale céda le pas au travail artistique concret, tel que l'écrivain Richard Dehmel le réclamait déjà sans aucune ambiguïté en janvier 1919 : « Si les travailleurs de l'esprit veulent donner un bon exemple aux autres travailleurs, chacun d'entre eux ferait mieux d'accomplir son travail avant toute chose, au lieu d'en parler sans arrêt[2]. » Dans l'histoire de Berlin, commença une période durant laquelle la ville ne se contenta pas seulement de franchir le cap des quatre millions d'habitants, et de devenir ainsi la deuxième métropole urbaine du monde : en peu de temps, elle se transforma aussi en métropole artistique européenne.

Jamais auparavant on n'avait vu en Allemagne une telle concentration non seulement de potentiels économiques, mais aussi de forces intellectuelles que dans le Berlin des années qui suivirent la Première Guerre mondiale - malgré les temps difficiles que furent la crise d'après-guerre et l'inflation qui en résulta. La grande ville exerçait sur les artistes et les créateurs intellectuels un attrait que l'on pourrait presque qualifier de magique. De jeunes écrivains, des gens de théâtre, des musiciens et des artistes plasticiens affluèrent de tous les coins de l'Allemagne pour travailler à la rénovation des valeurs intellectuelles et culturelles, après la chute des barrières qui existaient sous Guillaume II. « Quand vous aviez Berlin avec vous, le monde entier vous appartenait », se rappelle plus tard Carl Zuckmayer, qui délaissa les rives du Rhin à l'âge de vingt-quatre ans, en 1920, pour s'installer dans la capitale. « Berlin, dit-il, avait le goût de l'avenir ; et en échange de cela, nous acceptions volontiers la saleté et le froid[3]. »

Le Groupe Novembre

L'aspect matériel de la production intellectuelle n'était pas le dernier élément à rendre la ville si attirante pour ces jeunes forces qui aspiraient à la nouveauté. Aucune autre métropole n'offrait un tel marché aux produits de l'esprit. Quand l'écrivain de vingt-trois ans Ödön von Horváth quitta en 1924 la ville bavaroise de Murnau pour se rendre à Berlin, il nota au bout de quelques semaines :

2. Richard Dehmel, in *Deutscher Revolutions-Almanach 1919*, Berlin, 1919, p. 21.
3. Carl Zuckmayer, *Als wär's ein Stück von mir*, Francfort-sur-le-Main, 1966, p. 314.

« Pour réfléchir, on le sait, il faut une chaise sur laquelle s'asseoir. La rumeur s'est peu à peu répandue que l'élément matériel est indispensable. Et Berlin, de toutes les villes allemandes, est la seule à l'offrir aux jeunes écrivains. Berlin aime la jeunesse et fait aussi quelque chose pour elle. J'aime Berlin[4]. »

Dès le début, la métropole artistique s'ouvrit aussi aux influences internationales. L'assimilation productive et le traitement des courants avant-gardistes venus de France et de la jeune Union soviétique jouèrent tout autant un rôle moteur pour le milieu artistique de la capitale que la « berlinisation » que subit à maints égards la clinquante culture de masse venue des États-Unis. « Berlin, en tant que centre de l'état d'esprit européen, était une ville neuve, affirme rétrospectivement Heinrich Mann. Berlin recevait, il était encore plus réceptif que créatif. Les créateurs y venaient de partout, la grande ville faisait de la représentation - c'est la vocation de la véritable grande ville. À cela s'ajoutait l'impact des cultures étrangères[5]. »

Le traitement de concepts avant-gardistes, la présentation d'un art de progrès, aspirant au changement, se heurta bien sûr dès le début à une résistance acharnée dans le camp des traditionalistes, dont le refus était déjà fréquemment lié à une tendance politique sans équivoque. Et le jeune mouvement issu de ce qui fut appelé l'« expressionnisme », aux formes très diverses déjà avant 1914, se révéla lui aussi extrêmement hétérogène.

Parmi les nombreuses associations d'artistes qui se proclamèrent et se formèrent dans le sillage des événements de novembre 1918, le Groupe Novembre fut l'un des plus importants et des plus durables. Il fonctionna jusqu'en 1932. De manière exemplaire, il a montré à quel point la réaction des artistes à cette situation de bouleversement était alors multiforme, avec quelle force s'exprimait la volonté subjective d'aller jusqu'aux limites des normes artistiques bourgeoises et de les dépasser, mais aussi à quel point les attitudes étaient différentes face à cette nouvelle mission que l'on se donnait désormais : utiliser l'art pour parvenir à agir sur la société. Le Groupe Novembre est également un exemple éloquent de la façon

4. Ödön von Horvath, « Ich liebe die Stille », in Traugott Krischke (éd.), *Materialen zu Ödön von Horvath*, Francfort-sur-le-Main, 1970, p. 184.
5. Heinrich Mann, « Die geliebte Stadt », in Herbert Jhering (éd.), *Theater der Welt. Ein Almanach*, « Berlin, 1949, p. 16.

« Noske procède à l'abattage de la Révolution », dessin à la plume de Conrad Felixmüller, 1919.

dont, très tôt, des artistes pratiquant les disciplines les plus diverses (arts plastiques, musique, littérature, cinéma) collaborèrent.

Fondé le 3 décembre 1918 (par un comité de travail que dirigeait le peintre Georg Tappert et auquel appartenaient entre autres Max Pechstein, César Klein et Rudolf Belling), lié à la révolution par son nom comme par un programme, le Groupe Novembre commença par être exclusivement une association d'artistes plasticiens. À partir de 1919, il présenta ses travaux dans des salles indépendantes, à l'occasion des traditionnelles expositions d'art annuelles de Berlin. Il mit par ailleurs sur pied des manifestations qui lui étaient propres. La palette d'expression de ses membres était large : les expressionnistes figuratifs y côtoyaient des abstraits ; les futuristes, des représentants du réalisme. Dans un guide publié par ses soins en 1920 pour l'exposition *L'Art à Berlin*, on pouvait lire :

> « Les artistes du Groupe Novembre veulent donner à leur époque - notre époque ! - des contenus nouveaux, être à leur manière l'expression de cette époque, expliquer leur position face au monde et à la vie. Écoutez comme on crie de bonheur dans ces tableaux, comme on s'y effondre devant la gravité, quand la douleur fait éclater en sanglots, comme on y hurle de haine sous les coups et l'entrechoquement des formes, des couleurs qui grondent et tintent. Tout vibre, dans ces images, des sons résonnent, des bruissements de couleurs jaillissent, et, telle une marée d'eau vive, le bonheur submerge celui qui y est sensible[6]. »

Mais des divergences politiques apparurent très rapidement. Quand les organisateurs de l'exposition *L'Art à Berlin*, en 1921, insistèrent pour que soient écartées deux toiles, l'une d'Otto Dix, l'autre de Rudolf Schlichter, de la salle réservée au Groupe Novembre, et quand le comité directeur de celui-ci accepta cette exigence au lieu de soutenir ses membres, onze démissions se produisirent : entre autres, en plus de Dix et Schlichter, celles de George Grosz, Raoul Hausmann, Hannah Höch et Georg Scholz. Ils présentèrent leurs positions dans une lettre ouverte, affirmant : « Pour nous, la profession de foi en la révolution, en la nouvelle société, n'est pas une déclaration faite du bout des lèvres, et nous voulons prendre au sérieux notre mission déclarée qui est de collaborer à la construction de la nouvelle communauté humaine, la communauté des

---

6. Peter Leu, *Führer durch die Abteilung der Novembergruppe*, Berlin, 1920, p. 20.

travailleurs[7] ! » La réponse du comité directeur fut sans équivoque : le groupe d'opposition savait forcément « que la poursuite d'objectifs radicalement politiques était l'affaire de chacun, et que le groupe, en tant qu'association, n'avait à poursuivre que des objectifs radicalement artistiques[8] ».

Dans cette confrontation, on voit apparaître relativement tôt une polarisation qui s'est révélée importante pour l'évolution artistique de la République de Weimar : tandis que beaucoup de créateurs considéraient que toutes les possibilités de mettre en œuvre leurs conceptions étaient réunies dans le caractère pluraliste de la république bourgeoise, un groupe moins important défendait avec obstination l'idée que la révolution de l'art devait marcher de pair avec la révolution sociale. On vit alors les « chemins se séparer »[9] : pour une quantité d'artistes plasticiens, d'écrivains et de musiciens, ces chemins débouchèrent au bout du compte sur une intégration dans le mouvement communiste (plus intensément à partir de 1927-1928). Ainsi pour John Heartfield, Anna Seghers, Hanns Eisler.

Le Groupe Novembre poursuivit encore, après 1921, des « objectifs radicalement artistiques », avec une efficacité non négligeable. En janvier 1922, il y fut décidé désormais que des musiciens et des écrivains pouvaient en faire partie eux aussi, ce qui conduisit à une extension considérable de ses activités. Avec Heinz Tiessen, Philipp Jarnach, Stefan Wolpe, Kurt Weill, Hans Heinz Stuckenschmidt, Jascha Horenstein et Max Butting - et aussi, à partir de 1925, avec Hanns Eisler et George Antheil - entrèrent dans le groupe des représentants d'une jeune musique d'avant-garde, issus, pour une partie d'entre eux, de l'école de Schönberg et de Busoni. Les « Soirées musicales du Groupe Novembre », régulièrement organisées à partir de l'automne 1922, le plus souvent dans la salle de la maison Vox, sur la place de Postdam, où furent données de nombreuses créations, devinrent rapidement un centre de la musique contemporaine à Berlin. À plusieurs reprises, lors de ces soirées, des écrivains - Martin Kessel ou Carl Zuckmayer, par exemple - lurent des extraits de leurs œuvres récentes. Quand, en octobre 1923, avec son émetteur berlinois, la radio allemande fut inaugurée, pour s'imposer

7. « Lettre ouverte au Groupe Novembre », in *Der Gegner*, Berlin, n° 8/9, 1920-21, p. 301.
8. « Sur la lettre ouverte au Groupe Novembre », *ibid*, n° 1, 1922, p. 30
9. Cf. à ce propos : Silvia Schlenstedt, *Wegscheiden*, Berlin, 1976.

en peu de temps comme un moyen de communication de masse, les activités du Groupe Novembre furent incluses dans les programmes : il organisa ses propres soirées, qui associaient musique et littérature. En mai 1925, une séance fut consacrée en matinée à l'avant-garde cinématographique parisienne et berlinoise. Sous le titre « le Cinéma absolu » furent présentés des films expérimentaux de Hans Richter, Viking Eggeling, Walter Ruttmann et René Clair.

Les rencontres et discussions interdisciplinaires, entre membres du Groupe, comptaient autant que ses manifestations publiques. Ces rencontres se déroulaient régulièrement dans la maison de celui à qui avait été confiée la responsabilité de l'affaire, Hugo Graetz, au 133 de la rue de Potsdam. L'accueil réservé à son travail fut ambivalent : l'adhésion des spécialistes d'art moderne fut aussi réelle que le rejet de certaines parties de la critique et du public. « Pas la peine d'aller regarder ces rebuts », lisait-on dès 1920 dans le journal *Preussische Kreuzzeitung* à propos d'une exposition du Groupe[10] ; et Hans Richter gardait encore un vif souvenir, quarante années plus tard, des réactions auxquelles il assista lors de la matinée cinématographique de 1925 :

> « Le public fut pris d'un tel agacement en voyant l'enterrement du chameau de René Clair et la danse des batteries de cuisine de Léger qu'il réagit avec virulence à mon film *Rhythmus*, qui ne présentait que des rectangles et des carrés, et roua de coups le pianiste, qui n'était en rien concerné[11]. »

Mais les membres du Groupe ne se laissèrent pas autrement déconcerter par ce genre d'incidents et continuèrent à suivre leur programme artistique novateur. Pour les dix ans de l'association, Stuckenschmidt écrivit en 1928 :

> « Au rythme moderne de l'évolution, dix années sont une longue période. Le Groupe Novembre n'en a pas fait mauvais usage. Cette décennie qui appartient au passé est ainsi le présent le plus vivant - et aussi, certainement, l'avenir[12]. »

---

10. Cité d'après Peter Leu, *op. cit.*, p. 24.
11. Hans Richter, « Lettre à Helga Kliemann du 25 novembre 1967 », in Helga Kliemann, *Die Novembergruppe*, Berlin, 1969, p. 78.
12. Hans Heinz Stuckenschmidt, « Musik und Musiker in der Novembergruppe », in *Kunst der Zeit*, Berlin, n° 1/3, 1928, p. 101.

Le rôle de Hermann Scherchen

L'ascension de Berlin au statut de métropole musicale avait débuté dès la fin du XIXe siècle. L'Orchestre philharmonique et l'Opéra situé sur Unter den Linden (dont Richard Strauss fut le chef d'orchestre à partir de 1898, et plus tard le directeur musical) jouissaient d'un grand prestige, tout autant qu'étaient renommés les conservatoires de la capitale. À partir de 1919, le centre musical qu'était Berlin prit une nouvelle importance européenne. En développant une politique intelligente et favorable à l'art, le ministère prussien de l'Éducation et de la Culture (en la personne de son conseiller musical et théâtral Leo Kestenberg, lui-même ancien élève de Busoni) ainsi que le conseil municipal parvinrent à recruter des musiciens de talent pour diriger les orchestres et les institutions.

À la fin de 1920, Ferruccio Busoni fut appelé à la direction d'une classe de composition à l'Académie des beaux-arts de Prusse (en 1926, Arnold Schönberg lui succéda). En 1921, Franz Schreker fut nommé à la tête de l'École supérieure académique nationale de musique. Le chef d'orchestre Gustav Brecher enseigna de 1919 à 1922 au conservatoire de Sternschen, et le pianiste Arthur Schnabel au conservatoire Klindworth-Scharwenka. Des chefs d'orchestre de premier ordre étaient au pupitre des trois opéras de Berlin : Leo Blech et Erich Kleiber à l'Opéra national, Fritz Stiedry et Bruno Walter à l'Opéra municipal de Charlottenbourg, Otto Klemperer et Alexander von Zemlinsky à l'Opéra de la place de la République, appelé « Krolloper » d'après le bâtiment de l'ancienne salle des fêtes de Kroll. Ce lieu fut ouvert en 1924 et devint la deuxième scène de représentation de l'Opéra national. De 1927 à 1931, il resta une entreprise indépendante, sous la direction d'Otto Klemperer.

Avec l'Orchestre philharmonique, les trois formations instrumentales des opéras ainsi que l'orchestre de l'École supérieure offraient des programmes de concert de très haute qualité en collaboration avec des ensembles de musique de chambre de tout premier rang et des solistes venus du monde entier. Les enseignants Busoni, Schreker et, plus tard, Schönberg, rassemblèrent autour d'eux toute une génération de jeunes compositeurs : Kurt Weill et Wladimir Vogel ; Ernst Krenek et Alois Haba ; Marc Blitzstein et Walter Goehr. Avec

Hermann Scherchen, de 1918 à 1922, la musique d'avant-garde eut un autre « moteur » dans la ville. Chef d'orchestre et professeur à l'École supérieure, fondateur de la Société pour une nouvelle musique et de la revue *Melos*, chef de chœur, inspirateur d'un quatuor à cordes, il n'a pas lésiné sur son activité. C'est lui qui donna pour la première fois à Berlin *Pelléas et Mélisande* de Schönberg le 9 janvier 1920, et son *Pierrot lunaire* le 7 octobre 1922. Lui encore qui fit preuve d'un engagement constant en faveur de la musique composée par des jeunes, en créant notamment des œuvres de Hindemith, Krenek, Tiessen, Haba et Erdmann. Que ce soit dans les locaux de la Philharmonie, rue de Bernburg, dans les trois opéras, à l'Académie de chant, riche d'une longue tradition, ou dans les salles Blüthner, Vox et Steinweg, la musique contemporaine figurait régulièrement au programme de nombreux concerts berlinois. Les œuvres de la génération des fondateurs (Schönberg, Stravinski, Bartok) y furent données dans des représentations exemplaires (les *Cinq pièces pour orchestre* op. 16 de Schönberg, par exemple, en janvier 1923, sous la direction de Wilhelm Furtwängler). Mais on y entendait aussi et surtout les œuvres de la deuxième génération, celle des plus jeunes compositeurs, dont beaucoup vivaient à Berlin.

Le grand nombre de concerts proposant de la musique d'avant-garde ne doit naturellement pas faire oublier qu'ils étaient souvent donnés devant un cercle relativement étroit de spécialistes et d'artistes intéressés. Max Butting[13] décrit la petite salle soigneusement choisie pour accueillir les soirées musicales du Groupe Novembre comme un espace toujours « plein à craquer ». Toutefois ces représentations se heurtaient, dans la plupart des cas, à la vive résistance des partisans de la musique traditionnelle. Dès 1916, Hanz Pfitzner, principal défenseur d'une « musique allemande », condamnait tout le courant de la modernité en la personne de Busoni, qu'il traitait de « péril futuriste ».

Au début des années vingt, les innovations formelles n'étaient donc pas le seul objet des attaques : on s'en prenait au caractère international du courant musical moderne et aux multiples formes d'assimilation des influences russes, françaises et américaines. Quand le pianiste Eduard Erdmann créa en 1922 la *Toccata et Fugue* op. 13

13. Max Butting, *Musikgeschichte, die ich miterlebte*, Berlin, 1955, p. 119.

de Krenek, le mélange de ce qui était apparemment un choral avec un fox-trot américain provoqua une tempête d'indignation. C'est l'intégration d'éléments de jazz dans la musique sérieuse qui s'annonçait ici et qui allait jouer un rôle marquant les années suivantes, notamment dans les créations de Krenek, Hindemith et Weill. Elle fut dénigrée et combattue avec rage par les traditionalistes, et par les mouvements politiques de droite.

Dans le domaine de la musique aussi, l'antisémitisme fit très tôt son apparition. Quand Fritz Stiedry donna de nouveau le *Pierrot lunaire* de Schönberg lors d'un concert à l'Opéra municipal, la haine raciale et les slogans national-populaires s'introduisirent dans les critiques. Schönberg avait certainement déjà connu ce genre de réactions alors qu'il se trouvait encore à Vienne. Ce n'étaient pas les premières attaques semblables auxquelles il se voyait exposé. En 1923, il écrivait à Kandinsky : « À quoi peut donc mener l'antisémitisme, sinon à des actes de violence ?[14] » Les années berlinoises qui suivirent son installation dans la capitale allemande en 1926, avec la menace croissante que faisait peser le mouvement nazi, ne contribuaient pas à apaiser ses inquiétudes. Elles se révéleront fondées, au contraire, et Schönberg finira par déclarer en août 1933, alors qu'il a été contraint de quitter l'Allemagne au mois de mai : « À vrai dire, je suis préparé depuis quatorze ans à ce qui vient d'arriver[15]. »

Dix ans plus tôt, quand le parti national-socialiste ne disposait pas encore de ses propres organes, une publication d'extrême droite, *Deutsche Zeitung*, fut le premier adversaire de la musique moderne. Paul Zschorlich, un compositeur raté, y lança contre elle de virulentes déclarations de guerre. Ce critique fut ainsi l'homme qui ouvrit directement la voie à la politique musicale nazie. L'exemple de l'opéra d'Alban Berg *Wozzeck* montre particulièrement bien dans quelles tensions politiques la vie musicale se déroulait à Berlin dès le milieu des années vingt. En janvier 1924, le compositeur avait présenté son œuvre au directeur général de la musique de l'Opéra national Erich Kleiber ; celui-ci reconnut immédiatement la rupture que *Wozzeck* allait consommer avec toute la tradition de l'opéra

14. Arnold Schönberg, *Briefe*, Mayence, 1958, p. 65.
15. Cité d'après le *Catalogue de l'exposition Schönberg*, Vienne, 1974, p. 310.

et accepta spontanément d'assurer sa création. Il fallut pourtant près de deux années avant que Kleiber puisse imposer son choix contre les résistances en tout genre qu'il rencontra, aussi bien au ministère que dans son propre établissement.

La première eut finalement lieu le 14 décembre 1925, et elle compte depuis longtemps parmi les sommets légendaires dans l'histoire de l'opéra de notre siècle. Négligeant les nombreux refus auxquels il s'était heurté, négligeant aussi les attaques personnelles, Kleiber maintint *Wozzeck* jusqu'en 1929 au répertoire de l'Opéra national. Il fallut, du reste, attendre jusqu'à cette date pour qu'un deuxième théâtre ose donner l'œuvre. C'est ensuite, seulement, qu'elle s'imposa définitivement, présentée sur six scènes allemandes entre 1929 et 1932.

Les réactions à la création de décembre 1925 furent très partagées. Les critiques musicaux les plus cotés à Berlin, et qui accompagnèrent en permanence la Nouvelle Musique, à savoir Alfred Einstein, Adolf Weissmann, Oskar Bie et Hans Heinz Stuckenschmidt, soulignèrent dans une analyse nuancée l'innovation fondamentale de l'œuvre, « événement important pour l'histoire du drame musical dans son ensemble[16] ». Mais le chœur des adversaires, Zschorlich en tête, cria fort, et dans les termes les plus brutaux. Zschorlich attaqua « La clique Schönberg-Kleiber », traitant Alban Berg de « criminel de la composition musicale ». Il partit en campagne en usant d'un antisémitisme sans voile :

> « Je veux bien m'appeler Moïse Odeur d'égout dès demain s'il ne s'agit pas d'une escroquerie pure et simple. Si Arnold Schönberg enseigne aujourd'hui un tel art de la fugue à l'Académie des beaux-arts, mieux vaudrait que l'on transforme l'établissement en piscine. Au moins, ce serait une affaire propre[17]. »

Krebs entonna le même air dans une bordée d'insultes intitulée : « Épidémie intellectuelle[18]. » Menace ouverte, aussi, dans la critique du journal *Germania-Zeitung für das deutsche Volk* :

16. *Thüringer Allgemeine Zeitung*, Erfurt, 17 décembre 1925.
17. Paul Zschorlich, « Gestotter in der Staatsoper », in *Deutsche Zeitung*, Berlin, 15 décembre 1925.
18. *Der Tag*, Berlin, 15 décembre 1925.

Max Reinhardt.

« Ne cessons pas de combattre ce qui vient de Schönberg et de son élevage, ces empoisonneurs des sources[19] de la musique allemande ![20] »

Il fallut sept ans seulement pour que ce combat soit gagné et que le bolchevisme musical soit éliminé à la racine. Une partie des critiques musicaux allemands avait ardemment travaillé pour y parvenir.

Le grand Max Reinhardt

Mais revenons aux années 1918-1919 et penchons-nous sur l'évolution du théâtre berlinois. Sous l'influence de la guerre, une partie des écrivains apparus vers 1910 devinrent des révolutionnaires. « La transformation de la profession de foi du Moi en une proclamation missionnaire », pour reprendre une appréciation de Siegfried Melchinger[21], passa au centre de leurs œuvres. Jusqu'en 1918, la plupart des créations de cette jeune génération, de Hasenclever, Goering ou Johst, furent montées en province, le Berlin impérial ne tolérant guère qu'une telle rébellion s'exprime au théâtre. Il y eut une exception : en novembre 1917, Max Reinhardt, par le biais d'une association littéraire, avait fondé dans son théâtre de la Schumannstraße, le Deutsches Theater, la scène expérimentale. La Jeune Allemagne, Das junge Deutschland. En mars 1918, au cœur de la dernière offensive de printemps du général Ludendorff, annoncée à grand fracas, on y présenta la pièce de Reinhard Goering contre la guerre, *La bataille navale*. La Jeune Allemagne exista jusqu'en 1920 : *La Wupper* d'Else Lasker-Schüler, en avril 1919, et *Le Buisson ardent* d'Oskar Kokoschka y connurent, pour Berlin, leur première. Mais tout comme la Jeune Scène, Die junge Bühne, créée en 1921 pour lui succéder, et qui donna surtout des pièces d'Arnold Bronnen, ces activités annexes du Deutsches Theater restèrent limitées à des spectacles en matinée, si bien qu'ils ne touchèrent qu'un petit public d'amateurs ou de spécialistes.

19. La légende de l'empoisonnement des sources, fontaines et puits par les Juifs était un élément notable de l'antisémitisme populaire allemand (NdT).
20. Edmund Kühn, « Mache », *in Germania*, Berlin, 16 décembre 1925.
21. Siegfried Melchinger, *Drama zwischen Shaw und Brecht*, Brême, 1965, p. 122.

Le Großes Schauspielhaus (maison du spectacle). Architecte : Hans Poelzig.

Il en alla tout autrement pour une entreprise que Max Reinhardt anima entre 1919 et 1924, parallèlement au Deutsches Theater : le Großes Schauspielhaus. L'architecte Hans Poelzig avait transformé en 1919 le bâtiment gigantesque de l'ancien cirque Schumann en un somptueux théâtre de trois mille places. La représentation inaugurale, le 29 novembre 1919, avec *L'Orestie* d'Eschyle (dans une nouvelle traduction allemande de Karl Vollmoeller) fut le premier triomphe d'une « utilisation productive de l'espace », de la « scène articulée selon des principes architecturaux » et d'un « art de la comédie bâti sur le rythme », s'opposant à l'art « de la décomposition psychologique » que l'on pratiquait jusque-là, comme l'écrivit Herbert Jhering[22]. Le grand metteur en scène Reinhardt montra qu'il était aussi passé maître dans le réglage de scènes de masses bouleversantes. Avec ses comédiens, tels Albert Bassermann et Werner Krauss, il utilisa le Großes Schauspielhaus autant pour des représentations de solides auteurs classiques que pour des mises en scène de pièces sur la révolution, comme *La Mort de Danton* de Büchner, ou le *Danton* de Romain Rolland, en février 1920.

Il avait dû naturellement affronter une sérieuse concurrence. L'ancien Théâtre royal était devenu à partir de 1919 (en même temps que l'Opéra national) une composante du Théâtre national de Prusse. Le ministre prussien de l'Éducation et de la Culture, Konrad Haenisch, y avait nommé comme intendant Leopold Jessner, metteur en scène alors pratiquement inconnu à Berlin. Cette décision était d'abord politique : Jessner était social-démocrate et son intronisation au nouveau théâtre était une manifestation de force du parti social-démocrate face à ses partenaires de la coalition bourgeoise au gouvernement. Mais dès sa première mise en scène à Berlin, Jessner fut reconnu comme un talent extraordinaire. Avec le *Guillaume Tell* de Schiller, le 1er décembre 1919, il fonda un courant destiné à exercer une très grande influence jusqu'en 1925 environ, sous le nom de « théâtre d'actualité ». « Le mouvement sismique des dernières semaines, avait-il écrit dans un manifeste, en novembre 1918, a balayé en l'espace d'une nuit des choses qui semblaient ancrées pour l'éternité - pourquoi serait-ce encore aujourd'hui une utopie de croire que le théâtre va enfin être mené

22. Herbert Jhering, « Die Produktivität des Raumes », in *Berliner Börsen-Courier*, 19 mars 1921.

à sa détermination authentique et prendre la forme d'un véritable patrimoine public[23] ? »

Jessner, Piscator

Dès qu'il entra en fonctions, Jessner mit en accord ses actes et ses paroles. Il présenta un *Guillaume Tell* qui, s'attaquant de front à la tradition poussiéreuse du théâtre de cour, et s'éloignant tout aussi clairement des conceptions de Reinhardt, devint le point de départ d'une révolution esthétique dans l'art théâtral. Ce fut l'origine d'une évolution vers un théâtre moderne entendu comme politique, et qu'Erwin Piscator et Bertolt Brecht reprendraient dans la seconde partie des années vingt. Le personnage central n'était plus Guillaume Tell, mais le brutal bailli Gessler, qui accomplissait lui-même, au milieu de ses soldats, ce qu'un Noske n'avait fait qu'ordonner dans la réalité berlinoise de janvier 1919 : la violence et la terreur exercées contre les forces populaires. Le coup tiré par Guillaume Tell contre les tyrans déclenchait une action de masse. Sur la scène, le peuple abattait les étendards impériaux et fraternisait avec les soldats désarmés pour mener le soulèvement populaire. Le drame de Schiller connaissait ainsi une « réinterprétation démocratique », selon les termes de Jessner. La légende suisse était transformée en un « drame universel de la liberté » qui foisonnait d'allusions politiques et renvoyait à des événements du présent immédiat.

Pour la première fois, Berlin découvrit l'adaptation radicale d'une pièce classique à un thème actuel, sans que le texte perde de son souffle ou sa passion. Le décor d'Emil Pirchan rompait avec la reconstruction historique et n'avait qu'une seule fonction, soutenir la dimension intellectuelle de la mise en scène. Le *Tell* de Jessner se déroulait dans une seule grande pièce, où n'avait été construit qu'un gigantesque escalier devant un mur de draps noirs qui emplissaient toute la scène. Cet « escalier à la Jessner » entra dans l'histoire du théâtre et passa, jusqu'aux inventions techniques réalisées plus tard par Piscator, pour la quintessence de l'art scénique moderne. Le décorateur fut considéré comme un partenaire travaillant

23. Leopold Jessner, « An die deutschen Theaterleiter ! », in *Berliner Tageblatt*, 23 novembre 1918.

sur un pied d'égalité avec le metteur en scène et les comédiens : avec Jessner, c'était l'ère de la mise en scène collective qui avait commencé.

La représentation du *Guillaume Tell* déclencha le premier grand scandale théâtral berlinois du début des années vingt. Des protestations à voix haute, et même des chahuts, l'interrompirent plusieurs fois, et il fallut que la police fasse sortir de la salle les « rustres payés » (pour reprendre le qualificatif que le comédien Albert Bassermann, depuis la scène, lança aux trublions) pour que la représentation puisse être menée à son terme. Le lendemain, la presse nationaliste rivalisa d'invectives, employant fréquemment les termes de « Jessner le Juif » - preuve, pour Arnold Zweig, que la première « vague antisémite[24] » s'était déjà abattue sur la jeune république. Mais la portée historique du *Guillaume Tell* de Jessner n'en fut pas amoindrie. Le doyen de la critique théâtrale à Berlin, Alfred Kerr, écrivit par exemple :

> « Admirable. D'un seul bloc. [...] Il y a un théâtre sérieux de plus. Vos cris ne pourront pas l'abattre[25]. »

Jessner a résumé en ces termes sa notion de « théâtre d'actualité », telle qu'il la mit en pratique avec Jürgen Fehling :

> « Un répertoire allant de Sophocle aux auteurs encore à découvrir, vu avec les yeux de notre temps, senti avec les nerfs de notre temps, représenté avec les moyens de notre temps[26]. »

Ce qui ne cessa d'échauffer les esprits (outre les représentations de jeunes auteurs, de Bronnen à Brecht jusqu'à Rehfisch), ce fut particulièrement le regard que Jessner portait sur les œuvres classiques du répertoire théâtral. Hamlet en imperméable noir brillant, Shylock en frac, Othello portant une sorte de casque de moto : tels étaient les moyens extérieurs, parfois plaqués sur les pièces, qui permettaient de faire apparaître « l'actualité » dans les anciens textes.

Mais il était encore plus important, aux yeux du metteur en scène, de dévoiler des problèmes extrêmement actuels dans le texte même des pièces classiques. Shakespeare, Schiller ou Büchner ne

---

24. Cf. à ce propos : Arnold Zweig, « Die antisemitische Welle » in *Die Weltbühne*, Berlin, n° 15-16, 1919.
25. Alfred Kerr, « *Wilhelm Tell*. Schauspielhaus », in *Berliner Tageblatt*, 13 décembre 1919.
26. Leopold Jessner, « Zeittheater », in *Berliner Tageblatt*, 6 avril 1927.

devaient plus être présentés platement comme du grand théâtre déclamatoire à l'ancienne mode. Il fallait une pénétration en profondeur des personnages. Fritz Kortner, le comédien préféré de Jessner, devint la figure essentielle de ses mises en scène. Entre 1920 et 1925, il fut notamment l'interprète remarqué de Shakespeare (*Richard III* en novembre 1920, suivi de *Hamlet,* d'*Othello* et du *Marchand de Venise*). Il ne voyait pas les personnages « avec les yeux de Shakespeare, mais avec les siens propres », il les recréait « à partir du mode de pensée de notre temps[27] ».

Parallèlement au travail de Reinhardt ou Jessner, des efforts louables eurent lieu aussi, naturellement, dans des théâtres de moindre importance. Le metteur en scène et écrivain Berthold Viertel fonda par exemple en 1922 Die Truppe, une association de comédiens engagés qui se retrouvaient occasionnellement et dans différents théâtres pour des représentations d'œuvres dramatiques récentes, en matinée ou en soirée. Auparavant, en septembre 1919, le théâtre Die Tribüne s'était déjà fixé cet objectif, dans une salle de trois cents places de Charlottenbourg : ses inspirateurs étaient le dramaturge Rudolf Leonhard et le metteur en scène Karlheinz Martin, mais l'expérience n'avait pas duré très longtemps.

Dans ce domaine du théâtre contemporain engagé, l'un des grands noms de la vie berlinoise de l'époque est celui d'Erwin Piscator qui, après avoir été dadaïste, anima en 1920-1921 un Théâtre prolétarien : il y présenta des pièces de Maxime Gorki, Upton Sinclair et Franz Jung, avec des décors mobiles de John Heartfield. Après divers échecs, il passa, au printemps 1924, à la Volksbühne. Sa mise en scène de *Drapeaux* d'Alfons Paquet (la première eut lieu le 26 mai 1924) ouvrit la phase de politisation de ce théâtre, et de l'organisation de spectateurs qui lui était liée. Là commença le chemin de Piscator vers un usage radical de la technique sur la scène, vers l'incorporation de moyens documentaires dans les représentations.

Autre création militante, en ce qui concerne les salles de théâtre : en 1922, le dramaturge Ferdinand Bruckner, sous le pseudonyme longtemps auréolé de mystère de Theodor Tagger, ouvrit

27. Franz Köppen, « Das Phänomen Kortner », in Heinz Ludwig (éd.), *Fritz Korner*, Berlin, 1928, p. 59.

le Renaissance-Theater, Hardenbergstraße, à Charlottenbourg. Avec ses quelque six cents places, celui-ci devint également un lieu central pour la nouvelle dramaturgie. Jusqu'en 1927 (date à laquelle une nouvelle direction reprit l'établissement), on y monta des pièces d'Ernst Weiss, de Klabund et de Georg Kaiser.

Les arts en mouvement : le théâtre des années 1918-1925 reflète lui aussi le renouveau, la diversité des nouvelles conceptions artistiques qui tentèrent de s'affirmer ensuite, et, vainement, de survivre. Les forces du nationalisme et de la réaction vont continuer en effet à gagner en influence, jusqu'à la fin amère de la république.

Traduit de l'allemand par Olivier Mannoni.

Jürgen Schebera

3. *Modernisation, rationalisation, mass media : à l'image de l'Amérique (1924-1929)*

En août 1923, le Reichstag retire sa confiance au chancelier Cuno, et Gustav Stresemann, du parti populiste, forme un gouvernement de coalition. La situation est catastrophique : inflation démentielle, non-paiement des réparations pour dommages de guerre, occupation de la Ruhr par les armées belge et française en guise de représailles, résistance passive à cette occupation sous l'impulsion des industriels. Décidé à sortir l'Allemagne de ce chaos, Stresemann entreprend de régler peu à peu tous les problèmes en litige. Il arrête la résistance passive, met en œuvre une réforme monétaire pour stabiliser le mark, négocie de nouvelles formes de paiement des réparations. Le relèvement national est à l'ordre du jour.

Grâce au plan Dawes, en 1924, qui échelonne les créances allemandes et injecte des milliards de dollars de prêts américains dans l'économie, la République de Weimar retrouve un équilibre financier au début de 1925. Une nouvelle période s'ouvre, dite de stabilisation économique, ou encore appelée l'ère Stresemann. Le spectre de l'inflation est repoussé. L'Allemagne s'engage, à l'instar des États-Unis, sur la voie du bien-être pour tous. Incontestablement, pour toutes les catégories sociales, cette nouvelle politique allemande entraîne une amélioration des conditions de vie. Le modèle américain suscite une volonté de modernisation. La technique et les machines sont portées au pinacle. Berlin devient la capitale du mouvement de rationalisation. Dans l'industrie, où sont adoptés le travail à la chaîne et les méthodes préconisées par Henry Ford. Dans les bureaux également, car Berlin est alors la plus grande cité commerciale du continent européen. Le nombre de ses employés s'est considérablement accru. En 1929, on en comptait 840 000 dans les banques, les compagnies d'assurances, les magasins. Pour plus d'un tiers il s'agissait, fait marquant pour l'époque, d'une main-d'œuvre féminine.

Cette rationalisation s'exerce jusque dans la vie domestique : il est recommandé d'avoir des appartements fonctionnels, des cuisines modernes. L'installation de l'électricité dans les logements berlinois se développe et, en 1928, la moitié des familles possèdent un appareil électrique, en général un fer à repasser ou un aspirateur.

Berlin ressemble alors à une métropole américaine, avec des théâtres, des cinémas immenses, et des constructions comme des gratte-ciel. En juin 1929, inauguration du grand magasin Karlstadt auquel le métro donne un accès direct. Monumental, son bâtiment est surmonté de deux tours sur lesquelles défilent des slogans publicitaires visibles jusqu'à l'aérodrome de Tempelhof.

Mais cet âge d'or ne va pas sans contradictions et sans ombres. Pour remplacer à la tête de l'État le social-démocrate Ebert, mort en février 1925, on fait appel deux mois plus tard au maréchal Hindenburg : la République de Weimar a dorénavant de solides traditions monarchistes pour enseigne. D'autre part, le chômage est loin d'être jugulé, particulièrement à Berlin. Le maire, Gustav Böss, expliquait en 1926 que ce n'était pas là une simple conséquence de la rationalisation, mais qu'il fallait aussi en voir la raison dans la conversion de beaucoup de militaires à des activités civiles, puisque l'armée, conformément au traité de Versailles, était passée de 800 000 à 100 000 hommes. Toujours est-il qu'en juillet 1928 Berlin compte 115 000 chômeurs sans aucune autre ressource qu'une aide municipale, et qu'en décembre 1928 il y en a encore 50 000 de plus.

Harmonie apparente et crise latente

Klaus Strohmeyer

Modernisation, rationalisation, normalisation : telles sont les directives en vigueur à Berlin à partir de 1925. Cela, même pour les distractions. C'est l'élaboration d'une industrie des loisirs qui obéit au rythme trépidant de la métropole. Mais la conformité générale aux normes ne servit-elle pas en partie à la future mise au pas entreprise par le Troisième Reich ?

Kurt Tucholsky, l'une des signatures éminentes du Berlin de la République de Weimar, un Berlin qui ne manquait pas de remarquables journalistes, écrit en avril 1925, dans le quotidien *Vossiche Zeitung* :

> « On ne peut pas établir une république avec des fonctionnaires de l'ancien style. Pas avec ces recteurs d'université qui bafouent impunément le président de la République tout juste décédé en s'abstenant, par peur des étudiants chahuteurs, d'organiser des cérémonies funèbres dignes de ce nom [...] ; pas avec ces juges qui portent sur leur fonction un regard purement administratif et dont aucun, lors des procès politiques, ne peut prétendre à une objectivité dépassionnée - il convient de juger en conséquence les verdicts qu'ils prononcent. Il faut ici des réformes. À elle seule, une "rue Walther-Rathenau" ne sert à rien tant que l'esprit de cet homme reste enfermé dans ses livres. Et, dans la plupart des municipalités, on n'a même pas donné son nom à une rue[1]. »

Le 25 février 1925, Friedrich Ebert, social-démocrate et premier président de la première République allemande, était mort à l'âge

1. Article du 12 avril 1925, publié sous le pseudonyme de Peter Panter et cité d'après Kurt Tucholsky, *Gesammelte Werke*, vol. 4, Reinbek, 1975, p. 92-93.

de cinquante-quatre ans. Le transfert de son corps au Palais présidentiel, qui s'était effectué entre une haie de plusieurs milliers de personnes, chapeau bas, se transforma spontanément en une manifestation de soutien à cette démocratie qui n'avait pas trouvé sa stabilité.

Alors que l'empereur Guillaume II n'avait jamais manqué d'organiser, sous forme d'inaugurations de monuments et de défilés, des opérations de propagande en faveur de la dynastie des Hohenzollern et du Reich impérial, la république naissante paraissait réduite à l'impuissance, incapable de donner corps, fût-ce symboliquement, à sa Constitution politique. Tucholsky note ainsi :

> « La jeune république n'a pas encore, loin s'en faut, le courage de se défendre elle-même, et manque de psychologie dans son travail, même avec la meilleure volonté qui soit[2]. »

Bien que Tucholsky et d'autres journalistes libéraux de gauche aient monté une garde attentive auprès de cette république, ils eurent une tâche ardue face au large front des attaques et des ressentiments antirépublicains. Car il ne s'agissait pas seulement des inamovibles piliers de la société wilhelminienne d'hier, du petit monde de la cour et des militaires ; une bonne partie de la bourgeoisie elle-même n'était pas convaincue des avantages d'un État républicain. Elle avait trop longtemps plié sans résistance devant la société aristocratique ou s'était arrangée avec l'« empereur de l'industrie » (Guillaume II avait activement soutenu la croissance industrielle) qui, à la suite de l'unification tardive de l'Allemagne, incarnait l'État national. Le corps des fonctionnaires, notamment, respectait encore, dans sa majorité, les principes datant de l'État autoritaire : il était d'opinion monarchiste, nationaliste ou *völkisch*, national-populaire, et tenait à se démarquer des social-démocrates et des communistes.

Défilés et combats de rue

On put s'en rendre compte à travers une série de procès où la justice parut ne considérer qu'un danger : celui qui serait venu

2. *Ibid.*, p. 92.

de gauche. On le vit aussi, de manière symptomatique, dans la querelle des drapeaux : bien que le noir-rouge-or, couleurs issues de la tradition démocratique de 1848, ait été proclamé couleurs de la nouvelle république, les fonctionnaires arboraient ostensiblement, en certaines occasions, la bannière noir-blanc-rouge de l'Empire déchu - au moins comme second drapeau. Sous la pression des Allemands nationalistes de l'étranger, en 1926, il fut même stipulé que les autorités allemandes devraient, hors d'Europe et dans les ports maritimes européens, arborer tout à fait officiellement le pavillon commercial (noir-blanc-rouge, avec les couleurs républicaines ornant le coin supérieur, ce qui était un compromis) à côté du fanion noir-rouge-or. Alors se succédèrent manifestations et contre-manifestations.

Dans une histoire du Berlin de la République de Weimar, Annemarie Lange indique :

> « En août 1927, quand le maire de Berlin, Gustav Böss, voulut donner un repas de fête au "Kaiserhof" en l'honneur de son collègue de New York, cet hôtel renommé et fréquenté par la haute bourgeoisie refusa d'installer le fanion noir-rouge-or de la République allemande sur la table à côté de la bannière étoilée américaine ! Il fallut au bout du compte organiser le repas dans le logement de service de Böss. Car les autres grands hôtels eux aussi se déclarèrent "apolitiques" dans cette querelle autour des deux drapeaux du Reich[3]. »

L'allusion, citée plus haut, de Tucholsky aux « étudiants chahuteurs », dont les corporations et les associations représentaient sous l'Empire le tremplin vers la « meilleure société[4] », montre que les anciennes classes supérieures faisaient feu de tout bois contre la république, et que les nationalistes qui se trouvaient dans leur rang ne reculaient pas devant la violence. Ils l'avaient déjà prouvé, entre autres, en préparant des coups d'État, ou en assassinant les dirigeants communistes Rosa Luxemburg et Karl Liebknecht en 1919, ainsi que le ministre des Affaires étrangères Walther Rathenau, le 24 juin 1922. En Rathenau, ils haïssaient autant le Juif que l'intellectuel. Le fait qu'en dehors de Berlin, selon Tucholsky, la sensibilité républicaine n'était même pas assez puissante pour que l'on

3. Annemarie Lange, *Berlin in der Weimarer Republik*, Berlin, 1987, p. 572.
4. Cf. Norbert Elias, *Studien über die Deutschen*, Francfort-sur-le-Main, 1989.

donne à une rue le nom de Rathenau révèle également le fossé politique qui séparait la métropole et la province.

Un autre homme politique perçut ce phénomène : Joseph Goebbels, le futur ministre de la propagande de Hitler, qui, en 1926, commença par réorganiser le Parti national-socialiste des ouvriers allemands (NSDAP) à Berlin. Au début, les formes de propagande qu'il avait expérimentées dans le sud de l'Allemagne n'eurent guère de succès dans cette métropole où l'on menait une vie agitée. Il écrit :

> « Quand je compare aujourd'hui les sténogrammes des discours que j'ai tenus avant mon séjour à Berlin et ceux que j'ai écrits par la suite, ils me paraissent presque doux et pantouflards. Et il en est allé de moi comme de tous les agitateurs du Mouvement berlinois[5]. Le rythme de cette ville de quatre millions d'âmes tremblait comme un souffle brûlant sous le coup des déclamations rhétoriques que produisait l'ensemble de la propagande dans la capitale du Reich. On y parlait une langue nouvelle et moderne qui n'avait plus rien à voir avec les formes d'expression anciennes, que l'on nommait ''national-populaires'', *völkisch*. L'agitation national-socialiste était taillée pour les masses. La conception moderne de la vie qui était celle du parti y chercha et y trouva aussi un style moderne, qui entraînait les foules[6]. »

Ce style s'exprimait de plus en plus dans les combats de rue que les SA engageaient, à l'occasion de défilés ou autres manifestations de masse, contre la Ligue des combattants rouges, le Roter Frontkämpferbund, et la Bannière républicaine, la Reichsbanner, organisations paramilitaires respectives des partis communiste et social-démocrate. S'y ajoutaient, à droite, les Casques d'acier qui représentaient les forces national-populaires. Ici encore, l'État prêtait une attention disproportionnée aux activités de la gauche. Une gauche en réalité divisée.

Martin Wagner ou la ville rationnelle

Les stratégies de conquête élaborées par les nazis restèrent assez

5. Ce courant de « pensée » antisémite et nationaliste fut le creuset des futurs partis d'extrême droite allemands, et donc du parti nazi (NdT).
6. Joseph Goebbels, *Kampf um Berlin*, Munich, 1932, p. 46.

longtemps presque sans effet sur la population de la capitale[7]. En dépit de tous les reliquats de la période prérépublicaine et de toutes les forces antirépublicaines qu'il abritait, il se trouve que Berlin, cité industrielle et commerciale marquée par une croissance rapide, était aussi la ville la plus moderne d'Allemagne. Il était le centre du progrès industriel et du mouvement de rationalisation qui, au cours du XXe siècle, s'est très vite imposé dans la vie économique. Cette restructuration n'entraîna pas seulement l'apparition du travail à la chaîne dans le secteur industriel : s'adaptant au principe du taylorisme, elle toucha tous les domaines de l'activité sociale.

ÉLECTIONS MUNICIPALES DU 17 NOVEMBRE 1929

	SUFFRAGES	SIÈGES	(RAPPEL 1925)
Parti social-démocrate	651 735	64	(73)
Parti national-populaire	404 632	40	(47)
Parti communiste	565 277	56	(43)
Parti démocrate	138 456	14	(21)
Parti populiste	154 250	16	(14)
Parti des classes moyennes	100 329	10	(10)
Centre (*Zentrum*, catholique)	81 097	8	(10)
NSDAP (nazis)	132 097	13	(—)

Total des sièges : 225. Source : *Statistisches Jahrbuch der Stadt Berlin*, 6e année, 1930.

Après l'avènement du Grand-Berlin, on entreprit une réorientation qui ne se limita pas au simple dépassement de l'architecture wilhelminienne, mais transforma la notion même d'urbanisme. Les quartiers peuplés de *Mietskasernen*, ces immeubles de location de piètre qualité construits au XIXe siècle autour d'arrière-cours sombres, humides et étroites, quintessence de la misère caractérisant l'habitat de la classe ouvrière, ne furent plus les seuls à sembler intolérables : la pompeuse architecture en stuc des *Gründerjahre,* les années de fondation du Reich après 1871, avec ses enfilades grandioses destinées à la bourgeoisie fortunée, parut tout aussi obsolète. Une conception de planification et d'organisation adaptée à la nouvelle métropole était nécessaire.

7. La population de Berlin avait connu une forte croissance depuis la fondation du Reich. En 1871, elle s'élevait à 827 000 habitants. Elle en gagna 133 700 au cours de cette même année. En 1900, le nombre des habitants du territoire du Grand-Berlin s'élevait à 2,7 millions, et à un peu moins de 4 millions en 1913. La Première Guerre mondiale fit reculer ce chiffre. En 1926, on avait retrouvé l'ancien niveau de 4 millions.

L'architecte Martin Wagner écrit dans un éditorial de la revue *Das neue Berlin*[8], en 1929 :

> « Le nouvel esprit du nouveau Berlin est un esprit cosmopolite, qui doit dépasser l'esprit de clocher bourgeois. Cet esprit cosmopolite devra aussi se former son propre corps urbain, dans sa forme comme dans son contenu. » [...] « Ce qui nous manque, c'est le metteur en scène de la ville mondiale qu'est Berlin. La volonté impérieuse, catégorique et dynastique relève du passé. Aujourd'hui, la ville mondiale n'est pas régie par une démocratie, mais par tout un système de démocraties auquel manque une direction efficace et globale. »

Martin Wagner, conseiller à l'urbanisme auprès de la Ville de Berlin, voulait libérer l'administration de son rôle inefficient de gardienne de nuit, et en faire une entreprise moderne, organisée selon des considérations propres à l'économie d'entreprise ; il considérait la ville comme une entreprise. L'architecture proprement dite passait au second plan : l'essentiel était l'accroissement de la productivité, la rationalisation de l'organisation municipale.

Wagner avait déjà donné des exemples de l'orientation nouvelle qu'il revendiquait pour la gestion des villes. En 1925, en collaboration avec Bruno Taut, il réalisa les plans de la Hufeisensiedlung, un « grand quartier » à Britz. Bâtie entre 1925 et 1932 en forme de fer à cheval - d'où son nom -, cette cité inaugura les nouvelles normes de la construction de logements à Berlin, non seulement grâce à une architecture rationnelle et peu coûteuse, qui utilisait des éléments standardisés, mais aussi par sa situation en milieu boisé et par les équipements qu'elle proposait. La Hufeisensiedlung devint le modèle de la construction sociale. Quand on lui demandait ce qu'il entendait par « grand quartier », Bruno Taut expliquait :

> « Grandeur, donc, non comme une obligation de construction et d'administration rationnelles, mais tout autant, et plus même, comme une nécessité permettant d'ordonner les relations entre la communauté et l'individu. Par le terme d'''ordre'', nous désignons un état dans lequel les besoins sociaux, centraux, collectifs, partagés par chacun [...] seront satisfaits, si bien qu'une place d'autant plus importante sera réservée aux besoins individuels proprement dits. La possibilité de se

8. Martin Wagner, « Das neue Berlin - die Weltstadt Berlin », in Martin Wagner et Adolf Behne (éd.), *Das Neue Berlin*, reprint de l'édition de 1929, n° 1, p. 5, Bâle-Berlin-Boston, Birkhäuser Verlag, 1988.

retenir hors de la vie sociale tient une place dans la palette des besoins communs. Cette définition du "grand quartier" n'implique naturellement pas uniquement des laveries communes, des crèches communes pour les enfants, des écoles maternelles et d'autres institutions du même ordre : il faut, au-delà, régler à l'échelon de la communauté les questions d'approvisionnement alimentaire, et déterminer le niveau régulé de la consommation. En d'autres termes, la cuisine individuelle des femmes, qui se trouvent de moins en moins dans leur foyer, sera remplacée par un restaurant collectif[9]. »

À partir de 1926, devenu directeur du Bureau d'urbanisme de la ville de Berlin, Martin Wagner commence à donner forme concrète à l'« esprit de la ville mondiale », à créer des lieux de transit pour les habitants et les produits, des lieux de rencontres de masse, des halls de foire, des plages.

L'un des endroits où intervint Wagner fut notamment l'Alexanderplatz. Il y imposa un processus de modernisation à grande échelle. Berlin était en expansion : avec la « ruée vers l'ouest », le centre de la ville s'était déplacé depuis le début du siècle, et un nouveau centre s'était formé devant les portes de l'ancienne ville résidentielle, soucieuse de prestige. L'Église du Souvenir (érigée à la mémoire de l'empereur Guillaume) et le Kurfürstendamm formaient le centre vital de la bourgeoisie dynamique, plus fortunée, et de l'avant-garde culturelle. C'est là que s'étaient installés les entreprises de confection élégante, les cafés, les bars, les cinémas luxueux où avaient lieu les premières. L'Alexanderplatz, en revanche, était le rendez-vous des ouvriers et des petites gens, y compris de ceux qui s'étaient mis en marge de la société, les petits escrocs et les criminels. C'est là que se déroule le grand roman d'Alfred Döblin, *Berlin Alexanderplatz*, collage d'images et de bruits de la cité, de bulletins météorologiques et de unes de journaux, des impressions, des réflexions et des angoisses de Franz Biberkopf, repris de justice et ancien ouvrier des transports. Cet homme se défend contre les forces de la grande ville, qui menacent, tel un tourbillon, de l'entraîner de plus en plus loin vers le bas. Le roman se situe au cœur des bouleversements qui touchèrent l'Alexanderplatz et ses environs vers la fin des années vingt[10] :

9. Cité dans *Gartenstadt*, quinzième année, janvier 1931, n° 1, p. 10.
10. Alfred Döblin, *Berlin Alexanderplatz*, Munich, 1965 (édition originale : 1929).

« Roumm ! Roumm ! Le mouton à vapeur souffle sur l'Alexanderplatz. Beaucoup de gens ont du temps de libre et le regardent frapper. Un homme, en haut, ne cesse de tirer sur une chaîne ; à chaque fois la vapeur sort au-dessus et la barre de fer en prend un bon coup. Les hommes, les femmes et surtout les enfants restent là, à regarder l'engin qui fonctionne sans un raté : et hop, la barre en reprend un sur le museau. Ensuite, il n'en reste plus que l'épaisseur d'un doigt, mais elle en prend encore un, et encore un. Et au bout du compte, elle a fichu le camp, bon sang de bois, ils l'ont écrabouillée, on s'en va, satisfait.
Tout est couvert de planches. [...]
Ils sont là, sur le pavé, comme des abeilles. Ils sont des centaines à bricoler et à bousiller, jour et nuit. [...]
Sur le Damm, ils abattent tout, ils abattent toutes les maisons qui longent le tramway. [...] »

Un monde d'employés

Les mesures de rationalisation touchèrent très fortement la vie des bureaux. Un article de la revue *Germania*, consacré au bureau « normalisé », insiste sur cet aspect :

« Le papier à lettres normalisé, les enveloppes et les classeurs respectant les mêmes normes sont l'un des impératifs de l'activité moderne dans les bureaux. Outre la normalisation du format, on s'efforce aussi d'uniformiser chaque en-tête de lettre, c'est-à-dire la raison sociale de l'entreprise. Plus importante encore, la normalisation des fiches. La fiche remplace de plus en plus souvent les gros registres dans le bureau moderne. Il en existe aujourd'hui une cinquantaine de dimensions différentes[11]. »

Un institut officiel pour le développement de la rentabilité, le Reichskuratorium für Wirtschaftlichkeit, rassemble dans une revue de presse régulière les articles parus dans les journaux de toutes les régions de la république qui traitent de la rationalisation et renforcent la conscience de sa nécessité. Siegfried Kracauer a décrit ainsi cette transformation :

« Au cours de la tournée que le directeur commercial effectue avec moi à travers les bureaux, nous suivons progressivement les systèmes

11. « Das "genormte" Büro », in *Germania* du 12 septembre 1928, Berlin, cité d'après le Reichskuratorium für Wirtschaftlichkeit, revue de presse, 26 septembre 1928.

linéaires affichés au mur. Ce qui est admirable, c'est que ce système est mis en œuvre par de véritables êtres humains. Une foule de jeunes filles, uniformément réparties dans la salle des machines électriques, perforent des cartes et écrivent. Les machines électriques (ou à cartes perforées) qui sont utilisées pour les passations d'écriture et pour tous les usages statistiques imaginables, exécutent par voie mécanique des prestations dont la maîtrise aurait autrefois exigé infiniment plus de temps et d'activité mentale - laquelle ne fonctionne jamais avec une sécurité automatique[12]. »

Si la proportion de travailleurs de l'industrie (employés notamment dans l'industrie de la confection et de l'électricité, ainsi que dans le secteur des machines-outils et des véhicules, et installés dans les Mietskasernen, à l'est et au nord de la ville) restait importante, l'expansion du commerce et du secteur tertiaire à l'ouest de Berlin provoqua l'apparition d'un nouveau groupe social dans la métropole : celui des employés. En 1925, avec 660 000 personnes, ils représentaient déjà une part élevée de la population active. Situés entre la bourgeoisie et la classe ouvrière, ils manifestèrent un mode de vie spécifique, dans les centres administratifs, les banques, les grands magasins[13]. Dépourvus de la protection qu'offrait le statut de fonctionnaire, ne bénéficiant pas du soutien que ses organisations apportaient à la classe ouvrière, totalement subordonnés, dans leur apparence et leurs vêtements, aux fonctions de vente et de représentation qu'ils exerçaient dans leurs entreprises, dotés d'un emploi incertain mais « propre », ces employés étaient soumis à une concurrence rigoureuse.

Kracauer résume ainsi ses observations :

« Il ne serait pas tout à fait hasardeux d'affirmer que l'on voit se former à Berlin un type d'employés qui se donnent des traits uniformes jusque dans la couleur qu'ils s'efforcent de prêter à leur peau. Le langage, les vêtements, les gestes et les physionomies sont semblables, et le résultat du processus est précisément cette allure plaisante qu'il est possible de restituer à l'aide de photographies[14]. »

---

12. Siegfried Kracauer, *Die Angestellten. Aus dem neuesten Deutschland*, Francfort-sur-le-Main, 1974 (édition originale : 1930), p. 27.

13. Selon le recensement du 16 juin 1925, on trouvait plus d'un million d'ouvriers - dont environ 288 000 femmes - parmi les 2 463 000 personnes actives à Berlin. Il y avait 240 000 femmes parmi les 660 000 employés décomptés.

14. Siegfried Kracauer, *op. cit.*, p. 25.

Ces employés se révéleront d'autant plus sensibles à la propagande national-socialiste quand la crise économique apparaîtra au grand jour. Nous voici devant l'autre face de la modernisation que les efforts de rationalisation provoquèrent dans l'économie et la vie quotidienne - et par là même dans les consciences : le risque de chômage s'accrut. La proportion de sans-emploi était plus importante à Berlin que dans le reste de l'Allemagne. En 1924-1925, la différence était de plus de 20 p. cent. En 1927, le chômage à Berlin était presque deux fois plus élevé qu'ailleurs. En décembre 1928, il y avait dans la capitale 164 000 chômeurs ; ils étaient 221 000 en janvier 1929[15]. Et les chiffres continuèrent à monter. Quand, le 29 octobre 1929, le Vendredi noir inaugura la crise économique mondiale, l'économie berlinoise s'effondra elle aussi. Comme le rappelle Annemarie Lange, « en décembre 1929, chaque jour, cinq mille chefs d'entreprise berlinois déposèrent leur bilan[16] ». Des groupes industriels et de grandes banques furent déclarés en faillite, et l'on prêta de plus en plus d'attention au « programme » de Hitler.

Mais l'obligation rigoureuse de se conformer aux normes et la monotonie du travail rationalisé avaient aussi fait naître dans l'activité frénétique de la jeune métropole qu'était Berlin une culture du plaisir, qui, foisonnante, contribua à fonder le mythe de l'âge d'or des années vingt. L'avènement de cette culture ne représentait cependant pas uniquement un complément et un dédommagement en regard de l'intensité accrue du travail ; elle n'était pas non plus une réaction à la détérioration des structures d'autorité écrasantes de l'ère wilhelminienne, à l'atténuation des tabous sexuels et à la conscience nouvelle que les femmes avaient acquise par leur participation de plus en plus importante à la vie professionnelle, notamment dans la catégorie des employés. Cette évolution coïncida avec l'installation et la diffusion des nouvelles technologies de l'industrie du divertissement : le phonogramme, la radio, le cinéma, etc.

Dans son roman *La jeune fille en soie artificielle*, Irmgard Keun montre son héroïne, Doris, évoluant dans l'anonymat de la métro-

15. Ces chiffres ont été empruntés au catalogue *« Berlin, Berlin ». Die Ausstellung zur Geschichte der Stadt*, Berlin, 1987, p. 403.
16. Annemarie Lange, *op. cit.*, p. 907.

pole. La petite employée, profitant de la liberté que lui offre Berlin, se laisse subjuguer par l'éclat de la grande ville :

> « Hier quelqu'un m'a raccompagnée chez moi dans sa voiture. Et comme il n'était pas rasé, aujourd'hui j'ai le visage tout piqué, rouge comme une tomate, on dirait que j'ai pris un coup de soleil. On n'est jamais assez prudente avec les hommes[17]. »

L'industrie des loisirs développa une organisation systématique. Calqué sur le modèle américain, le « week-end » devint une marchandise, le sport un marché et une activité lucrative, une attraction de masse. En 1927, à la Halle aux foires, eut lieu une exposition intitulée *Le Week-End*, qui attira un demi-million de visiteurs. Siegfried Kracauer donne l'explication suivante :

> « On dit que les Berlinois sont avides de divertissements. [...] Sans doute, le besoin de distraction est plus important ici qu'en province, mais la tension des masses laborieuses est aussi plus grande et plus sensible - une tension purement formelle, qui occupe la journée sans la remplir. Il faut rattraper ce temps que l'on a perdu ; et on ne peut le faire que dans les mêmes zones superficielles où l'on a été contraint de se perdre soi-même. La forme de l'activité de loisirs correspond nécessairement à celle de l'activité professionnelle[18]. »

Ces deux faces de l'existence dans la société de masse de la métropole moderne étaient plus que complémentaires. À la discipline instaurée dans les usines et les bureaux correspondait ce qui a été appelé l'« ornement de masse[19] » : le taylorisme s'insinuait jusque dans l'esthétique des revues dansées, avec leurs mouvements parallèles où se reflétait la gestuelle du travail à la chaîne. Apparut une nouvelle culture, celle de la Nouvelle Objectivité, qui rompait avec la sensibilité expressionniste et lui opposait une distance froide, parfois sarcastique, qui voyait dans la vitesse sur route le symbole même du rythme adopté par le citadin moderne. Cette distanciation, loin de refuser l'« américanisation » de la vie quotidienne, lui adressait un hommage admiratif.

---

17. Irmgard Keun, *Das Kunstseidene Mädchen*, Berlin, 1932, p. 95.
18. Siegfried Kracauer, « Kultur der Zerstreuung. Über die Berliner Lichtspielhäuser », *Frankfurter Zeitung*, 4 mars 1926, cité d'après *Das Ornament der Masse. Essays*, Francfort-sur-le-Main, 1963, p. 313-314.
19. Cf. Siegfried Kracauer, « Das Ornament der Masse », in *Das Ornament der Masse, op. cit.*

Hellmuth Krüger, l'animateur du Cabaret des Comiques, brocarde, dans sa *Prière derrière l'église du Souvenir*, la mode américaine qui s'est emparée des milieux culturels du « Nouvel Ouest berlinois ».

« Ô mon Dieu, fais-moi devenir américain,
c'est mon vœu le plus cher en ce monde.
En Amérique, tout est mieux qu'ici, plus grand et plus rapide.
Je ne le sais pas vraiment, mais je me l'imagine[20]... »

Traduit de l'allemand par Olivier Mannoni.

20. In *Die Frechheit*, n° 6, juin 1930.

Klaus Strohmeyer

Les Berlinoises et leurs combats

Marianne Walle

Berlin, métropole moderne, a vu apparaître un nouveau type de femme dans les années vingt : coiffée à la garçonne, sportive, sexuellement libérée. Mais c'est l'arbre qui cache la forêt. En réalité, la majorité des Berlinoises est contrainte à des conditions d'existence difficiles, et les revendications du droit à l'émancipation donnent lieu à bien des luttes sans effet. Ainsi en va-t-il des campagnes et manifestations contre la répression de l'avortement.

Le 19 janvier 1919, quatre jours après l'assassinat de Rosa Luxemburg, les Allemandes se rendent pour la première fois aux urnes. Près de 90 p. cent de celles qui sont en âge de voter vont exprimer leurs suffrages. Gratification accordée aux femmes, grâce auxquelles l'économie du pays a continué à tourner pendant les quatres années de guerre ? Non : c'est uniquement sous la pression des affrontements sanglants de la révolution que le Reichstag, entre les mains des Conseils d'ouvriers et de paysans, a attribué les droits politiques à tous les citoyens allemands majeurs par le décret du 30 novembre 1918. La récompense qui est donnée aux femmes, c'est l'entrée en vigueur du décret du 28 mars 1919 autorisant le gouvernement à renvoyer dans leur foyer toutes celles qui exercent une activité professionnelle. Même si l'article 5 de ce décret précise que seules seront licenciées les femmes n'ayant pas besoin de leur salaire pour vivre et celles qui se trouvaient sans travail salarié au début des hostilités, ces dispositions restrictives ne seront pas respectées. La « démobilisation » des femmes, qu'elles soient ou non chefs de famille, est à l'ordre du jour. Licenciements abusifs, pressions sur les salaires : la détresse matérielle et morale est grande.

La Femme nouvelle

La première préoccupation des Berlinoises des classes moyennes et du prolétariat, qu'elles aient dix, vingt ou cinquante ans, c'est de disposer d'un coin à soi, à défaut d'avoir un lit à soi, dans des appartements exigus. Née à Berlin en 1903, dans le quartier ouvrier de Wedding, d'une famille de neuf enfants, avec un père cordonnier, Grete F. raconte :

> « Comme la boutique était assez grande, nous avons pu la diviser en deux. Dans une partie, mon père avait son atelier. Dans l'autre, il y avait deux lits, une table, trois chaises et un petit canapé. On prenait ensuite un couloir jusqu'au "salon", où se trouvaient les deux lits de mes parents. Notre apprenti et mes frères aînés dormaient dans une petite pièce attenante. Aucun d'entre nous n'avait de lit, ni de matelas : nous dormions sur des paillasses. »

Ilse S., fille unique d'un dessinateur employé par un journal illustré, se rappelle que ses conditions de logement étaient certes meilleures, mais loin d'être satisfaisantes : « Notre appartement se composait d'une seule pièce, avec une cuisine, une salle de bains et un balcon. » La moitié seulement des logements possédaient l'électricité. Les autres étaient éclairés au gaz, et pas même systématiquement : « Lorsqu'en hiver la facture était trop élevée, nous prenions notre vieille lampe à pétrole ou des bougies. »

La politique générale est de concevoir de façon plus rationnelle tout ce qui se rapporte à l'aménagement de la cuisine : évier avec égouttoir, placards muraux, armoires pourvues de nombreux tiroirs, glacière pour faciliter le stockage des provisions. Les premiers réfrigérateurs apparaissent vers le milieu des années vingt, mais le prix en est élevé : entre 1 000 et 2 000 marks (le salaire moyen d'un ouvrier est de 100 à 200 marks par mois). Seuls le fer électrique et l'aspirateur sont abordables pour les classes moyennes.

Les associations de ménagères qui se créent un peu partout à Berlin expliquent aux femmes ne pouvant se payer ces appareils comment économiser leur énergie domestique. Elles revendiquent la reconnaissance de la « profession » de ménagère. Priorité à la « vocation naturelle » de la femme, la maternité et le travail à la maison ! Ces associations sont fortement soutenues par la Ligue des associations féminines allemandes, qui regroupe plus de

Sténodactylos, vers 1930.

500 000 membres, notamment parmi les classes moyennes protestantes. La presse féminine, qui connaît un essor considérable, les encourage également : le lénifiant *Blatt der Hausfrau* ou la *Gartenlaube* pour veillées des chaumières, tout comme les journaux politiques, par exemple la revue communiste *Die Kämpferin*, rivalisent de plans d'aménagement des logements, de recettes de cuisine rapide, de modèles de coupe et de couture.

Devenir dactylo, voilà le rêve de toutes les jeunes Berlinoises de la classe ouvrière (monter dans la classe des cols blancs) et de celles des classes moyennes dont les parents ne peuvent payer les études au lycée ou au collège ! La scolarité au lycée coûte vingt marks par mois, dix marks au collège, et de plus il faut acheter tous les livres. Les dactylos travaillent huit à dix heures par jour, sur des machines lourdes et lentes. Elles sont assises sur des chaises mal adaptées à leur tâche. Leur salaire moyen se situe au bas de l'échelle, comme pour 70 p. cent des femmes (contre 30 p. cent des hommes). Mais peu importe. La sténodactylo, la secrétaire, la vendeuse incarnent alors à Berlin le type de la « femme nouvelle ». C'est une femme qui a coupé ses tresses pour se coiffer à la garçonne et dont les jambes sont épilées. Consciente de sa valeur, indépendante matériellement, soignée, sportive, sexuellement « libérée », elle a l'audace de s'asseoir seule dans un café, et elle fume en public[1].

Aller danser, choisir son cavalier, ce n'est plus un plaisir réservé aux actrices et aux demi-mondaines ; les autres femmes veulent aussi en profiter, avec ce zeste d'insolence qui trahit leur manque d'assurance. Voici comment *Die Elegante Welt*, magazine à grand tirage sur la société berlinoise, décrit le comportement de la femme qui s'aventure seule dans une salle de bal :

> « C'est seulement un certain temps après son arrivée qu'elle s'intéresse à nous, pauvres hommes. Un coup d'œil lui suffit pour savoir qui parmi nous lui conviendrait. ''Avec le grand blond, là-bas, tu feras certainement un tour de piste ; mais l'autre, dans le coin, avec

---

1. Cf. l'ouvrage de Kristine von Soden et Maruta Schmidt, *Neue Frauen. Die Zwanziger Jahre*, Berlin, 1986.

son visage énergique, n'est pas mal non plus.'' Et ce que femme veut, Dieu le veut. Elle dansera sûrement avec ces deux messieurs que, pourtant, elle ne connaît pas. »

Leur éducation n'incite pas la majorité des Berlinoises à ce genre de comportement. En revanche, les « bals de veuves » ont un franc succès : les femmes veulent oublier les quatre années de privations qu'elles ont vécues, rattraper le temps perdu. Mais où trouver les cavaliers pour les faire danser ? Les petites annonces paraissent le samedi dans les quotidiens berlinois. En 1927, dans une seule édition du *Berliner Morgenpost*, on trouve vingt-six annonces de cette sorte.

Dans toutes les classes sociales, la frénésie de la danse bat son plein. Les femmes font s'envoler les bénéfices des cordonniers. Les baumes pour soigner les pieds endoloris rapportent gros. De braves ménagères perdent la tête et lancent bien haut la gambette au rythme fou du charleston, du shimmy, du fox-trot. À partir de 1929, si l'on ne veut pas passer sa journée dans les « locaux chauffés » qui, suite à la crise, ont été ouverts au public dans les grandes villes, on danse même chez soi quand on manque de bois à brûler.

Pour les femmes des classes moyennes, la fête, c'est encore la sortie rituelle chez l'une ou l'autre, comme pendant la guerre. Pour tricoter en se redonnant courage, ou simplement pour papoter autour d'une tasse de café et d'une tranche de gâteau.

Mais voici qu'une idée venue des États-Unis fait rapidement son chemin : la fête des Mères. En 1923, l'Association des fleuristes allemands prend l'initiative d'une vaste campagne publicitaire, et envoie des bouquets gratuits à toutes les mères et grand-mères, y compris dans les hôpitaux et les maisons de retraite, afin d'égayer une journée où les mères seraient à l'honneur. L'idée plaît tellement que la fête est instaurée en 1930. Elle séduit les hommes politiques soucieux de voir augmenter le nombre des naissances et les femmes, qui ont l'impression que leurs activités ancillaires et traditionnelles sont enfin reconnues : la mère et la ménagère sont mises ainsi sur un piédestal par rapport à la « femme nouvelle », cette femme sûre d'elle et décidée à réussir dans une carrière professionnelle.

Loisirs de fin de semaine, vers 1930.

Les loisirs du dimanche (photo de Walter Ballhause).

Pour la plupart des Berlinoises, cependant, l'image de la fête n'est pas chargée de tant d'arrière-pensées[2] ; elle est synonyme de sortie au grand air, d'excursion dominicale. Des associations d'Amis de la nature se créent dans tous les quartiers de la ville. Des familles au grand complet, mais aussi des célibataires, garçons et filles, partent en groupe. La bicyclette, la natation, le tir à l'arc deviennent très populaires.

Les jeunes de quatorze ans, protestants, catholiques et non-croyants, ont aussi leur fête, qui est tout à fait particulière : elle s'appelle confirmation, communion, et, quand on vient d'une famille social-démocrate ou communiste, confirmation laïque. C'est une journée importante, solennelle, surtout pour les filles. Des cours de préparation de six semaines à la confirmation laïque sont organisés par les centres du mouvement ouvrier. La cérémonie est une occasion de se réunir en famille. Elle est célébrée officiellement le matin par des discours entrecoupés de chœurs parlés et chantés (le chœur parlé est très à la mode), de projections cinématographiques et de musique. Des bureaux de conseils sont même fondés afin de doser au mieux l'art et le didactisme.

Originaire du quartier ouvrier de Neukölln, fille d'un menuisier et d'une brodeuse membres du parti communiste, la Berlinoise Elfriede K. témoigne de l'importance qu'avait alors cette fameuse confirmation laïque :

> « Aux cours de préparation, nous avons parlé du paragraphe 218 interdisant l'avortement, c'était fort intéressant car nous pouvions discuter en toute liberté de ce problème délicat. Le 27 mars, la veille du grand jour, le préfet de police de Berlin avait interdit toute manifestation politique. La cérémonie devait se dérouler au Palais des sports le lendemain dimanche, à 10 heures. La police nous a obligés à attendre la fin des cérémonies religieuses dans les églises. Il faisait si froid que les fleurs gelaient dans nos mains. J'étais très impressionnée par la solennité des lieux, le recueillement de la foule et la cérémonie proprement dite. Soudain la police est arrivée, et en un quart d'heure il a fallu libérer la salle. Ce fut une panique épouvantable, heureusement il n'y eut aucun blessé grave. L'après-midi, encore très excités par les événements que nous venions de vivre, nous avons quand

2. Entretiens réalisés par Roland Gröschel et Andrea Lummert pour un ouvrage sur les fêtes du mouvement ouvrier allemand (Manfred Isemeyer, Klaus Sühl, *Hundert Jahre Jugendweihe*, Berlin, 1989, p. 68-112).

même réussi, en famille, une belle fête. Mon oncle m'a offert un petit sac en cuir dont j'étais très fière, mes grands-parents trois torchons de cuisine "pour préparer l'avenir", disaient-ils, et ma tante m'a offert une robe, ce qui m'en faisait maintenant deux. »

Autre fête perpétuelle à Berlin, celle de la mode féminine, orchestrée par les magazines illustrés. C'est une mode qui se veut, comme l'écrit *Die Elegante Welt*, « fonctionnelle, sportive, sensuelle[3] ». Les robes tombent en plis souples, la soie artificielle est très appréciée. Tout est fait pour donner une grande aisance de mouvement, l'essentiel est de se sentir à l'aise; c'est le festival du sweater. Mince, la poitrine plate, montrant de longues jambes, la « bourgeoise » berlinoise cherche à incarner la beauté distante d'une Greta Garbo. Son engouement pour l'automobile s'accroît, à voir l'augmentation du nombre de visiteuses des différents Salons de l'auto. Autre lieu de rendez-vous où on aime être vu : le champ de courses. Le grand derby de Berlin est l'occasion d'exhiber les dernières créations de la mode parisienne. Mais c'est au théâtre que la Berlinoise cultivée retrouve ses amies, ou dans les salons littéraires, ouverts aux aspirations et aux conceptions les plus extravagantes, pourvu qu'elles soient nouvelles. Les salons berlinois deviennent de véritables laboratoires d'idées. L'enthousiasme pour la psychanalyse et l'astrologie confine parfois même au délire.

Si, à l'époque, on en est encore à tenter de rationaliser le travail domestique, la rationalisation à l'usine, elle, va bon train. Sur la chaîne, les cadences sont de plus en plus rapides. Quand l'ouvrière, à partir de vingt-cinq ans, a des enfants et que les tâches ménagères l'attendent à la maison, elle n'arrive plus à suivre, et son salaire diminue. Sous la République de Weimar, le travail en usine ne fera pas avancer d'un pouce l'émancipation féminine. La vie quotidienne de l'ouvrière berlinoise, c'est celle de cette femme de quarante-huit ans, mère de trois enfants âgés de trois à treize ans, dont le mari est au chômage et touche une allocation trop faible pour faire vivre la famille[4] :

3. *Die Elegante Welt*, n° 2-1927, cité par Astrid Eichstedt in *Neue Frauen, op. cit.*, p. 9.
4. *Mein Arbeitstag, mein Wochenende*, des ouvrières du textile se racontent, ouvrage publié par l'Association des ouvrières du textile, Berlin, 1930, p. 123.

« Je suis nettoyeuse de machines dans une usine textile de peignage. J'ai près d'une heure de trajet en train de banlieue. Je me lève à 4 heures 15, le train part à 5 heures 10, arrive à Berlin à 5 heures 55. Comme le travail commence à 6 heures, je fais le trajet jusqu'à l'usine en courant. Là-bas je nettoie les peigneuses jusqu'à 14 heures 15, mais le train pour rentrer n'est qu'à 17 heures 13, il faut donc attendre à la gare. À 18 heures, je suis chez moi où le travail m'attend. Finir de préparer le repas du soir, prévoir celui du lendemain, vérifier si les affaires des enfants sont propres. Le soir, je suis trop épuisée, c'est seulement le dimanche que je raccommode les bas, les chaussettes et tout le reste. Parfois je sacrifie une partie de mon sommeil pour aller à une réunion du parti [communiste] ou du Secours ouvrier. Le samedi, je rentre chez moi à la même heure que les autres jours. Mes achats pour la semaine, je les fais à la coopérative. Une fois par mois, je fais la lessive pour toute la famille. La veille, je prépare tout pour pouvoir commencer de bonne heure le dimanche matin. Les trois autres dimanches du mois commencent pour moi à 7 heures. Nettoyer le logement, raccommoder et préparer le repas de midi. Les dimanches se terminent par une promenade ou une réunion amicale organisée par une association ouvrière. Et c'est comme ça jour après jour, semaine après semaine. »

Entre 1919 et 1932, les salaires féminins de l'ensemble des secteurs de production sont de 30 à 40 p. cent inférieurs aux salaires masculins. Une femme au chômage touche deux tiers de l'allocation d'un homme dans la même situation. En vertu d'un décret du 12 septembre 1923 sur la réglementation du temps de travail, l'employeur a le droit d'exiger que soient effectuées des heures supplémentaires non payées. En 1924, la plupart des ouvrières travaillent dix heures par jour au lieu des huit heures légales obtenues en 1919. Si l'on inclut le travail domestique, elles font des journées de dix-huit heures. Il leur reste six heures pour dormir. Le samedi est la journée la plus pénible, occupée surtout à ce qui n'a pas été accompli durant la semaine.

Les ouvrières enceintes connaissent des conditions de vie particulièrement difficiles. Certes, la loi du 15 juillet 1927 sur le travail en période prénatale et postnatale prévoit une durée de douze semaines pendant lesquelles aucun licenciement n'est autorisé, mais la loi n'oblige pas l'employeur à payer les femmes pendant ces douze semaines. Elles continuent donc à travailler jusqu'à la limite de leurs forces.

Bataille pour l'avortement

La « réforme sexuelle » est à la mode et chaque idée novatrice vient de Berlin : on veut y créer des cours d'éducation sexuelle dans les écoles, on y revendique la suppression du paragraphe 218 réprimant l'avortement et de celui condamnant le concubinage, on veut y soigner gratuitement les maladies vénériennes, on y vante la chirurgie esthétique, et des plages de nudisme s'installent aux environs de la capitale. Helene Stoecker, qui a fondé en 1905 la Ligue pour la protection des mères et pour une réforme sexuelle, appelait déjà sous l'Empire, dans ses conférences à Berlin, à distinguer la sexualité de la procréation. C'est à Berlin aussi que le gynécologue Max Hirsch a procédé à ses premières enquêtes sur la vie sexuelle des couples et que, à la veille de la Première Guerre mondiale, des débats publics houleux sur la « grève des ventres » et la vente libre des contraceptifs divisent les rangs du mouvement des femmes social-démocrates. Entre 1919 et 1932, quatre cents bureaux de planning familial s'ouvrent dans toute l'Allemagne, dont quarante à Berlin, principalement dans les quartiers ouvriers de Wedding, Neukölln, Friedrichshain et Prenzlauer Berg. Un tiers de ces bureaux est sous la responsabilité de femmes médecins qui militent dans les mouvements féminins.

Les avortements effectués par des charlatans sont nombreux : l'Ordre des médecins les estime à 900 000 par an pour l'ensemble de l'Allemagne, et ce chiffre est sans doute en dessous de la vérité. On compte un avortement pour une naissance. Le spectre du déclin de la nation et de la dégénérescence du peuple allemand, propagé par le Centre catholique et le parti national-populaire, pousse les juges à prononcer de lourdes peines à l'encontre des faiseuses d'anges. Les articles de l'ancienne présidente de la Ligue des associations féminines, Gertrud Bäumer, dans le mensuel *Die Frau* édité à Berlin, vont dans le même sens : ils dénoncent le danger d'une « vie sexuelle débridée sans la volonté d'être mère ».

Tous les jours, les gros titres des journaux berlinois se veulent dissuasifs : « Cinq ans de pénitencier pour avoir pratiqué un avortement ayant entraîné la mort » ; « Graves lésions à la suite d'une intervention clandestine » ; « Un an de prison pour avoir assisté à un avortement ». Les plus durement touchées sont les ouvrières et les domestiques. Parfois elles restent quelques mois en détention préventive, parfois on les laisse sortir de prison en les menaçant de les traîner devant les tribunaux si elles font à nouveau parler d'elles. En 1920, dans toute l'Allemagne, 2 450 femmes comparaîtront en justice pour avoir enfreint le paragraphe 218. En 1923, elles seront 4 230, et plus de 7 000 en 1925. Chaque année, 50 000 Allemandes meurent des suites d'un avortement clandestin et 40 000 autres en gardent des séquelles graves.

Face à ce nombre trop élevé d'avortements « sur la table de la cuisine », 365 femmes, toutes médecins à Berlin, demandent par voie de pétitions adressées à la Commission de droit pénal du Reichstag la suppression du paragraphe 218 et la création de cours d'éducation sexuelle. Les pétitions restent sans réponse - simplement, à partir de 1926, les peines de pénitencier sont commuées en peines de prison.

Des centaines de femmes défilent dans les rues de Berlin, des ouvrières, des membres de l'aide radicale du mouvement féministe bourgeois, également beaucoup de femmes médecins : elles revendiquent toutes l'abrogation du paragraphe 218. La réunion la plus importante se déroule au Palais des sports, en 1931, coprésidée par l'écrivain et médecin communiste Friedrich Wolf et par sa consœur de Stuttgart Else Kienle. Friedrich Wolf écrivit une pièce, *Acide prussique*, mise en scène par Erwin Piscator et jouée par une troupe de jeunes acteurs au Lessing-Theater à partir du 29 octobre 1929, qui se termine sur le cri de désespoir d'une ouvrière mourant des suites d'un avortement clandestin : « N'y a-t-il donc personne pour nous venir en aide ?... »

Les divers projets de loi visant à autoriser l'interruption de grossesse pendant les trois premiers mois, déposés au Reichstag par les partis de gauche, demeurent tous sans effet. De leur côté, Albert Einstein et Sigmund Freud interviennent en faveur de la suppression du « paragraphe de la honte ». Bertolt Brecht, Kurt Tucholsky et Erich Kästner, qui vivent tous les trois à Berlin, en font le sujet de poèmes, d'articles. Alice Lex-Nerlinger, peintre et membre de l'Association des artistes révolutionnaires, l'ASSO, réalise un dessin qui est diffusé partout. Käthe Kollwitz, dont le mari est l'un des médecins responsables du planning familial, crée pour le parti communiste une affiche qui devient célèbre : *À bas le paragraphe sur l'avortement*.

Un rêve : devenir star

Sur les bancs de l'université, les femmes sont encore peu nombreuses : à peine 10 p. cent de l'ensemble des étudiants. Aucune des 10 595 Allemandes qui, toutes disciplines confondues, obtiennent leur doctorat entre 1908 (date d'entrée en vigueur de la loi ouvrant aux femmes l'accès à l'enseignement supérieur) et 1933, ne peut obtenir de chaire.

L'image de la jeune fille qui entame des études supérieures reste contraire à la représentation traditionnelle de « la » femme. Le recteur de l'Université de Berlin lui-même a déclaré en 1917 : « Nos enfants doivent naître de mères qui ont un cerveau reposé et qui ont suffisamment de temps à consacrer à l'élevage d'une nombreuse descendance. » Il est significatif que le terme allemand d'« élevage » ici utilisé soit réservé spécifiquement aux animaux !

Surtout, gare aux bachelières qui aimeraient étudier les beaux-arts ! Jusqu'en 1919, les jeunes filles ont été exclues purement et simplement des écoles d'État : il s'agissait de bourbiers du péché, d'écoles du vice. « Ne deviens pas l'une de ces bonnes femmes névrosées qui ont perdu toute féminité », dit un père effaré à sa fille qui l'informe de ses projets. La sculptrice berlinoise Renée Sintenis, refusant de suivre une formation de secrétaire, rompt avec sa famille, qu'elle ne reverra plus jamais. Les parents de Louise Rösler, qui appartiennent aux milieux bourgeois de la capitale, lui interdisent de vendre ses toiles et de vivre de sa peinture, alors que ses professeurs lui prédisent un brillant avenir. Parfois, l'inflation a du bon : les familles ruinées ne peuvent empêcher leur fille de devenir indépendante.

C'est Berlin qui offre les meilleures chances aux femmes peintres aspirant à exécuter autre chose que les portraits de famille, les bouquets de fleurs ou les natures mortes qu'on attend d'elles. Jeanne Mammen va puiser son inspiration dans la rue et les tavernes. Peu à peu elle conquiert sa place comme dessinatrice et illustratrice dans les revues d'art. Les collages de Hanna Höch commencent à être connus. Renée Sintenis, dotée d'une forte personnalité, ne tarde pas à devenir une figure de la vie berlinoise : sa haute taille, la singulière beauté de son visage anguleux, ses vêtements de coupe masculine ne passent pas inaperçus.

Mais ces quelques femmes artistes sont l'exception qui con-

Haut et bas : La femme nouvelle dans les années vingt.

firme la règle. Une enquête de 1922 révèle que 87,5 p. cent de femmes peintres (contre 34,5 p. cent des hommes) vivent en dessous du minimum vital quand elles n'ont d'autres ressources que leur art. C'est pourquoi Käthe Kollwitz, présidente de l'Association des femmes artistes, qui compte cinq cents membres dans la seule ville de Berlin, se préoccupe de trouver des aides financières, ce qui n'est pas évident dans un domaine largement dominé par les hommes. La presse berlinoise s'intéresse peu aux expositions d'artistes féminines. Beaucoup cherchent des emplois de figurantes au cinéma ou au théâtre pour survivre. Ainsi Marlene Dietrich, qui, encore inconnue, se fait remarquer par sa manière extravagante de s'habiller, le port d'un monocle et son instrument de musique - une scie. Ses collègues l'appellent « la girl du Kurfürstendamm ».

Les seules femmes à bénéficier d'une place éminente dans la société berlinoise sont les actrices réputées. Tout le monde connaît leur adresse. Des badauds stationnent devant leur domicile dans le secret espoir de les voir entrer ou sortir. On sait qu'Asta Nielsen habite une somptueuse villa sur le kaiserallee. On sait que la maison de Tilla Durieux, membre de la troupe de Max Reinhardt, se trouve au 35 de la Victoriastraße et qu'elle est le lieu de rendez-vous de tout ce que la République de Weimar compte de personnalités du monde culturel. C'est grâce à l'aide financière de Tilla Durieux que Piscator ouvre son théâtre place Nollendorf et monte la pièce d'Ernst Toller *Hop-là, nous vivons !*

Adulées, les actrices de cinéma le sont tout autant que les girls des revues chantées. Jamais l'explosion du corps, le culte de la danse, n'ont connu pareille exaltation, que ce soit à travers le charleston endiablé ou la danse expressionniste, qui pourtant déroute. Des danseuses à la personnalité fascinante et controversée, comme Mary Wigman (de son vrai nom Marie Wiegmann, originaire de la bonne bourgeoisie de Hanovre), Valeska Gert, Gret Palucca, Verena Skoronel, sans oublier Leni Riefenstahl, s'imposent auprès des milieux intellectuels berlinois. Leur chorégraphie s'inspire des gestes de la vie quotidienne, stylisés, et utilise une dynamique jusqu'ici réservée aux seuls danseurs. Les mouvements de Mary Wigman sont violents, agressifs, dominateurs. Révéler ses « images intérieures », c'est le but aussi de Leni Riefenstahl qui joue avec le corps dans toute sa mobilité. Quant à Valeska Gert, elle ne cherche pas à représenter la vie, elle y saute à pieds joints, met en scène celles que la vie a oubliées : la fille déchue, la femme trompée, toute les laissées-pour-compte. Elle est à la fois clown et mime et mêle le grotesque et le style cabaret, sans tomber dans les excès d'Anita Berber, l'habituée exotique des bars de nuit qui sombre dans la cocaïne à force de vouloir exprimer son extase.

Deux chanteuses de cabarets font salle comble tous les soirs. Il y a d'abord, grande et mince, pâle, cheveux bruns coupés à la garçonne, Blandine Ebinger, qui dit et chante des textes très mordants. Et puis il y a Claire Waldoff qui, recourant à l'humour noir et au dialecte berlinois, incarne avec brio la fille de la rue. Elle ne mâche pas ses mots, critiquant cet être androgyne que l'on appelle la « femme nouvelle » ou s'en prenant aux lesbiennes qui s'affichent dans certains quartiers chics, afin d'être dans le vent. Car avec Paris, c'est à Berlin que l'on rencontre le plus de lesbiennes. Les raffinées hantent les environs de la Friedrichstraße. Un club de quatre cents membres, le club Violetta, affilié à la Ligue des droits de l'homme, édite la revue *Die Freundin* et se réunit au Café Nationalhof. À la « Taverne » en revanche, et autour de l'Alexanderplatz, l'ambiance est plus fruste.

Arrive 1933, et du jour au lendemain les nazis changent tout cela. Ils saccagent les bureaux du planning familial dont les responsables, hommes et femmes, sont incarcérés.

Beaucoup d'ouvrières, épuisées par le double fardeau domestique et professionnel, envisagent alors avec soulagement la possibilité de rester chez elles.

Nous n'avons pas de profession, nous avons du travail, avaient l'habitude de dire les femmes dans les années vingt. Auraient-elles avec autant de facilité renoncé à leur travail pour devenir des « mères au foyer » si un plus grand nombre d'entre elles avait eu, sous la République de Weimar, une véritable profession ?...

Marianne Walle

Enfants dans la ville (photo de Walter Ballhause).

Siemensstadt, un urbanisme audacieux

Annemarie Jaeggi

À Siemensstadt, un architecte auprès des services d'urbanisme de la Ville de Berlin, Martin Wagner, confie à une équipe d'avant-garde la réalisation d'un programme de logements sociaux. Ces efforts de développement du logement social furent ceux de beaucoup de municipalités sous la République de Weimar entre 1924 et 1931, dont particulièrement celles de Francfort et Berlin.

Avant la Première Guerre mondiale, les conditions de vie de la masse des prolétaires berlinois étaient catastrophiques. En 1918, la misère avait gagné les couches moyennes.

La situation de l'habitat était particulièrement épouvantable. Sur les trois quarts de son périmètre, la ville était couverte d'immeubles de location serrés les uns contre les autres, abritant sur cinq étages des appartements étroits, sombres et humides.

Dans l'un de ses articles, la Constitution de Weimar avait inscrit le droit de tout Allemand à un « logement décent ». Mais, compte tenu de l'état pitoyable de l'économie, la construction ne put se développer qu'à partir de 1924, après la réforme monétaire et le plan Dawes. Le gouvernement allemand institua alors un intéressant système de financement des constructions nouvelles en créant une taxe prélevée auprès des propriétaires sur les loyers qu'ils percevaient dans les immeubles datant d'avant 1914. Cet argent était ensuite redistribué sous forme de prêts hypothécaires à un taux très avantageux qui représentaient de 50 à 60 p. cent des fonds à investir pour l'achat d'un appartement. Le complément devait être obtenu sur le marché libre de l'emprunt et grâce à des capitaux personnels. Quand cette aide de l'État fut supprimée, en 1931,

146 600 logements neufs, situés principalement dans les arrondissements de la périphérie, avaient pu être ainsi mis à la disposition de la population de Berlin.

L'octroi des fonds était soumis au respect des normes relatives à la surface des appartements, au nombre de pièces et à leurs dimensions. Chacun de ces appartements devait disposer d'une salle de bains avec baignoire et toilettes. Un balcon, ou une loggia, ou encore une véranda, était également obligatoire. Les pièces (cuisine, salle de bains, chambre, salle de séjour) devaient être séparées les unes des autres. Ces conditions générales étaient strictes, de sorte que les architectes disposaient d'une marge de manœuvre assez réduite.

De ce fait, tous les logements sociaux de Berlin furent conçus sur le même modèle. Un long couloir central, parallèle aux murs extérieurs, coupe l'appartement en deux parties, l'une donnant sur la rue et l'autre sur la cour. En général, les grandes pièces ont vue sur la rue, la cuisine et la salle de bains sur la cour. Par ailleurs, on compte seulement deux appartements par étage, afin d'éviter les risques d'entassement et de promiscuité.

« Éviter de saupoudrer une myriade de bâtiments sur un réseau vieilli, concentrer au contraire les logements dans de grandes cités offrant une certaine unité et obéissant à des principes modernes de construction, adaptés aux exigences urbaines », tel était l'objectif de l'architecte Martin Wagner, socialiste et passionnément engagé dans la politique sociale, quand il devint conseiller à l'urbanisme pour la Ville de Berlin, en 1926. L'une de ses réalisations fut la mise en œuvre du programme de construction de Siemensstadt, la cité Siemens, en 1928.

Les industries électriques Siemens & Halske s'étaient installées, au tournant du siècle, à l'extrême nord-ouest de Charlottenbourg, sur un site encore bon marché puisque en dehors de Berlin proprement dit. En 1913, toute la zone avait reçu le nom de Siemensstadt. Afin de permettre à ses 60 000 ouvriers et employés de se déplacer rapidement, la firme était allée jusqu'à financer l'ouverture d'une ligne spéciale du S-Bahn, le métropolitain de surface, en 1927.

Pourquoi Martin Wagner choisit-il Siemensstadt ? Pour des raisons de rentabilité. La location des logements sociaux en question devait être assurée. C'est pourquoi la proximité d'un centre industriel offrait les meilleures chances, surtout s'il était doté d'équipements avantageux : des communications aisées, une aire d'habitation très vaste, un jardin public dans le voisinage, au nord. Le site était malheureusement coupé en arc de cercle par le métro, mais l'ensemble pouvait bénéficier d'une grande liberté de conception, dans la mesure où n'avait été effectué aucun tracé de rues. On pouvait pour une fois parvenir à une cohérence organique entre l'architecture et l'urbanisme.

Martin Wagner fit preuve d'audace : il décida de confier ce travail à un collectif d'architectes d'avant-garde quelque peu contestés, notamment parce qu'ils utilisaient presque systématiquement des toits plats. C'était un défi, d'autant que ces architectes avaient peu d'expérience dans la construction des logements de masse. Furent ainsi engagés Walter Gropius, qui venait juste de quitter la direction du Bauhaus, à Dessau, pour ouvrir un cabinet à Berlin ; Hugo Häring, qui avait participé à la construction de la « Case de l'oncle Tom », une cité érigée en pleine forêt, à Zehlendorf, sous la direction de Martin Wagner lui-même ; Otto Bartning, directeur de l'École d'architecture de Weimar, et Paul Rudolf Henning, un sculpteur qui avait collaboré avec Erich Mendelsohn et Richard Neutra. Enfin, le jeune Hongrois Fred Forbat, ancien élève du Bauhaus, Hans Scharoun, et, pour l'aménagement des espaces verts, Leberecht Migge, vinrent compléter l'équipe.

Ce collectif se réunit à la fin de 1928 pour discuter du projet et il fut prévu de construire à Siemensstadt une série d'immeubles sur le principe des cités linéaires. Il s'agissait d'agencer des blocs d'habitation en rangées parallèles, toutes orientées selon l'axe nord-sud. Une telle structure, peu fréquente encore et prônée essentiellement par les architectes d'avant-garde, devait procurer à tous les appartements le maximum d'ensoleillement. Les chambres étaient orientées vers l'est, et les salles de séjour vers l'ouest. Les rangées de bâtiments étaient, de préférence, ordonnées perpendiculairement à la rue et accessibles par de petites allées, ce qui réduisait pour les riverains les coûts de voirie, proportionnels aux mètres de façade donnant sur la rue. Les espaces libres entre les rangées devenaient des jardins publics.

Sur proposition de Scharoun, la construction fut divisée en plusieurs lots, de façon que chaque architecte ait la responsabilité complète de l'un d'eux. L'étonnant est que, malgré la diversité des styles et des solutions adoptées, une remarquable unité présida à l'organisation de l'espace et servit de fil directeur à toutes les réflexions.

Scharoun lui-même se chargea de la zone sud, séparée des autres par la ligne de métro : deux bâtiments se rejoignaient en pointe au pont du métro, blancs, tout en longueur, garnis de balcons saillants. Comprenant cinq étages, ils étaient les plus hauts de l'ensemble et ressemblaient à la coque d'un navire. Ils formaient, avec des magasins, une sorte de petit centre-ville ouvrant sur Siemensstadt, juste devant le monumental complexe des usines Siemens.

Les blocs d'habitation conçus par Gropius, de l'autre côté de la ligne de métro, étaient d'une froide élégance, alignés pour faire ressortir le tracé de la rue. La sobriété des lignes et des couleurs - gris, blanc et noir - s'alliait au métal et au verre abondamment utilisés. Un grillage clôturait les jardins en terrasses.

Sur leur flanc nord, Hugo Häring disposa en épi neuf rangées de constructions parallèles. Ce décalage permettait aux passants d'apercevoir les espaces intercalaires. De larges balcons circulaires permettaient d'accéder aux espaces verts environnants. Par ailleurs, le brun-beige des murs extérieurs et l'ocre des briques se fondaient parfaitement au décor naturel : de vieux chênes avaient en effet été conservés à cet endroit. À l'est de ces immeubles, Fred Forbat construisit trois bâtiments allongés. Sobres et en même temps impressionnants par leurs proportions parfaites, ils entouraient et protégeaient le cœur de l'ensemble.

Au sud, Otto Bartning aligna une longue suite de maisons qui suivait le tracé légèrement incurvé de la rue. Cette sorte de « colonne vertébrale », s'étendant sur un axe est-ouest, était destinée à faire écran au bruit provoqué par le métro et les chaudières. Malheureusement, ces vingt-cinq façades péchaient par leur monotonie.

Il en allait autrement au nord de l'ensemble. Les rangées d'immeubles réalisés par Paul Rudolf Henning alternaient trois ou deux étages et représentaient un passage agréable vers le jardin public voisin de Jungferheide.

Étant donné que ces appartements de Siemensstadt étaient petits, la moitié d'entre eux ayant une superficie de cinquante-quatre mètres carrés, l'équipe convint de prévoir une disposition intérieure fonctionnelle, en vue d'un ameublement facile et pratique.

Gropius, Häring et Scharoun mirent l'accent sur la distribution des pièces, dans le respect des normes imposées par les services d'urbanisme de la Ville de Berlin. Le plus enclin à se conformer à ces prescriptions fut, sans conteste, Gropius. Entre autres raisons, il voulait remédier au problème du bruit. Aussi disposa-t-il les chambres de chaque côté de la salle de bains, afin de protéger l'espace privé, menacé par la minceur des cloisons. Mais les solutions les plus novatrices furent celles de Scharoun : il rejeta le principe de la distribution des pièces à partir du couloir en installant la salle de séjour au centre de l'appartement. De là, on avait accès aux chambres.

Bien qu'il n'appartînt pas aux couches sociales défavorisées, Scharoun habita l'un de ces appartements de Siemensstadt pendant près de vingt ans. Il n'était pas une exception : 5 p. cent des locataires de la cité étaient des artistes, des journalistes, attirés sans doute par son caractère moderne.

D'ailleurs, ces logements sociaux furent loin d'être occupés, en définitive, par ceux auxquels ils étaient principalement destinés, c'est-à-dire les ouvriers des industries Siemens. Pour plus de la moitié, ils le furent par des familles d'employés et de fonctionnaires. Constatation qui s'applique à tout l'habitat social berlinois sous la République de Weimar : les loyers étaient si élevés que les couches inférieures ne pouvaient y accéder.

En France, la revue *La Construction moderne* consacra trois de ses numéros à l'ensemble de Siemensstadt. En gros, elle a salué ses conceptions urbanistiques, mais s'est montrée plus réticente à l'égard des constructions en tant que telles. Elle regrettait l'insuffisance du travail architectural dans les détails ; le résultat lui paraissait froid et désincarné.

À l'époque, en Allemagne, le débat portait surtout sur le choix des cités linéaires. Adolf Behne, critique social-démocrate spécialisé en architecture, craignait qu'une fonctionnalisation absolue de l'habitat ne vînt à reproduire les Mietskasernen d'avant 1914 si la conception du logement n'était pas d'abord fondée sur l'individu, au lieu de reposer sur l'idée que « l'alignement des maisons » permettrait de « tout résoudre et remédier à tout par le logement lui-même ».

Il est indéniable que déjà est perceptible à Siemensstadt le parti pris futur de construire à l'infini des maisons toutes identiques. Que cette tendance n'y ait pas pris le dessus, mais qu'elle se soit simplement et savamment intégrée à l'ensemble, est dû sans aucun doute beaucoup moins à Bartning et Gropius qu'à Scharoun. Dans ses conceptions urbanistiques, il a pris l'être humain comme mesure de tout, et il a tout fait pour le maintenir à cette place primordiale.

Traduit de l'allemand par Danièle Renon.

Annemarie Jaeggi

La nouvelle station de métro Siemensstadt, visite organisée pour les représentants de la presse.

Haut : Construction de Walter Gropius à Siemensstadt.
Bas : Le quartier de Wedding, nouvelle construction, 1929.

Haut et bas : Aux bains du lac de Wannsee, 1929. Architectes : Martin Wagner et Richard Ermisch.

Les mandarins contre la démocratie

Dominique Bourel

Par son potentiel scientifique, l'université de Berlin connaissait sous le régime impérial un certain rayonnement qui s'est poursuivi pendant la République de Weimar, avec un accroissement du nombre des étudiants. Mais le corps enseignant, surtout pour les sciences humaines, est resté majoritairement conservateur et hostile aux institutions républicaines.

Sous la République de Weimar, l'université de Berlin se trouvait au carrefour de plusieurs traditions, mais elle connaissait surtout une crise interne, comme toutes les universités allemandes. Héritière d'un passé prestigieux et d'une hégémonie presque sans partage dans le monde, elle avait été profondément atteinte par la secousse physique et morale de la Première Guerre mondiale.

L'université allemande moderne, c'est-à-dire à Berlin l'université prussienne, est née de la défaite contre Napoléon. Elle fut, très en avance sur son temps, un pari sur l'intelligence, car partie intégrante de la reconstruction du pays. Si les quelques mois de fonction ministérielle accordés à Wilhelm von Humboldt furent courts, son influence se fit sentir jusqu'en 1914, voire jusqu'en 1933.

Fondée en 1810 sous Frédéric-Guillaume III, qui lui donnera son nom, l'université de Berlin va devenir rapidement un modèle pour l'Europe entière : ses experts et ses meilleurs étudiants y sont envoyés afin d'analyser le modèle et de l'importer ici et là. De Victor Cousin à Victor Duruy, ce modèle berlinois a exercé une fascination en France : Camille Jullian, Célestin Bouglé, Ernest Lavisse et tant d'autres, jusqu'à Raymond Aron et Jean-Paul Sartre, ont été tentés par un séjour d'études à Berlin.

Après la guerre de 1870, cette université de Berlin est devenue une grosse machine ; la tradition des séminaires, où l'enseignement et la recherche s'harmonisent, côtoie celle des laboratoires à fonds privés. Les instituts techniques naissent en 1879, car l'industrie a vite compris le profit qu'elle pouvait tirer de cet or gris. De son côté, l'Académie des sciences, fondée par Leibniz en 1700, stimule et confirme les talents. Une société scientifique, enfin, la Kaiser Wilhelm Gesellschaft, subventionnée par l'État et par les entreprises, permet à des projets sophistiqués d'aboutir. L'usine à prix Nobel est en place !

Quelques chiffres donnent à comprendre cette puissance qui se construit durant tout le XIXe siècle : la moitié des vingt-deux universités allemandes, sans compter celle de l'Autriche, qui ont été créées entre 1810 et 1914, sont situées en Prusse. Le nombre des étudiants allemands en 1870 était de 14 000, il passe à 88 000 en 1921. Rien qu'à Berlin, où il n'y avait que 2 208 étudiants en 1871, ils sont près de 10 000 en 1913 et 16 000 en 1923.

Le 4 octobre 1914, quatre-vingt-treize professeurs, dont dix lauréats du prix Nobel sur les dix-neuf allemands, signent un « appel au monde de la culture » contre les mensonges de l'étranger. Ils prennent fait et cause pour leur patrie. Outre Ulrich Wilamowitz Moellendorf, le philologue, et Otto von Gierke, le juriste, le recteur de l'université en personne, Reinhold Seeberg, bien que théologien, rédige un texte menaçant. Ce texte va être signé par 1 341 professeurs, dont 352 sont en fonction dans l'enseignement supérieur. Il est plus mordant et plus annexionniste que celui du gouvernement lui-même !... La motion votée par les opposants, menés par Hans Delbrück, motion datée du 9 juillet 1915, ne récolte que 141 signatures, dont 70 proviennent d'universitaires.

Le 2 août 1915, Einstein écrit au physicien Hendrik Anton Lorenz : « À Berlin, c'est bizarre. Les scientifiques et les mathématiciens sont, en tant que savants, rigoureusement internationalistes, et veillent jalousement à ce qu'aucune démarche inamicale ne soit entreprise contre les collègues des pays en guerre avec l'Allemagne. En revanche, les historiens et les philologues sont pour la plupart des chauvins enragés. » Telle sera, à peu près, la situation durant toute la République de Weimar.

Une rupture imposée

Le 20 novembre 1918, le recteur Seeberg proclame : « Si l'esprit reste vivant, rien n'est perdu ! » Mais, appartenant au camp des vaincus, Messieurs les Professeurs sont dès lors au ban de l'Europe savante. Il faut attendre le traité de Locarno, en 1925, pour voir la communauté universitaire allemande réintégrée dans le concert des sociétés scientifiques européennes. La cicatrice est d'autant plus visible que la guerre et les mélanges de population qui en résultent ont considérablement changé la sociologie du corps estudiantin. Dix millions de soldats vaincus doivent être réintégrés dans un monde qui leur est devenu méconnaissable.

En novembre 1918, les professeurs ne peuvent plus être une caste endogamique de demi-dieux comme autrefois, régnant sur une cohorte d'assistants surdoués et sous-payés. Mais les mandarins ne peuvent se faire à l'idée qu'ils ne représentent plus rien, que l'aristocratie intellectuelle dont ils rêvaient, indiquant à la société la voie à suivre, est en train de disparaître. Les promenades de Dahlem, où se rencontraient Friedrich Meinecke et ses amis, la Société du mercredi de Delbrück, la Graeca qui existait depuis Schleiermacher, tout cela est d'un autre âge.

La République avait choisi un lieu symbolique, un nom qui à lui seul aurait dû lui attirer la sympathie des professeurs : Weimar, l'incarnation de l'humanisme allemand, loin de Berlin et de ses usines, de Potsdam et de sa garnison. C'est Goethe, non Siemens et les Hohenzollern, qui devait être la figure intégratrice. Cette ville prise pour Athènes accoucha pourtant d'une Constitution bien peu génératrice d'unanimité, et peu séduisante pour les savants. La petite poignée de professeurs qui ne tenait pas à l'ancien régime devint un groupe de « républicains de raison », selon le mot de Friedrich Meinecke, ce qui en dit long sur leur enthousiasme !

Rarement un régime fut aussi méprisé, et par de si brillants adversaires. Ajoutons-y la condescendance habituelle des universitaires à l'égard du monde réel, ainsi qu'une solide tradition de repli sur eux-mêmes, issue de l'impuissance des professeurs qui s'étaient engagés en politique depuis 1848. Les Mommsen et les Virchow, grands libéraux de l'Empire, ont disparu. Jusqu'en 1914, les universitaires campaient sur des positions intenables, refusant notamment le suffrage universel en Prusse. Les femmes n'ont pu se présenter à l'« habilitation », laquelle permet d'obtenir une titularisation dans l'enseignement supérieur, qu'à partir de... 1920 ! Comment convaincre ces mandarins, d'un jour à l'autre, et sous des drapeaux rouges ? Le 7 mai 1933, devant l'arrivée des nazis au pouvoir, Friedrich Meinecke ne propose d'autre explication, dans une lettre à son collègue Walter Lenel, que celle-ci : « Le peuple allemand n'était tout simplement pas mûr pour la démocratie parlementaire, surtout sous la pression du Traité de Versailles. » Le traumatisme fut tel que de respectables savants juifs émigrés aux États-Unis estimaient encore, après 1933, que la République de Weimar avait été beaucoup trop libérale. À l'université de Berlin, précisément, le climat se détériore. *Die Weltbühne* écrit, le 26 août 1920 :

> « L'esprit de l'université de Berlin est un scandale pour l'ensemble de l'Allemagne. Haine raciale, haine de classe, chauvinisme, antisémitisme, voies de fait contre les professeurs les plus cultivés, comme Nicolaï. Et l'existence d'un Roethe - autorisé à commencer ses cours en disant : "Nous qui sommes régis par des Juifs et des prolétaires"... - voilà ce que le gouvernement tolère sans rien faire. Les gens de droite jouissent d'une liberté qui aurait été inconcevable du temps de Guillaume II. »

Dès 1919 se crée à Berlin une Confédération nationaliste regroupant tous les enseignants, de l'école du plus petit village au plus éminent professeur d'université. Le moindre mot d'ordre peut être ainsi répercuté à tous les échelons. La très puissante Association des enseignants de langues classiques est également hostile au régime.

Cependant, si les pères tutélaires de la République disparaissent assez vite (Naumann, Rathenau, Weber et Troeltsch meurent tous avant 1924), les différents gouvernements ne sont pas restés sans accorder une place non négligeable à une réforme universitaire. Ils eurent, certes, un personnel parfois médiocre et incapable de répondre aux idéologues de droite comme de gauche, mais les ministres de l'Éducation et de la Science ont tenté, eux, de définir des orientations pour transformer en profondeur les universités.

Tentatives de réforme

En 1914, sur cinquante-huit prix Nobel en « sciences dures », dix-huit sont allemands et seize exercent en Prusse ! Avec Friedrich

Schmidt-Ott, l'université de Berlin a récemment reçu cinquante hectares à Dahlem : c'est Oxford-sur-la-Spree, qui travaille en symbiose avec la Kaiser Wilhelm Gesellschaft, dont le théologien Adolf von Harnack est le premier président. Son successeur est Max Planck, en 1930. Sur les trente-trois instituts que compte la République de Weimar, Berlin en a seize à lui seul, qui emploient six cents personnes en 1928, et plus d'un millier deux ans plus tard.

Les tentatives de réforme sont menées, à partir de 1920, par Carl Heinrich Becker. Avec lui, c'est un islamisant de renom, très lié au Français Louis Massignon, qui entre dans les services de la haute administration universitaire berlinoise. Expert auprès de la Société des Nations, il est notamment l'auteur, avec Paul Langevin, d'un rapport sur l'éducation publique en Chine. Il règne sur toutes les carrières entre 1920 et 1933, d'abord comme directeur au ministère de l'Éducation de Prusse, puis deux fois comme ministre du gouvernement de Prusse. Il pense que « les disciplines scientifiques doivent s'adapter à la structure radicalement modifiée de la nouvelle société ». Continuant le travail de son prédécesseur Konrad Haenisch, il tente de casser les structures figées de l'université impériale et d'endiguer la prolétarisation des universitaires. Il propose d'intégrer progressivement les chargés de cours et dote les étudiants d'une représentation, d'un véritable parlement. Ramenant la faculté de philosophie à une dimension humaine, il propose l'autonomie des « sciences dures » et des mathématiques, et déplace les sciences sociales vers de nouvelles facultés de droit et de politique. Il protège la sociologie contre les historiens, la croyant apte à diffuser les idéaux démocratiques en Allemagne. Mais Berlin n'égalera jamais Heidelberg, Cologne et Francfort en la matière. Enfin, Becker procède à la refonte des écoles techniques supérieures, afin de les hisser à l'échelon universitaire.

Ni les professeurs ni les étudiants n'acceptent de tels projets, sauf une petite minorité. La plupart d'entre eux s'unissent pour torpiller la politique universitaire nouvelle. Le prix Nobel de chimie de 1918, Fritz Haber, voit dans cette politique un nivellement par le bas. Quant au germaniste Gustav Roethe, il refuse jusqu'à l'idée d'une garantie de salaire aux assistants !... Pour les étudiants, l'expérience de la démocratie à l'université tourne à la catastrophe sous la pression de la xénophobie et de l'antisémitisme. La politique de Becker porte néanmoins quelques fruits : 75 p. cent des

Max Planck et Albert Einstein.

chargés de cours sont intégrés. Il enclenche une mutation vers l'université moderne, en tenant compte de la masse des étudiants, de la nécessité de programmes plus ouverts. Son successeur Adolf Grimme, élève d'Edmund Husserl, sera réduit à l'impuissance par les politiques drastiques qui ont fortement obéré toute la gestion des universités durant la République de Weimar. Et pour ce qui est de l'agitation, de la xénophobie, de l'antisémitisme, les ennemis de la démocratie furent traités... démocratiquement !

Prestige des sciences

Pourtant, l'université de Berlin, sous la République de Weimar, a contribué de manière décisive au développement des disciplines scientifiques, d'autant qu'elle était stimulée par d'autres centres, comme Göttingen. En 1918, Max Planck remporte le prix Nobel de physique. La liste de ces prix Nobel de physique qui reviennent ensuite à des universitaires berlinois est impressionnante : Einstein en 1921, Herz et Franck en 1925, Heisenberg en 1932, Schrödinger en 1933. En chimie, c'est Willstätter en 1915, Haber en 1918, Nernst en 1920. En physiologie, Warburg en 1931. Tous sont membres ordinaires de l'Académie et, souvent, dirigent un département du Kaiser Wilhelm Institut qu'on leur a taillé sur mesure. Ainsi que le disait Max Planck : « La science, c'est tout ce qui reste aux Allemands après la défaite. » En 1920 est créée la Communauté d'aide à la science allemande, autre moyen d'injecter des fonds privés dans la recherche scientifique. Cette fondation est dirigée par Carl Friedrich von Siemens, président du Conseil économique de l'Allemagne de 1923 à 1933...

EFFECTIFS DE L'ÉCOLE TECHNIQUE SUPÉRIEURE

ANNÉES	ENSEIGNANTS	ÉTUDIANTS
1914	196	2 303
1918	219	3 210
1920	250	3 798
1922	275	4 290
1924	279	3 877
1926	300	4 198
1928	329	5 057
1930	339	5 140
1932	369	4 140

BOYER-VIOLLET

BOYER-VIOLLET

VIOLLET

Haut : Le professeur Franck.
Bas : à gauche, F. Haber ; à droite O. Warburg.

LES RECTEURS DE L'UNIVERSITÉ DE BERLIN

1918/1919	Reinhold Seeberg (théologie)
1919/1920	Eduard Meyer (histoire ancienne)
1920/1921	Emil Seckel (droit romain)
1921/1922	Walther Nerst (chimie)
1922/1923	Arthur K.F. Heffter (pharmacologie)
1923	Gustav Roethe (études germaniques)
1924	Karl Holl (histoires des Églises)
1925	Josef F. Pempeckij (paléontologie)
1926	Heinrich Triepel (droit civil)
1927	Eduard Norden (philologie)
1928	Wilhelm His (médecine)
1929	Erhard Schmidt (mathématique)
1930	Gustav A. Deissmann (théologie)
1931	Heinrich Lüders (indologie)
1932	Eduard Kohlrausch (droit pénal)

Il n'y a pas que l'université de Berlin proprement dite à drainer étudiants et professeurs. L'École technique supérieure de Charlottenbourg est alors en fait, en Allemagne, la plus grosse université technique, ainsi qu'elle se nomme aujourd'hui : en 1928, elle compte plus de cinq mille étudiants, soit un quart de tous les étudiants allemands de ce type d'établissement. Elle innove même en créant une formation d'ingénieur en économie, empiétant ainsi sur l'École de commerce.

À mentionner encore, bien qu'entièrement autonome, l'École supérieure d'enseignement politique (cent vingt étudiants inscrits en 1920, cinq cents en 1932 et deux mille auditeurs) qui fonctionnait surtout par cours du soir, conférences et séminaires, à l'intention d'un public déjà inséré dans la vie active et n'ayant pas, généralement, suivi d'études universitaires : fonctionnaires, syndicalistes, journalistes. Un tiers seulement de ce public, selon des statistiques de 1930, était titulaire du baccalauréat. D'orientation libérale, elle compta parmi ses conférenciers Theodor Heuss, Carl Schmitt, et le Français André Siegfried, professeur à l'École libre des sciences politiques de Paris, qui avait servi plus ou moins de modèle à Friedrich Naumann pour sa propre fondation en 1918.

Si l'on ajoute à toutes ces institutions les différents séminaires animés par les confessions protestante et juive, parfois de véritables universités à eux seuls, on comprend l'attirance que pouvait exercer Berlin. Particulièrement sur les étrangers, même s'ils ne s'y rendaient plus aussi nombreux qu'avant la Première Guerre.

Plus que toute autre université, Berlin a ressenti la crise des savoirs, des enseignants et des étudiants. Ernst Troeltsch, éminent philosophe, apporta sa voix au débat lancé de Heidelberg par Max Weber en 1919 sur la « Science comme vocation » dans un article au titre explicite, « la Révolution de la science ». Il y note :

> « Dans le domaine de l'esprit et de la science, il est évident qu'une révolution complète est survenue, et cela déjà bien avant la guerre. »

Il souligne qu'une révolution pédagogique doit être effectuée en tenant compte de la fin de l'élitisme universitaire. Il diagnostique l'apparition d'un nouveau romantisme, une mise en question des Lumières, lesquelles ont été en Allemagne moins anticléricales et plus spéculatives qu'en France.

Le professeur de littérature allemande Gustav Roethe, ultranationaliste, ouvre son rectorat le 15 octobre 1923 par un discours qui est aux antipodes de la pensée de Troeltsch :

> « L'âme allemande n'est pas morte. Quelle vie a été la sienne dans la grande période de la Guerre mondiale ! Sa parole nous arrive du fond de notre histoire, parole de légende et de poésie, elle nous arrive de la musique allemande et des grandes figures germaniques, principalement de nos plus grands esprits, Luther et Frédéric, Goethe et Bismarck, toutes ces personnalités qui ont pris part à la grande passion et au travail infatigable de l'Allemand ; qui toutes ont méprisé l'eudémonisme plat, ce qu'on appelle joie et plaisir ; qui toutes ont été conscientes que le dur service, le fidèle accomplissement du savoir, l'action féconde de la totalité de l'homme rendent heureux. La science est sérieuse et difficile ; elle exige dévotion et fidélité. »

Pouvait-il s'établir des relations entre les tenants de conceptions aussi différentes ? D'un côté, une science anoblissante, et même une noblesse de substitution. De l'autre, avec Troeltsch, la volonté d'être aux écoutes du bouleversement, et de s'adapter à celui-ci.

Victoire de l'irrationnel sur le rayonnement scientifique

Si les recherches berlinoises en physique sont renommées, une ville sortie intacte de la guerre, Göttingen, ne va pas lâcher sa prééminence en mathématiques. L'arrivée à Berlin d'Isaïe Schur en 1919, puis d'Erhard Schmidt comme assistant de Hilbert, ne modifie que très peu la situation. En 1920 est créé toutefois l'Institut de mathématiques appliquées, et sa direction est confiée à Robert von Mieses.

Le terrain est beaucoup plus divers en sciences humaines. La somme d'Oswald Spengler, *Le Déclin de l'Occident*, est sur presque toutes les tables dans les années vingt. Même les représentants du néo-kantisme, philosophie qui jouissait d'un monopole durant la seconde moitié du XIXe siècle, sont accusés d'agnosticisme, et réfutés. Avant que Nicolaï Hartmann ne soit nommé en psychologie en 1931, ce sont les psychologues du comportement qui dominent. L'économie, seule, possède un maître au prestige accepté, qui, d'ailleurs, enseigne la sociologie, et non sa discipline, Werner Sombart. Et les historiens ont une figure charismatique, Friedrich Meinecke, mais sans beaucoup d'influence dans une faculté où règnent les traditionnels Wilamowitz et Schäfer. D'ailleurs il faut avoir le sens des réalités de l'époque : tout libéral qu'il était, Meinecke n'aurait jamais accepté de diriger la thèse d'habilitation d'un Juif non converti. C'est un romaniste, Eduard Wechssler, qui impose Bernard Groethuysen à une chaire d'éthique. Cet élève de Dilthey, remarquable intermédiaire entre les intellectuels français et allemands, collaborateur de la *Nouvelle Revue Française*, quitte l'Allemagne définitivement dès 1932.

Au fil des années, l'irrationnel se répand dans l'enseignement de la philosophie. Eduard Spranger et Hans Reichenbach sont, pour cette propagation, des exemples représentatifs. La métaphysique revient sous les traits de l'ontologie de l'*Être et temps* de Martin Heidegger — qui a refusé une chaire à Berlin, au grand étonnement de Karl Jaspers ! Les questions se font radicales, abyssales : qu'est-ce que la métaphysique ?... Qu'en est-il de l'essence du politique, du christianisme, du judaïsme ?...

Il y avait aussi, à Berlin, l'Institut psychanalytique, né en 1910 en tant que branche de l'Association internationale de psychanalyse et animé par Karl Abraham, qui écrivait à Freud en octobre 1919 : « Berlin avance lentement, mais vraiment, vers la psychanalyse. » En 1922, Freud y tint d'ailleurs une conférence, « Quelques remarques sur l'inconscient », qui fut pour les auditeurs une expérience mémorable.

Malheureusement, une très vaste partie du public berlinois est restée dans l'ignorance des travaux de cet Institut, et les querelles de spécialistes ont fort desservi la diffusion des idées qu'il tentait de propager. Même les initiés s'orientaient avec peine entre les théories de Freud, d'Alfred Adler et de Carl-Gustav Jung. Le bruit revint à diverses reprises que Karl Abraham allait obtenir un enseignement à l'université, comme chargé de cours mais, vu la méfiance qui régnait en Allemagne à l'égard de la psychanalyse dans les cercles universitaires, il n'en fut évidemment rien.

Ni les petits fonctionnaires ni les grands mandarins n'aimaient la République de Weimar. Loin de consolider les nouvelles institutions, l'université allemande a présenté à cette République le miroir de ses contradictions et de son impuissance. Dans l'ensemble, l'université de Berlin n'a pas failli, hélas, à cette orientation générale. Ce qui peut sembler d'autant plus étonnant que la population berlinoise s'est toujours, elle, située beaucoup plus à gauche que le reste du territoire allemand. C'est la confirmation que, à Berlin comme ailleurs, les universitaires formaient un corps à part, essentiellement tourné vers le culte des traditions impériales passées.

Dominique Bourel

Sexualité : les provocations d'un pionnier

Ralf Dose

En marge des institutions officielles, un médecin spécialisé dans les recherches sur la sexualité, le Dr Magnus Hirschfeld, a œuvré à Berlin pour la défense des homosexuels. Cette lutte a fait de lui la cible des conservateurs et des réactionnaires.

En 1919, le rôle de pionnier joué par le médecin et sexologue Magnus Hirschfeld dans la défense des homosexuels avait assuré sa renommée bien au-delà des limites de Berlin. Il put alors réaliser un projet qu'il caressait depuis longtemps : il prit l'initiative d'ouvrir avec deux confrères, le neurologue et psychiatre Arthur Kronfeld et le dermatologue Friedrich Wertheim, un Institut de recherches scientifiques sur la sexualité. Pour installer cet institut, il acheta l'ancien palais Hatzfeld, dans le Tiergarten. Et, comme l'espace manqua rapidement, la maison voisine fut acquise à son tour. On relia les deux bâtiments pour constituer un ensemble de cent quinze pièces, réparties en départements : médecine, biologie, sociologie et ethnologie relatives aux problèmes sexuels, radiologie, chirurgie, droit, etc. Le Comité scientifique humanitaire, fondé par Hirschfeld en 1897 pour venir en aide aux homosexuels allemands, y disposa également d'un bureau.

Les descriptions détaillées de cet Institut sont peu nombreuses. L'une d'elles émane d'un Conseil médical d'obédience gouvernementale qui ne cache pas son aversion pour Hirschfeld. Celui-ci avait déposé une demande pour transformer juridiquement en une « fondation » les locaux qu'il occupait. Une visite officielle avait donc eu lieu, et un rapport en était résulté. L'accent s'y trouvait mis sur l'aspect somptueux de l'ameublement. Il soulignait, en outre, que Karl Giese, secrétaire particulier de Hirschfeld et son amant de longue date, disposait d'une chambre contiguë à celle du directeur.

C'était surtout la nécessité d'un tel établissement qui, en fait, était en cause. Avec son bureau de planning familial et de conseil matrimonial, celui-ci œuvrait pour l'émancipation sexuelle et s'inscrivait dans les grandes luttes de l'époque. Hirschfeld était lié à tous les mouvements d'éducation sexuelle. Il militait contre les paragraphes 175 et 218 du code pénal qui réprimaient arbitrairement tout acte homosexuel et tout avortement. Proche de la social-démocratie, il se retrouva sur ce terrain aux côtés des communistes.

Persuadé qu'il existait une multiplicité de « paliers intermédiaires » qui aboutissaient à l'« homme entier » ou à « la femme entière », comme il appelait les hétérosexuels, Hirschfeld anticipait sur Kinsey, l'auteur du fameux rapport de 1953 sur le comportement sexuel des Américains. Mais, à la différence de ce dernier, il considérait les « paliers intermédiaires » et l'homosexualité comme des variantes « naturelles », car biologiques. Selon lui, l'homosexualité était déterminée par certaines conditions endocrinologiques et pouvait être expliquée scientifiquement. Il était convaincu que la compréhension du caractère « naturel » de l'homosexualité mettrait un terme à sa criminalisation et à sa discrimination.

L'influence la plus importante exercée par l'Institut sur l'opinion publique berlinoise relève de cet aspect militant et pédagogique. Pour la première fois, la sexualité sous toutes ses formes devenait l'objet d'un travail scientifique. Des conférences éducatives étaient organisées régulièrement, avec projection de films. Des cours de formation permanente s'adressaient plus particulièrement aux médecins, aux infirmières, aux assistantes sociales. En outre, il était de notoriété publique qu'on pouvait, homme ou femme, aller demander conseil aux collaborateurs de l'Institut quand on avait des problèmes sexuels de quelque nature que ce fût.

Force est de constater toutefois que, pour bon nombre de ses visiteurs, l'Institut avait d'autres raisons de susciter l'intérêt. Ils étaient attirés non par des informations sur la biologie et la sociologie de la vie sexuelle, mais par le musée pathologique, les archives de pathologie sexuelle. Le sadisme avait plus d'attrait que les techniques contraceptives. De plus, l'Institut était aussi devenu un lieu de rencontres et d'expériences homosexuelles. Les rapports de police ne sont pas seuls à le signaler. Sa réputation était ouvertement celle d'une « maison de rendez-vous ». Dans son organisation interne, l'Institut favorisait les contacts avec l'extérieur. La distinction entre patients, résidents et simples visiteurs qui venaient simplement bavarder avec Karl Giese n'avait pas de raison d'être : médecins et malades, tout le monde se retrouvait là.

Hirschfeld, en effet, ne se donnait pas pour but de soigner l'homosexualité. Il voulait, au contraire, aider les homosexuels à s'accepter et à vivre en tant que tels dans une société qui leur était hostile. Sa thérapie consistait à « placer le patient dans un environnement correspondant à ce qu'il est[1] ». Il s'agissait de sortir l'homosexuel de son isolement et de lui procurer des relations sociales avec d'autres homosexuels. Dans le processus défini par Hirschfeld, la fonction du médecin, au début, devait être celle d'un homme de confiance, et le patient devait ensuite se détacher de lui, s'assumer complètement par l'intermédiaire de personnes manifestant « compréhension et tolérance » envers lui. Les « compagnons de souffrance » étaient ici les mieux adaptés à une influence bienfaisante, et leur action s'exerçait finalement comme à l'intérieur d'un groupe d'autoassistance.

L'engagement de Hirschfeld en faveur des homosexuels ne manqua pas de lui valoir bien des attaques verbales et des poursuites judiciaires, voire des agressions physiques. Mais beaucoup de personnalités de gauche ne lui ménagèrent pas leur soutien. En 1929, la prise de position de Kurt Tucholsky à son égard dans l'hebdomadaire *Die Weltbühne* synthétise assez bien leur attitude :

> « C'est une impudence sans pareille que d'inscrire sur une liste d'infamie un homme de science comme Hirschfeld. Je ne partage pas ses vues sur bien des points, il y aurait beaucoup à dire sur le type de propagande qui est le sien. Mais chapeau bas ! Il faut reconnaître qu'avec lui, quelqu'un s'oppose à son temps au nom d'une cause raisonnable, se dresse contre de honteuses dispositions du code pénal[2]. »

1. Magnus Hirschfeld, in *Die medizinische Welt*, 1929, p. 691-692.
2. Ignaz Wrobel (l'un des pseudonymes de Kurt Tucholsky), in *Die Weltbühne*, 10 septembre 1929, p. 384.

C'est en France que Hirschfeld fut contraint de passer les dernières années de sa vie. Rentré en 1932 d'un tour du monde, il séjourna en Autriche, en Suisse, et l'arrivée des nazis au pouvoir rendit inconcevable sa réinstallation à Berlin. Il tenta, sur la base des matériaux qu'il avait pu sauver et grâce à l'amitié d'un confrère français, l'Alsacien Edmond Zammert, de mettre sur pied un nouvel institut à Paris. Mais sa santé, affaiblie par la malaria, ne lui permettait pas de supporter le climat parisien. Avec ses amis Li Shiu Tong et Karl Giese, il partit donc pour Nice. Il y mourut le jour de son soixante-septième anniversaire, le 14 mai 1935.

Traduit de l'allemand par Olivier Mannoni.

Ralf Dose

Un chimisme interne

Georges Bohn

La *Sexualpathologie* du Dr Magnus Hirschfeld est le premier ouvrage allemand qui me parvient au *Mercure* depuis la guerre. Je le dois sans doute à ma qualité d'ancien collaborateur de la *Revue des Idées*, où, je me rappelle, M. Magnus Hirschfeld a publié jadis une longue étude sur le sujet dont il a fait sa spécialité. Sa *Sexualpathologie* est un ouvrage d'importance, 3 volumes in-8, avec de nombreuses courbes, planches et photographies. Celles-ci sont bien pénibles à voir, car tous ces pervertis, invertis, masochistes, fétichistes, etc., dont parle M. Hirschfeld, sont bel et bien des malades et irresponsables des excès auxquels ils se livrent. Et que d'histoires navrantes : des gens par ailleurs très distingués, bons, cultivés, occupant des situations en vue, et qui souffrent cruellement de leur infériorité « morale » !

La première *Psychopathia sexualis*, d'un médecin ruthène, Henri Kaan, parut en 1844, en latin, à Leipzig. Le célèbre ouvrage de Krafft-Ebing, publié en 1886, et qui en est aujourd'hui à sa quatorzième édition, porte également ce titre : *Psychopathia sexualis*. Malgré son intérêt, il n'est plus à la hauteur des recherches modernes. En particulier, la question si importante aujourd'hui des secrétions internes n'y est guère envisagée. Et cependant, comme le rappelle M. Hirschfeld, Krafft-Ebing a su reconnaître aussitôt la valeur de la découverte de Brown-Séquard et l'a proclamée à un moment où la plupart de ses collègues se moquaient encore des idées « séniles » du savant français.

Dans l'ouvrage de Magnus Hirschfeld, qui est en fait un *Traité* de pathologie sexuelle à l'usage des médecins et des étudiants, la question des sécrétions internes occupe le tout premier plan, et c'est à sa lumière surtout, c'est-à-dire du point de vue du *chimisme interne*, que sont envisagées les diverses observations sexuelles. En tenant compte des sécrétions internes, on parvient à rattacher le côté « psychique » de tous ces troubles à un substratum matériel. M. Magnus Hirschfeld est très impressionné par les expériences de Steinach, qu'il qualifie de « géniales », et qui montre précisément l'importance de la sécrétion interne des glandes sexuelles. J'ai eu déjà l'occasion de parler ici de ces expériences, dont on trouvera le compte rendu dans le livre que j'ai écrit récemment avec ma femme, *La Chimie et la Vie*. De jeunes cobayes mâles castrés auxquels on greffe des ovaires empruntés à une femelle de la même espèce acquièrent, au bout d'un certain temps, des caractères physiques et psychiques de femelle. On peut de même « masculiniser » des cobayes femelles, ou bien encore rendre hermaphrodites des sujets normaux. J'ai vu, en 1913, à la station biologique de Vienne, les cobayes féminisés de Steinach ; c'était en effet frappant. Il paraît qu'il a obtenu depuis des résultats merveilleux en expérimentant sur des humains, et qu'en particulier il arrive à rendre la vigueur aux vieillards. Mais je me suis laissé dire aussi que cette vigueur est bien chèrement acquise, et que la mort s'ensuit. De toute façon, il y a là un vaste champ d'expériences encore peu exploré, et dont l'intérêt pourrait être capital.

« Le Mouvement scientifique », in le *Mercure de France* du 1er octobre 1921.

Georges Bohn

Même André Gide...

Louis-Charles Royer

« Je suis donc allé voir le docteur Magnus Hirschfeld, grand maître de la sexualité internationale.

« Son Institut a des correspondants dans le monde entier. Pour la France, c'est le docteur Pierre Vachet, professeur à l'École de psychologie.

« S'il arrive, n'importe où, dans le monde entier, une affaire passionnelle, le docteur Hirschfeld en est immédiatement informé. Le vampire de Düsseldorf lui a adressé un mémoire de douze pages relatant ses exploits et ses procédés [...].

« Je fus reçu, d'abord, par le docteur Félix Abraham, adjoint du docteur Hirschfeld.

« C'est un grand jeune homme mince et brun, qui a de très beaux yeux - j'ai horreur de cette image archi usée : yeux de gazelle ; mais comment ne pas l'appliquer au docteur Abraham ? - et malgré ça, l'air extrêmement intelligent.

« L'adjoint du maître parle aussi bien anglais et français qu'allemand. C'était pour moi un atout. Dans le domaine de l'abstrait, mon allemand, à moi, a des faiblesses.

« J'ai dit au docteur Abraham mon désir de visiter l'Institut. Il m'a apporté un livre d'or où j'ai pu constater que je n'étais pas le premier venu. Parmi cinq cents signatures de spécialistes accourus de toutes les parties d'Europe, d'Asie, d'Amérique et du Japon, j'ai remarqué celles de deux compatriotes : M. André Gide, pour qui rien de ce qui est humain n'est étranger, et M. Edouard Bourdet. Sans doute, avant d'écrire *La Prisonnière*, le consciencieux auteur dramatique éprouva-t-il le besoin de se documenter.

« Parce que j'y fus poliment invité, le nom d'un

inconnu figure désormais à la suite de tant de noms célèbres.

« Puis nous avons causé. C'est à ce moment que j'ai su que l'Institut recevait, en dehors des spécialistes qui viennent se documenter, des malades qui espèrent y trouver la guérison et des criminels envoyés en observation par la justice.

« Le docteur Hirschfeld entrait. C'est un quinquagénaire trapu, le visage barré d'une forte moustache. Derrière les lunettes, le regard luit, fin et calme. Il parle français suffisamment.

« Pas pontife pour un sou ; la poignée de mains est cordiale [...].

« J'ai une belle chambre, au second étage, près de la salle de bains ; un bon lit, un excellent divan ; une grande armoire, une commode, deux tables, un grand lavabo.

« Mes deux fenêtres donnent sur le parc. Elles ne sont pas grillagées ; j'imagine que je suis dans une pièce pour savant, ou pour malade, mais non pour criminel. Il est vrai que je perche à la hauteur des nids.

« Rien, dans l'ameublement, n'incite à l'émotion sexuelle. Au-dessus de l'une des tables une gravure anglaise : *The Halt* où un cavalier fait boire sa monture dans le seau que vient de lui apporter la fille de l'aubergiste. L'homme et la femme sont deux beaux êtres robustes et sains, comme aimaient à en peindre les artistes au temps où ils ne prenaient pas exclusivement pour modèles des monstres repoussants. Le regard, que la cabaretière et son hôte se lancent par-dessus le cou du cheval, est franc. Ça ne peut finir que par un mariage.

« Entre l'armoire et le lavabo, le portrait d'Henrich Pestalozzi, en redingote, les cheveux longs, un nez de singe, à réjouir Darwin. Ce n'est pas Pestalozzi qui me fera dédaigner les dames.

« Si mes souvenirs sont exacts, ce pédagogue suisse, disciple de Jean-Jacques Rousseau, est l'auteur de : *Comment Gertrude instruit ses enfants*.

« Espérons que les enfants de Gertrude, ainsi éduqués, ne viendront jamais à l'Institut ; ou, alors, comme savants.

« En voici une autre de Goethe, qui décore l'un des murs de la cour intérieure :

- L'âme des hommes est comme l'eau ; le destin des hommes est comme le vent.

« Quels vents, Seigneur, ont donc soufflé sur l'âme de Frédéric II ?

« J'ai passé ma matinée dans la bibliothèque du docteur Hirschfeld.

« Huit grands murs sont tapissés de volumes pesants. Il y a là tout ce que les hommes ont observé, ou imaginé, en ce qui concerne le désir, ses manifestations et ses conséquences. Les ouvrages traitant de philosophie et de médecine sont déjà pénibles à digérer lorsqu'ils sont écrits dans la langue maternelle du lecteur. Qu'on me pardonne donc de ne pas les avoir tous absorbés [...].

« Pour m'occuper, je fais un tour dans l'Institut.

« L'escalier est une galerie de photographies. La plus en vue, la première en partant du rez-de-chaussée, est naturellement celle de Sigmund Freud, qui discerna de l'appétit sexuel jusque chez les nourrissons. (Voir l'*Essai sur la sexualité infantile*.)

« Sur chaque marche, veille un physiologiste ou un psychologue, qui s'attachèrent à l'étude du péché originel.

« Au premier étage, sur le palier, l'empereur Frédéric le Grand jette, du haut d'un immense tableau, un regard altier sur le visiteur.

« Le châtelain de Sans-Souci, marié à vingt ans, ne désira jamais, paraît-il, faire œuvre de chair avec son épouse, la douce Elisabeth de Brunswick-Bevern. Il n'avait d'attentions que pour ses gardes.

« Sa place était, ici, tout indiquée.

« Sous le portrait, une légende tirée des œuvres de l'impérial philanthrope :"Dans mon État, chacun peut se rendre heureux à sa façon."

« Ah ! qu'en termes galants ces choses-là sont dites... [...] »

« Et puis il y a le Musée.

« C'est un beau musée. Instructif.

« Aux murs, les portraits ou photographies de tous les invertis célèbres. Qu'on se rassure : je ne citerai personne.

« Également ceux des travestis notoires.

« Dans les vitrines...

« Ah ! ces vitrines ! Que les almanachs galants de nos collectionneurs feraient piètre figure dans les vitrines du docteur Hirschfeld à côté des gravures japonaises ! Fragonard voyait plantureux ; les artistes du Céleste Empire voient grand ; en ce qui concerne leurs modèles masculins notamment. Et ils sont ingénieux. Seulement, pour réaliser cette gymnastique hardie, il faut être acrobate.

« À côté d'une tablette sur laquelle est posée une ceinture de chasteté, analogue à celle du Musée de Cluny, tout un arsenal pour masochistes [...].

« Une petite armoire révèle des appareils, hélas ! indescriptibles. L'ivoire, l'écaille, le bois, le caoutchouc ont été mis à contribution pour donner aux veuves l'illusion que leur mari ne les avait pas, totalement, abandonnées.

« Il en est un - un étui ajouré - qui permet au monsieur plein de bonne volonté mais dont les forces déclinent, de s'insinuer plus avant dans le cœur de sa belle. Ainsi peut-il s'imaginer, tout en la serrant entre ses bras, être la source de la satisfaction de la bien-aimée.

« Que vois-je ? Que vient faire ici ce magasin de cordonnier ? Mais que les chaussures sont petites ! Cendrillon seule, et encore, pourrait chausser ces cothurnes, ces mules, ces bottes...

« C'est un étalage pour élégantes de Lilliput.

« Mon guide m'explique que ces chaussures en miniature ont été trouvées chez des fétichistes du pied qui voulaient, sans s'encombrer, avoir toujours sous la main l'objet de leur désir [...].

« Plus loin des photographies, des moulages, de frères ou sœurs siamois, d'êtres mi-humains, mi-bêtes, d'hermaphrodites ; des accouplements monstrueux que la mythologie avait du moins idéalisés. »

In Louis-Charles Royer, *L'Amour en Allemagne*, Paris, les Éditions de France, 1930.

Salle de cinéma (Universum) sur le Kurfürstendamm, en 1928.
Architecte : Erich Mendelsohn.

L'UFA, le cinéma et l'argent

Pia Le Moal

*La plus importante des firmes de production, l'*UFA*, manifesta des liens évidents avec les puissances d'argent et l'État. Ce qui n'alla pas sans une certaine politique culturelle, à la fin des années vingt, qui trouva aisément un prolongement plus radical sous le Troisième Reich.*

La société Universumfilm, dite UFA, fut créée en 1917 à l'initiative du général Ludendorff qui, dans le cadre de sa stratégie de « guerre totale », ordonna la fusion des firmes cinématographiques les plus importantes et la concentration de la distribution des films, afin que le cinéma allemand, à l'instar de la presse, soutînt la politique militaire de l'État. Elle reçut explicitement pour mission d'assurer le reportage des opérations militaires et d'agir sur l'opinion internationale en luttant contre la propagande ennemie et en distribuant des films destinés à redorer à l'étranger le blason de l'Allemagne impériale. Le film allemand devait devenir, comme l'écrit le *Film Echo* du 12 décembre 1921, « un pionnier de la germanité ».

C'est le patron de presse Alfred Hugenberg qui fut chargé de jeter les bases de ce nouveau consortium national. L'essentiel des parts de la société était détenu par l'État, quelques banques et plusieurs groupes industriels (notamment AEG, Henkel, Petroleum Union). « Le marché libre du film se rétrécit de plus en plus », indique le 20 juillet 1920 le plus important périodique spécialisé dans le cinéma, *Lichtbild-Bühne*. Et, effectivement, l'UFA se mit peu à peu à absorber ses concurrents. Elle acquit aussi, à Berlin,

Les studios de cinéma de Weißensee.

les studios de production les mieux équipés, situés dans les quartiers de Tempelhof et de Neubabelsberg, et elle les modernisa. Elle s'accapara, enfin, tout un réseau de salles : vingt-cinq rien qu'à Berlin, dont les deux plus grandes, l'Ufa-Palast et l'Ufa-Theater, offraient respectivement deux mille cinq cents et mille places.

Durant les premières années de la République de Weimar, l'UFA produisit à elle seule plus de films que tout le reste de l'Europe réuni : 646 en 1921, 472 en 1922, 347 en 1923, 271 en 1924, 228 en 1925 et 240 en 1927. Si ce rythme diminua à partir de 1924, c'est qu'elle prit alors la décision de privilégier des films plus longs, et donc plus coûteux, préférant la qualité à la quantité.

Bien entendu, dans la presse contrôlée par Hugenberg toute critique cinématographique vraiment indépendante était impossible. Celle-ci était confiée, le plus souvent, à des journalistes de second plan qui recopiaient servilement les matériaux fournis par le service de presse de l'UFA. Le cinéma à cette époque n'était pas encore reconnu comme un art et seul l'intérêt commercial motivait, dans les quotidiens, la présence d'annonces et de comptes rendus.

Par ailleurs, les trois quarts des acteurs venaient alors du théâtre. En 1913, Ernst Lubitsch, par exemple, jouait dans la troupe de Max Reinhardt en même temps que dans les films tirés des pièces qu'il interprétait. De même, nombre de réalisateurs ont d'abord été des élèves de Reinhardt : Paul Wegener, qui tourna *Le Golem* en 1920, Paul Leni, Murnau, qui fut comédien de 1904 à 1914 et qui, alors qu'il apprenait le métier, put s'exercer à la mise en scène et à la direction d'acteurs.

C'est pourquoi l'histoire du cinéma allemand répéta d'abord l'histoire du théâtre. Les Allemands, par leur éducation, étaient portés à goûter des films où ils retrouvaient le théâtre et l'UFA y voyait une façon de rehausser à l'étranger l'image du pays. Jusqu'en 1924, le nombre des œuvres scéniques filmées ne cessa d'augmenter. La préférence du public allait aux sujets inspirés de l'Antiquité ou à la transposition de pièces classiques : Goethe et Schiller se démocratisèrent ainsi, en remplissant les caisses des gérants de salles. D'ailleurs, la volonté d'égaler le théâtre était perceptible jusque dans l'architecture de ces salles.

Beaucoup plus que ses films, les mises en scène de Max Reinhardt exercèrent une énorme influence sur tout le cinéma muet.

La magie du clair-obscur, le rythme des spectacles de masse viennent de lui, et Lubitsch lui emprunta son goût pour les décors et les costumes fastueux : avec *Madame Dubarry* en 1919, *Anne Boleyn* en 1920, *Danton* en 1921, il reprend ces éléments pour fabriquer un nouveau genre cinématographique, celui des films historiques ou « films à costumes ». La griffe de Reinhardt est sensible aussi dans les plans de foules, dans les groupes de personnages sortant de l'ombre ou saisis par un éclairage. Même Fritz Lang, qui n'a jamais été son élève, n'a pas échappé à ses techniques.

Mais à la différence du théâtre, le cinéma exige un financement conséquent. Le film, création collective par essence, obéit à la fois aux lois de la production industrielle et à celles qui régissent les œuvres d'art. Plus d'un grand réalisateur qui signa des contrats avec l'UFA dut donc se soumettre aux financiers.

En 1924, Murnau en fit l'expérience pour *Le Dernier des hommes* : on l'obligea notamment à choisir une fin heureuse - liberté technique totale, large budget, mais censure sur le fond, tel semble avoir été le marché passé à cette occasion entre Murnau et le directeur artistique de l'UFA, Erich Pommer. Celui-ci pensait au marché américain et savait qu'aux États-Unis « les notions de *keep-smiling* et de *happy end* étaient enracinées dans l'industrie cinématographique et constituaient des principes incontournables pour qui voulait réussir ».

Faust, dernier film tourné par Murnau en Allemagne, en 1926, est une bonne illustration des problèmes que rencontre le réalisateur pris entre la marchandise (soumise à la loi de l'offre et de la demande) et l'œuvre d'art. On recourut à tous les moyens pour susciter l'intérêt des futurs spectateurs, tant bourgeois que plébéiens. L'UFA organisa tout d'abord un concours de la meilleure affiche, et les envois sélectionnés furent exposés, sans être évidemment utilisés ensuite puisque la véritable affiche était déjà prête... Parallèlement, la presse orchestra un large débat pour savoir qui jouerait le rôle de Marguerite. Elle chauffa l'opinion en faveur (arguments bien dans le ton de l'époque !) d'une Marguerite blonde et germanique. En outre, les campagnes publicitaires menées aux États-Unis mirent l'accent sur l'idée d'une adaptation de Goethe, alors que le scénariste et le réalisateur ne s'étaient servis en réalité que de

Ernst Lubitsch.

la légende. Enfin Pommer, encore lui, fit conclure le film d'une manière plus conforme à la moralité et au goût du public : Marguerite n'est plus infanticide, mais son enfant meurt de froid. Elle n'en est pas moins condamnée au bûcher, et Faust, accouru à son secours, se jette dans les flammes en clamant son amour. Ainsi le film, malgré son issue tragique, ménage aussi une sorte de *happy end*.

Faust tourné, l'UFA n'en resta pas là : elle s'adressa au grand maître du théâtre, Gerhart Hauptmann, pour lui demander de composer des vers qui remplaceraient les sous-titres prévus. Le grand maître accepta et reçut vingt mille marks, soit 1 p. cent du coût global de la production. Expérience malheureuse en définitive, car les vers de mirliton de Gerhart Hauptmann cassaient le rythme des images. L'UFA revint aux sous-titres initiaux, et l'œuvre de Hauptmann fut vendue en brochure aux caisses des salles de cinéma.

La première du *Faust* eut lieu le 14 octobre 1926 à l'Ufa-Palast. À cet événement culturel national auquel le Tout-Berlin assistait, y compris le président de la République Hindenburg et le chef du gouvernement Gustav Stresemann, ne manquaient que deux personnalités : le réalisateur lui-même et l'acteur Emil Jannings. L'un et l'autre étaient en route pour les États-Unis, où ils avaient signé des contrats respectivement avec la Fox et la Paramount. Ce voyage marquait le début d'une vague d'émigration des réalisateurs et des acteurs allemands vers Hollywood, qui leur promettait des ponts d'or. Le son venait d'être adopté au cinéma et les firmes américaines, craignant de perdre leurs marchés à l'étranger, engageaient des équipes pour tourner des versions en allemand, en français et en espagnol des films qu'elles estimaient commercialement les meilleurs.

Quand l'UFA, en 1925, avait dû faire face à de graves difficultés financières, elle s'était elle-même tournée vers deux compagnies américaines, la Metro et la Paramount, qui lui avaient accordé un crédit de 16,8 millions de marks en échange d'un contrat de diffusion de leur production en Allemagne. Le 6 février 1926 avait été créée à Berlin une société de distribution qui leur permettait de diffuser leurs films en toute légalité dans les salles allemandes : la Parufamet (Paramount-UFA-Metro). Le contrat stipulait que quarante films américains devaient être chaque année distribués en Allemagne et, en retour, vingt films de l'UFA aux États-Unis.

Dès 1926, Pommer, auquel était reprochée une mauvaise gestion, surtout pour les deux superproductions qu'avaient été le *Faust* de Murnau et le *Metropolis* de Fritz Lang, avait quitté l'UFA pour la Paramount. En 1927, le bilan fut désastreux : soixante millions de marks de déficit. Pour sauver la situation, des pourparlers furent engagés avec le gouvernement, et Hugenberg parvint à convaincre l'officielle Banque d'Allemagne de la nécessité de sauver l'institution culturelle nationale qu'était devenue l'UFA.

Pour veiller de près à la réorganisation de sa firme, Hugenberg en confia la direction à son bras droit, Ludwig Klizsch, tandis que lui-même assurait la présidence du conseil de surveillance. Cet assainissement s'appliqua évidemment aussi à la politique culturelle de l'UFA. Dans l'hedomadaire *Die Weltbühne*, Axel Eggebrecht écrit le 10 mai 1927 :

> « Les nouveaux projets de production de UFA sont placés sous le signe d'une raisonnable volonté d'assainissement financier. Autrement dit, si l'on en croit les termes d'un récent communiqué, seront évités tous les films qui relèvent de l'expérimentation et représentent donc artistiquement un risque. Voilà qui semble tout à fait plausible quand on pense aux expériences malheureuses qu'ont été *Faust* et *Metropolis*. Mais cela signifie en fait qu'on renonce totalement et fondamentalement à améliorer la production actuelle qui est lamentable, et qu'on affirme, ce qui est presque une provocation, un ralliement aux navets qui dominent actuellement les programmes. »

Toujours en 1927, Klizsch se rendit aux États-Unis et mit fin au contrat avec la Paramount et la Metro, obtenant l'échelonnement du remboursement des emprunts sur quatre ans. L'UFA redevenait tout à fait allemande. Pommer fut rappelé en 1928 et chargé d'une partie de la production, mais avec une liberté de décision limitée.

Les films de l'UFA ne péchèrent plus, tant s'en faut, par excès d'originalité. Au contraire, l'académisme s'installa. On largua sur les écrans, à la faveur de la crise de 1929, des opérettes et des comédies qui présentaient une image édulcorée de la misère ou donnaient dans l'évasion vers un passé romantique.

Pour lutter contre les effets des comptes rendus dans la presse, l'organisation centrale du cinéma allemand, la SPIO, trouva un moyen efficace. Il fut proposé par Klizsch lui-même lors d'une réunion en 1930 :

> « En présence de jugements négatifs, nous avons à indiquer au public aussi bien qu'aux éditeurs de journaux que la critique n'a pas un caractère impartial, qu'elle est subjective, et que la compétence tout comme la formation du journaliste en question méritent d'être examinées de près. »

À quoi Carl von Ossietzky répondit dans *Die Weltühne* :

> « Quand Monsieur X écrira dans son journal, à l'avenir, que le film *La Comtesse des brigands* est ridicule et de mauvais goût, les flics de la SPIO feront une descente chez son patron et lui prouveront, en mentionnant discrètement une possible suppression des annonces publicitaires, que Monsieur X, compte tenu de sa formation, est inapte à la fonction de critique de cinéma. »

C'est dire combien, avant même l'arrivée au pouvoir des nazis, l'industrie cinématographique, la presse, les puissances financières et l'État étaient fortement imbriqués en Allemagne. Déjà se manifestait la volonté de mettre au pas journaux et journalistes. Cette mise au pas, réalisée à partir de 1933, permit au Troisième Reich de faire de l'UFA un moyen de propagande efficace.

Pia Le Moal

Salles de cinéma sur la place de Potsdam.

Dans les coulisses des théâtres

Laure Siaud

Avec Leopold Jessner, Max Reinhardt, Erwin Piscator et quelques autres metteurs en scène, la vie théâtrale à Berlin était exceptionnelle en regard des autres villes européennes. Quelques témoins actifs de l'époque ne peuvent qu'en avoir gardé une certaine nostalgie.

Curt Bois, Camilla et Steffie Spira, Boleslaw Barlog : des gens du spectacle. Curt Bois m'explique :

> « J'ai fait malheureusement une carrière fulgurante... Malheureusement, car ensuite la chance m'a toujours couru après sans me rattraper. J'ai vécu comme émigré pendant dix-sept ans aux États-Unis, de 1933 à 1950... Des petits rôles au cinéma. J'avais du travail, mais ce n'était pas le bonheur. »

Il est rentré en Allemagne en 1950, en RDA, puis s'est installé à Berlin-Ouest en 1954. Ce comique à la Buster Keaton, né avec le siècle, jouait encore en 1987 dans le film de Wim Wenders, *Les Ailes du désir*. Pour Camilla Spira, c'est l'opérette du *Cheval blanc*, mise en scène par Eric Charell, qui a été la consécration de sa carrière : « Elle est restée deux ans à l'affiche du Schauspielhaus, c'était fantastique... » Sous le Troisième Reich, elle continue de jouer à Berlin, mais au « Théâtre juif », création des nazis, où l'on ne donnait que des pièces d'auteurs juifs jouées par des acteurs juifs pour un public essentiellement juif et pour quelques diplomates étrangers de passage, à qui les nazis se faisaient fort de montrer « leurs » Juifs pour tuer les rumeurs d'antisémitisme. Elle émigre en 1938 et ne rentre en Allemagne, à Berlin-Ouest, que dix ans plus tard. Quant à sa sœur, Steffie Spira, elle a choisi une voie plus radicale en même temps que le métier de comédienne : celle de l'engagement dans les rangs communistes. À la veille des cérémonies du quarantième anniversaire de la RDA, donc pendant les derniers jours du Mur, elle ne regrettait rien : « J'ai adhéré au parti communiste en 1931, et j'y suis encore, malgré toutes les difficultés qui existent aujourd'hui... » Le réalisateur de cinéma Boleslaw Bartog, lui, a fait un autre choix. En 1933, il n'avait pas trente ans, il ne voulait pas se séparer de sa famille, de ses amis, et craignait, ne connaissant aucune langue étrangère, de ne pouvoir s'en sortir. Il est resté à Berlin, où il a travaillé comme réalisateur de cinéma jusqu'en 1945 :

> « Puisque soixante millions d'Allemands supportaient ce régime, pourquoi pas moi... En 1945, les Américains se sont renseignés sur mon compte, ils ont visionné mes films ; pas un de mes personnages ne faisait le salut nazi, et j'ai été lavé de toute culpabilité. »

C'est après 1918 que Curt Bois travailla surtout pour le théâtre :

> « À Berlin, il y avait énormément de spectacles de divertissement, la grosse industrie du rire. En 1923, je me souviens, on nous payait en places de théâtre. Pour un grand rôle, on recevait quatre fauteuils d'orchestre qu'on revendait pour deux billions de marks, et on pouvait, avec, s'acheter tout juste un demi-pain. »

La chance de sa carrière lui a été offerte par Max Reinhardt :

> « J'ai joué ma première pièce avec lui en 1926, *Victoria*, de Somerset Maugham. Je rêvais de travailler avec lui, mais je n'avais fait aucune école de théâtre, et lui en avait fait une, prestigieuse ; il possédait plusieurs salles de spectacle, c'était un grand monsieur. En 1925, je jouais dans une grosse production pas très intéressante, *Olly-Polly*, d'Arnold et Bach, du boulevard facile. Au bout de je ne sais combien de représentations, le miracle est arrivé... On vient me dire dans ma loge que Max Reinhardt était présent, mais qu'il est parti avant le deuxième acte, et je me suis dit que tout était fichu ; et puis non, il m'avait engagé. Il a créé pour moi le rôle d'un professeur de danse qui n'existait pas dans la pièce de Maugham. C'était une comédie musicale superbe. »

De 1925 à 1932, Curt Bois a travaillé avec d'autres metteurs en scène, notamment avec Victor Barnowsky, qui dirigeait le Les-

Erwin Piscator, en 1927.

singtheater, et avec Heinz Hilpert, qui monta en 1931 le *Capitaine Köpenick* de Carl Zuckmayer, l'un des plus grands succès de l'époque, une satire populaire. Il a joué aussi dans *Conjoncture*, une pièce de Leo Lania sur une musique de Kurt Weill, mise en scène par Erwin Piscator, qu'il trouva difficile, sec et froid, à la différence de Max Reinhardt :

> « C'était une satire des milieux financiers du pétrole. Je n'avais pas vraiment conscience du caractère très politique de la pièce. Je ne l'ai comprise que plus tard. J'ai commencé à réfléchir à tout ça aux États-Unis, en faisant la rencontre de Brecht. Avant, à Berlin, je ne le connaissais pas... »

La chance de Camilla Spira avec Max Reinhardt fut encore plus grande, puisque, entrée dans son école à quinze ans, il lui a presque aussitôt donné la possibilité de jouer dans de grandes pièces. Mais le succès lui est venu autour de 1925, avec le début des grandes revues à l'américaine. « La politique ne m'intéressait pas » dit-elle. Et cette très vieille dame semble surtout avoir la nostalgie de ses magnifiques costumes de scène : « Je me souviens, dans *la Vie parisienne*, au Renaissance-Theater ; je portais une robe en velours de soie jaune avec des desssous à volants bleu pâle et rose, et des bottines à boutons noirs... »

Le destin de sa sœur, Steffie Spira, fut moins classique :

> « Je voulais faire de la danse et ma sœur de la peinture. Je me suis cassé la cheville à seize ans, ce qui mit fin à mon rêve de danseuse, et mon père m'inscrivit dans une école de sténodactylo. Ce fut la catastrophe. Je me rappelle avoir écrit à mon père que ''étant donné que je n'étais bonne à rien, il ne me restait plus que le théâtre''. Et c'est ce que j'ai fait. Je ne voulais pas, comme ma sœur, aller chez Reinhardt suivre des cours. J'ai choisi le théâtre ouvrier... »

Elle a surtout été marquée par le travail de Piscator, le théâtre politique, et elle a collaboré au théâtre d'agit-prop développé par le parti communiste :

> « Nous étions tout un groupe de camarades du parti, et nous avons créé, en 1931, la Troupe 31. Nous voulions nous adresser non plus aux ouvriers, mais aux employés qui se tournaient à cette époque de plus en plus vers les nazis, pour les convertir au marxisme. Tout était collectif, le choix des thèmes, la mise en scène. Nous avions un très

bon auteur, Gustav von Wangenheim. Il avait écrit *La Souricière*. On a joué cette pièce 317 fois consécutives, un énorme succès. C'était l'histoire d'un employé zélé, individualiste, qui abandonnait son idéologie bourgeoise et étriquée, au fur et à mesure que la crise économique frappait son entreprise... »

Tandis que Steffie Spira émigre d'abord en France, puis au Mexique en 1941, pour ne rentrer à Berlin-Est qu'en 1947, Boleslaw Barlog va devenir réalisateur de cinéma. Mais auparavant, il avait, lui aussi, commencé à travailler pour le théâtre :

« En 1930, j'étais au chômage. J'avais une formation d'employé de commerce, mais j'adorais le théâtre, j'y allais parfois quatre fois par jour. J'allais voir les représentations de Reinhardt, Jessner, Barnowsky. Mes auteurs préférés étaient Shakespeare, Ibsen et Hauptmann. Il y avait un choix incroyable. Berlin était une sorte de capitale du théâtre... Un jour que je faisais la queue à l'office du travail pour faire tamponner ma carte de chômage place Bülow, je me suis rendu compte qu'en face il y avait la Volksbühne. J'ai dit à mon voisin de me garder ma place, que j'allais au théâtre. Le metteur en scène, Karlheinz Martin, était en voyage, mais son conseiller dramatique, Günther Stark, m'a reçu et je lui ai expliqué que j'aimerais être assistant à la mise en scène. Il m'a demandé quelle était ma formation, et je lui ai répondu que j'allais constamment au théâtre, que je voyais tout. Prouvez-le, m'a-t-il dit, et je suis parti en courant chez moi, je lui ai ramené un gros agenda où je notais tout ce que j'avais vu. Il l'a feuilleté, et il m'a demandé quel était l'acteur principal du *Bourgeois Shippel*, de Carl Sternheim, en 1913. Je lui ai répondu que c'était Alexander Granach. Il était étonné, et il m'a engagé aussitôt. C'est comme ça que j'ai débuté. Je n'étais pas payé, mais je pouvais travailler au théâtre. J'ai appris le métier sur le tas, avec Günther Stark et Karlheinz Martin. J'ai commencé par aller chercher de la bière et du café, et puis j'ai de plus en plus servi d'assistant au metteur en scène. Pour gagner de l'argent, je faisais de la figuration dans des spectacles... »

Laure Siaud

Ville-radio, ville-journal

Pascal Huynh

Berlin, dès 1923, dispose d'émissions radiophoniques très culturelles, de journaux et de journalistes brillants. Malheureusement, ni la radio ni la presse ne purent faire progresser la démocratie dans l'ensemble de l'Allemagne.

« Attention, attention, ici l'émetteur berlinois de la maison Vox. Mesdames et Messieurs, nous vous informons qu'aujourd'hui, avec la diffusion de productions musicales, est inauguré le service de divertissement de la radio par les moyens de la radiotélégraphie. Son utilisation est soumise à une autorisation préalable... » C'était le 29 octobre 1923, à vingt heures. L'Allemagne est alors au plus bas. Dans son éditorial du premier numéro de la revue *Der Deutsche Rundfunk* (la Radio allemande), qui présente les nouveaux programmes radiophoniques, le secrétaire d'État Hans Bredow ne manque pas de le souligner : « La radio s'ouvre au public à une époque où la misère économique et la détresse politique ont atteint une ampleur des plus graves. » Le but est donc de redonner au peuple allemand, pour parer à son appauvrissement intellectuel, « un peu de dynamisme et de joie de vivre ».

Ces ambitions culturelles, ce n'est qu'avec la sortie progressive de l'inflation que l'Allemagne, grâce au développement de son industrie radiophonique, est vraiment capable de les mettre en œuvre. Le premier émetteur à obtenir une autorisation officielle de diffusion est donc le poste berlinois Funk-Stunde (l'Heure de la radio), en 1923. Dans les mois qui suivent, huit émetteurs régio-

La maison Vox, dans la rue de Potsdam. Tout en haut furent diffusées en Allemagne les premières émissions radiophoniques, le 29 octobre 1923.

naux sont installés. En parallèle avec le développement rapide de la technique, le nombre des auditeurs connaît un bond extraordinaire : à Berlin, ils sont deux cents au début, et cent mille à la fin de 1924. En janvier 1926, Berlin dispose même d'un deuxième émetteur, *Deutsche Welle* (Fréquence allemande).

Les programmes sont variés : retransmissions de manifestations littéraires ou musicales, émissions destinées à la jeunesse, discours de personnalités politiques, reportages. Entrepris de façon régulière à partir de 1925, les reportages sportifs permettent notamment de conquérir un vaste auditoire. La retransmission en direct du championnat du monde de boxe entre Jack Dempsey et Alfred Tunney compte ainsi parmi les événements sensationnels de l'année 1927.

Cet intérêt de la radio pour les sports s'explique par la place exceptionnelle qu'ils avaient prise dans les loisirs. À Berlin, rue de Potsdam, le Palais des sports était le réceptacle des manifestations de masse. Il exerçait un attrait considérable. Les retransmissions radiophoniques de la course cycliste des Six Jours, de même que celles des matches de football, tenaient en haleine les infortunés qui n'avaient pas eu la chance de se procurer un billet d'entrée. L'un des maîtres du reportage, l'écrivain Egon Erwin Kisch, a très bien décrit la fascination exercée à l'époque par ces joutes sportives. En 1924, lors des Six Jours, il montre la passion de la population berlinoise qui, par milliers, renonçant à toutes ses activités ordinaires, s'installe dans la contemplation de treize coureurs occupés à pédaler jour et nuit :

> « Toutes les places du Palais des sports sont vendues depuis deux semaines, loges et galeries sont pleines, aucun vide, droite, gauche, droite, gauche ; les quartiers du nord et du sud sont à coup sûr déserts, les maisons vides, en haut, en bas, à droite, à gauche[1]. »

La prétention affirmée de la radio à devenir un instrument de culture et de distraction de masse entraîne la fondation de nombreuses revues spécialisées, traitant à la fois de problèmes techniques et de sujets culturels. En 1923, il n'en existe encore que dix, ce qui est déjà surprenant, mais elles sont une cinquantaine en 1927, dont plusieurs nettement orientées vers le grand public et comportant des illustrations. L'idée d'une culture nouvelle grâce à la radio

1. Egon Erwin Kisch, *Der rasende Reporter*, Berlin, Erich Reisz Verlag, 1925, article de 1924.

Le Palais des sports, la course des Six Jours.

est si en vogue qu'elle pousse les quotidiens à ouvrir leurs pages à des comptes rendus consacrés aux émissions proposées.

Malheureusement, l'enthousiasme initial des écrivains et des musiciens ne tarde pas à retomber. Ce qui l'emporte bientôt en effet, particulièrement dans l'utilisation de la musique, c'est la volonté de divertir les masses, la perspective de l'industrie des loisirs. En outre, les oppositions politiques devenant de plus en plus violentes sous la République de Weimar, l'instrument de culture qu'est la radio subit les attaques des réactionnaires. Le 24 octobre 1927, l'hebdomadaire nazi *Der Angriff*, dirigé par Goebbels, écrit ainsi : « L'accumulation de noms juifs dans les programmes de l'émetteur berlinois devient peu à peu insupportable. » Et d'inviter « l'auditoire non juif » à « se défendre contre cette multitude d'émissions casher » en protestant auprès de la direction du poste concerné !

Dans les milieux du théâtre et de la musique, la question de savoir quelles pouvaient être les formes les plus aptes à la retransmission radiophonique a été l'objet de débats passionnés. Il était difficile à l'opéra, on s'en est aperçu assez vite, de passer par le haut-parleur de manière satisfaisante : les contingences techniques ne le permettaient pas. En revanche, étant donné leur clarté sonore, la musique de chambre et les pièces de théâtre étaient susceptibles de s'adapter fort bien au nouveau média. Dès octobre 1923, le Groupe Novembre participe à la diffusion d'émissions culturelles.

L'exemple de la diffusion radiophonique d'une œuvre musicale comme *Das Berliner Requiem* de Kurt Weill, une cantate sur des textes de Brecht, est symptomatique des enjeux de l'époque. Composé en novembre-décembre 1928 et créé le 22 mai 1929 pour marquer le dixième anniversaire de la fin de la guerre et de la révolution spartakiste, ce *Berliner Requiem* est aussitôt en butte à la censure : on y supprime tous les passages où se trouve cité le nom de Rosa Luxemburg, et le poème *Rosa la Rouge* est tout simplement biffé intégralement. L'intention de Kurt Weill, qui avait été, comme il l'a expliqué, de procéder à une sorte de montage musical de plaques commémoratives, d'épitaphes, de chants funèbres correspondant aux sentiments et aux opinions des couches les plus larges de la population, fut purement et simplement dénaturée.

À travers cette opération de falsification d'une œuvre qui avait été conçue avec l'arrière-pensée d'une adaptation aux contingences techniques de la radio, le glissement de la République de Weimar vers un pouvoir réactionnaire est évidemment tout à fait perceptible. Des protestations eurent lieu contre les atteintes à la liberté de création, mais leur efficacité n'a pas été très importante : le goût musical du public était orienté du côté du conservatisme, et non porté à la défense d'œuvres expérimentales.

Les articles critiques relatifs à cette œuvre en témoignent. Dans l'hebdomadaire radiophonique *Der Deutsche Rundfunk*, dans le mensuel musical *Melos* ou le quotidien *Berliner Börsen-Courier*, on salue l'originalité du *Requiem*, sa concision, son réalisme objectif, mais on ironise aussi en écrivant qu'une telle utilisation de la radio fait craindre aux autorités que « l'auditeur ne soit tiré de sa léthargie ». Le public était effectivement projeté, grâce à Bertolt Brecht et Kurt Weill, aux antipodes des rengaines d'opérettes que les émetteurs diffusaient à satiété. Quant à la très conservatrice *Zeitschrift für Musik* (Revue musicale), elle profite de l'occasion pour dénoncer les compositeurs modernes jouissant d'une popularité extrême auprès des autorités, qui monopolisent les médias comme de véritables gangsters et dilapident les fonds publics.

En fait, la plupart des manifestations artistiques de cette période qui se voulaient populaires, démocratiques, n'ont touché qu'une partie infime de la population. Leur réception est restée l'apanage d'une élite. Et si elles ont déclenché des discussions intellectuellement du plus haut intérêt, elles n'ont pu atteindre l'objectif que ses initiateurs leur avaient fixé : celui d'une culture démocratisée.

Mais, sous cet angle, la presse est encore plus caractéristique que la radio. L'âge d'or, pour les journaux, se situe entre 1927 et 1929. Les chiffres sont éloquents. Cette ville-journal qu'est alors devenu Berlin compte 147 quotidiens en 1927. Elle dispose de 2 633 journaux et publications périodiques en 1928, ce qui représente pour elle seule 26 p. cent de la production totale de la presse allemande.

Trois grandes maisons d'édition se disputent le monopole de cette presse : Mosse, Ullstein et Scherl, la plus conservatrice, dont les organes principaux sont le *Berliner Lokal-Anzeiger, Der Tag* et *Berliner Nacht-Ausgabe*. En marge existent des publications indépendantes, comme le quotidien libéral *Berliner Börsen-Courier*,

Haut : La maison d'édition Rudolf Mosse.
Bas : À la maison d'édition Scherl, préparation de la livraison des journaux.

l'hebdomadaire de gauche *Die Weltbühne*. Quant aux partis politiques, ils ont également leurs journaux : *Vorwärts* (En avant) pour le parti social-démocrate, *Die Rote Fahne* (Le Drapeau rouge) pour le parti communiste, et *Der Völkische Beobachter* (L'Observateur national-populaire, raciste) pour le parti national-socialiste. C'est une masse de papier énorme qui inonde Berlin chaque jour. Et pourtant elle sert bien peu, dans son pourcentage le plus élevé, à éveiller le sens critique de la population !

Scherl, Mosse, Ullstein ont leur siège dans le centre ville. Près de la place Dönhoff, Berlin possède son quartier de la presse, attenant au quartier des fabricants de vêtements. Le bâtiment le plus original est celui de la maison Mosse : construit sur quatre étages au lendemain de la guerre de 1870, il a été prolongé dans les années vingt, par l'architecte Erich Mendelsohn, de deux étages de verre et de béton en forme de tour. L'immeuble de Scherl est, lui, une sorte de forteresse moderne. Quant aux frères Ullstein, ils ont élu domicile dans un étrange château baroque à demi fini. Mais en janvier 1927 ils déménagent toutes leurs installations à Tempelhof, dans un nouveau bâtiment parfaitement fonctionnel de plus de quatre-vingts mètres de haut, comprenant un ensemble de six étages, surmonté d'une tour qui en fait huit : en Europe, c'est à l'époque la construction en béton la plus élevée qui existe.

Cette espèce de gratte-ciel peut être aperçu de très loin, mais sa hauteur inhabituelle n'est pas à la mesure, hélas, de l'action des publications de la maison Ullstein sur les Allemands ! La première place ne lui revient pas, elle est occupée par le consortium de presse que dirige Alfred Hugenberg. Il est impressionnant de voir à quel point les efforts de celui-ci, élu député du parti national-populaire en 1928, parviennent à influencer une part énorme de l'opinion publique en propageant l'antiparlementarisme et l'hostilité envers les institutions républicaines.

Son activité chez Krupp jusqu'en 1918 et son action ultérieure fondée sur le financement de l'industrie lourde illustrent la collusion du monde industriel et économique avec la diffusion d'idées réactionnaires. Membre de l'un des partis les plus puissants à la fin des années vingt, il réussit le tour de force de contrôler près de cinq cents quotidiens (la maison Scherl lui appartient), de même que les principales agences d'information, et la firme cinématographique UFA à partir de 1925.

Voici comment un journaliste français en poste à Berlin, Georges Blun, dépeint Hugenberg en 1928 :

« Il ne se passe pas un jour sans que ses journaux ne publient un article contre la France ou la Pologne, contre la Société des Nations ou contre Gustav Stresemann. La calomnie, l'altération systématique de la vérité, les faux caractérisés, sont les armes principales de Hugenberg et de sa presse. Tous les moyens leur sont bons. On dit que les correspondants que Hugenberg entretient à Paris, Londres, Rome et Washington ont reçu de lui l'ordre formel de n'envoyer que des dépêches ou articles qui peuvent être exploités contre la politique de Locarno et contre la France. Cet homme néfaste qui est à la fois un danger national et un péril international travaille pour la guerre avec la même ferveur et la même ténacité que le paisible entomologiste s'acharne à pourchasser les papillons et insectes dont il veut enrichir ses collections[2]. »

La presse des groupes Mosse et Ullstein fut incapable de rivaliser avec Hugenberg. Mais elle eut les journalistes les plus remarquables de la République de Weimar, soit au *Berliner Tageblatt*, soit au quotidien le plus ancien de Berlin et qu'on appelait « la tante Voss », *Die Vossische Zeitung*. Les pages culturelles du *Berliner Tageblatt* étaient d'une qualité exceptionnelle, réunissant Alfred Einstein pour la critique musicale, Alfred Kerr et Fritz Engel pour le théâtre. Quant à *Die Vossische Zeitung*, il possède une plume prestigieuse : Kurt Tucholsky. Collaborateur influent de *Die Weltbühne* par ailleurs, il en est le correspondant à Paris de 1924 à 1926.

Le journal berlinois le plus populaire est le *Berliner Börsen-Courier*, proche du parti de Gustav Stresemann. Par rapport aux monstres voisins de la presse Hugenberg, il représente toutefois peu de chose. Voulu moderne par ses éditeurs, il dispose lui aussi de pages culturelles de qualité, avec le critique théâtral Herbert Jhering notamment, principal concurrent d'Alfred Kerr. Leur rivalité durant toute la République de Weimar suscitait la curiosité des lecteurs. Elle ne se fondait pas sur des oppositions de caractère professionnel, mais sur la manière de concevoir la critique : si pour Kerr la critique elle-même devait s'élever au rang de l'œuvre d'art et viser la seule production artistique, Jhering mettait au contraire

2. Georges Blun, *L'Allemagne mise à nu*, Paris, la Nouvelle Société d'édition, 1928, p. 147-149.

Alfred Kerr, en 1927.

en avant l'environnement social, ce qui l'autorisait à réunir dans une même esthétique les noms de Brecht, Chaplin, Buster Keaton, Kurt Weill ou Otto Klemperer, artisans de « l'œuvre mixte ».

Carl Hagemann, témoin de l'époque, signale combien tous ceux qui, à Berlin, s'intéressaient d'une façon ou d'une autre au théâtre, lisaient le *Berliner Börsen-Courier* :

> « Tous les comédiens le lisent au café ou prennent connaissance dans leur loge, par l'intermédiaire d'un collègue, des nouvelles importantes qu'il publie. Auteurs dramatiques, compositeurs, éditeurs, employés des agences de spectacles, journalistes, personne ne peut s'en passer. Le *Berliner Börsen-Courier* a la rubrique théâtrale la plus volumineuse et la mieux renseignée de toute la presse quotidienne allemande. Aucune première ne lui échappe, aucun jubilé théâtral n'est passé sous silence, aucun événement scénique d'importance, de nature personnelle ou sociale, ne reste négligé. »

Ni à Berlin ni sur l'ensemble du territoire allemand, l'organe du parti social-démocrate, le *Vorwärts*, n'exerça d'influence culturelle marquante. En revanche, la presse communiste parvenait à toucher de très larges cercles de la population. À Berlin, elle disposait de deux quotidiens, *Die Rote Fahne* et *Die Welt am Abend*, et surtout du magazine illustré *Arbeiter-Illustrierte-Zeitung*, l'AIZ, vendu à plus de cinq cents mille exemplaires en 1930. Les photomontages de John Heartfield et de nombreuses collaborations d'écrivains, la variété des sujets abordés (la vie sportive, la condition féminine, la sexualité, etc.), les reportages d'actualité faisaient de l'AIZ une publication moderne.

L'équivalent de Hugenberg, dans cette presse communiste, était le député Willi Münzenberg, qui l'égalait dans les responsabilités, mais non, bien sûr, dans les moyens financiers. Grâce à son talent de propagandiste, il réussit à mettre sur pied un consortium journalistique parfaitement adapté aux besoins de l'époque, évitant le dogmatisme et s'adressant à des couches de lecteurs très diversifiées idéologiquement, jusqu'aux milieux bourgeois. Il s'occupa également de cinéma, prenant en 1925 la direction d'une firme rachetée par le parti communiste, Prometheus, qui assura surtout la diffusion de films soviétiques, dont celle du *Cuirassé Potemkine* d'Eisenstein.

La fin des années vingt consacre tout particulièrement l'épanouissement des périodiques. Leur nombre ne cesse de croître, passant de 3 764 en 1923 à 7 652 en 1931. Il y en a pour tous les goûts, pour toutes les tendances. À Berlin, l'hebdomadaire de gauche *Die Weltbühne* exerce une influence intellectuelle beaucoup plus grande qu'ailleurs, et pas seulement parce que sa rédaction s'y trouve installée. Ses articles trouvent aussitôt un écho dans la vie berlinoise, alors que son tirage, pour l'ensemble de l'Allemagne, est restreint : seize mille exemplaires. La raison en est que beaucoup d'entre eux sont d'un ton très direct et d'une verve polémique sur les problèmes les plus délicats, et qu'ils suscitent les attaques incessantes d'une presse de droite qui ne pardonne pas à Tucholsky son humour corrosif devant les prétendues valeurs germaniques, ni à Carl von Ossietzky, directeur du périodique, son pacifisme intransigeant.

Berlin possède aussi des feuilles satiriques : *Eulenspiegel*, qui publie notamment des dessins de Henrich Zille, le peintre de la vie populaire berlinoise ; *Ulk* (La Blague), supplément hebdomadaire du *Berliner Tageblatt* ; le journal humoristique du parti social-démocrate *Lachen Links* (Rire à gauche), de 1924 à 1927, et, durant la même période, *Der Knüppel* (La Matraque), son rival communiste. Dans ce domaine de la caricature, il faut dire que les artistes de gauche n'ont guère à craindre une concurrence de droite : à Berlin, ni le vieux *Kladderadatsch* (Charivari), toujours aussi conservateur depuis son soutien à Bismarck, ni les publications satiriques nazies *Die Brennessel* (L'Ortie) et *Die Zeitlupe* (La Loupe), apparues au début des années trente, ne peuvent se targuer d'influencer les foules.

En 1929, Georg Bernhard, rédacteur en chef du quotidien *Die Vossische Zeitung*, indique dans une étude sur la presse allemande que ses compatriotes ont un comportement tout à fait différent de celui des Anglais et des Américains à l'égard du journal. Ces derniers achètent leur journal dans la rue, et peu importe lequel, le premier qu'ils trouvent, ce qui les conduit à relativiser les informations qui leur sont données. Ce qui compte en Allemagne, au contraire, c'est l'abonnement, et l'Allemand ne lit que le journal auquel il est abonné : « L'Allemand a foi en son journal. Les hommes auxquels celui-ci accorde beaucoup de place sont pour lui de grands hommes... »

La presse berlinoise ne rayonnait pas sur l'ensemble du territoire allemand, elle était surtout destinée aux Berlinois. La seule publication à disposer d'une diffusion vraiment nationale était un magazine de divertissement à grand tirage, du genre de *l'Illustration* en France, le *Berliner Illustrierte*. Et, bien sûr, tous les relais régionaux du consortium Hugenberg ! Paradoxalement, les éditoriaux de Theodor Wolff dans le *Berliner Tageblatt* étaient régulièrement cités dans toute la presse étrangère, alors qu'en Allemagne ils n'étaient politiquement d'aucun poids.

Ville-radio et ville-journal, Berlin est donc resté sous la République de Weimar comme un îlot, érodé par le travail de sape des adversaires de la démocratie. Ses émetteurs radiophoniques tout comme sa presse ont participé activement à la diffusion d'une culture de haute qualité, en s'appuyant sur des écrivains, des artistes et des journalistes de très grande valeur. Mais sans résonance profonde dans l'ensemble de l'Allemagne, ces médias berlinois se sont finalement révélés impuissants à développer la démocratie dans toutes ses possibilités.

Pascal Huynh

4. *Retour de crise et violences politiques à la veille du Troisième Reich (1929-1933)*

Soucieux de régler le problème des dettes de l'Allemagne envers les Alliés, Gustav Stresemann, chef du gouvernement, décide au début de 1929 d'ouvrir des négociations avec les Américains pour remplacer le plan Dawes. Son idée est de payer ces dettes non plus par l'octroi de crédits américains, mais grâce à l'excédent des exportations allemandes. Un comité d'experts, présidé par Owen Young, met donc sur pied un nouveau plan qui va s'appeler le plan Young. Son élaboration est terminée en juin 1929 et son application prévue pour mai 1930. Malheureusement, Gustav Stresemann meurt en octobre 1929. Et surtout, alors que tous les instituts de prévision économique annonçaient une « conjoncture favorable pour les grands États industriels » et qu'un discours du président des États-Unis, Herbert Clark Hoover, venait d'exprimer le même optimisme, le krach de Wall Street éclate brutalement le 29 octobre 1929.

Ce « Jeudi noir » déclenche une formidable crise économique aux États-Unis, et comme l'Allemagne avait vécu jusque-là de crédits américains, elle est touchée directement presque aussitôt. De nouveaux prêts ne pouvant lui être accordés, et le remboursement des anciens lui étant réclamé, elle est confrontée rapidement à la paralysie de son système financier et à un bouleversement de son économie.

C'est la fin d'une relative prospérité, avec le retour d'un chômage bientôt massif. En février 1932, le nombre des chômeurs déclarés et enregistrés, sur vingt-deux millions de salariés, dépasse six millions et demi pour l'ensemble de l'Allemagne, contre à peu près cinq millions un an auparavant.

À Berlin, les réclames lumineuses continuent de flamboyer. La circulation des autos sur la place de Potsdam est toujours aussi intense ou presque. Mais le 1er septembre 1930, le nombre des chômeurs déclarés atteint 350 000, et 650 000 à la fin de 1932. Parmi eux, seuls 85 000 bénéficient de l'assurance-chômage, qui ne peut excéder treize semaines, et 168 000, ayant dépassé ce délai, reçoivent un secours exceptionnel de l'État. Selon les statistiques officielles, plus d'un million de demandeurs d'emploi se présentèrent en 1932 dans les bureaux municipaux. Des queues immenses devant les offices de placement, les bureaux d'allocation, les caisses de secours et les soupes populaires, tel était le spectacle quotidien de la rue.

Dans l'incapacité de faire fonctionner toutes ses institutions, la Ville de Berlin ferme trente-sept écoles et six hôpitaux. Tandis qu'en 1929, plus de 30 000 logements avaient été construits avec des subventions municipales, il n'y en a plus que 5 000 en 1931. L'urgence, il est vrai, ne s'imposait plus, car 3 000 de ces logements restaient inoccupés - les locataires éventuels n'étant pas en mesure de payer. Des familles entières avaient émigré à la campagne, ou campaient rudimentairement dans la banlieue, près des lacs.

On assiste au retour des violentes confrontations politiques. En mars 1929, l'accession de Heinrich Brüning au poste de chancelier ouvre une période de mesures autoritaires. De la misère galopante aux prétentions nazies de plus en plus agressives, la terreur est en marche. Les hordes brunes prennent l'habitude d'envahir les quartiers ouvriers, de saccager en toute impunité les permanences communistes et sociales-démocrates, de s'en prendre aux associations juives, et de molester les passants qui font mine de désapprouver leur comportement. Le 30 janvier 1933, le président de la République, Hindenburg, appelle tout à fait légalement Hitler à former un nouveau gouvernement.

Une guerre des rues

Eve Rosenhaft

Avec la crise économique, les quartiers ouvriers de Berlin, plongés dans la misère, sont la proie des militants nazis et de leurs Sections d'assaut, qui tentent de ravir leur suprématie aux communistes. Il en résulte des attentats incessants et des combats de rues. Non sans succès pour les nazis.

Au cours de l'automne 1931, la scène politique berlinoise connut toute une série d'attentats contre des tavernes fréquentées par les membres nazis des Sections d'assaut, les SA. Le 9 septembre, un SA qui montait la garde devant l'une de ces tavernes, à Kreuzberg, fut tué. Le 12, il y eut des échanges de coups de feu dans une autre taverne où se réunissaient les SA, dans le quartier de Schöneberg. Le 15 octobre, les tensions entre nazis et communistes atteignirent leur paroxysme à Neukölln et, suite à une fusillade, le patron d'une taverne trouva la mort. Quatre jours plus tard, eut lieu l'attaque d'une taverne non loin de l'Alexanderplatz : un nazi en resta paralysé.

Cette succession d'incidents marque le point culminant de la lutte que se livraient à Berlin les partis nazi et communiste afin de gagner ou conserver des zones d'influence dans la classe ouvrière. Tout au long de l'histoire de la République de Weimar, la politique fut toujours autre chose qu'une simple question de vote : c'était une affaire de slogans, de manifestations, de défilés sous l'uniforme des sections paramilitaires. Mais dans les années de crise, entre 1929 et 1933, la vie quotidienne fut soumise à une politisation générale et l'une des caractéristiques en fut l'augmentation inquiétante de la violence politique. Pour la Prusse seule, 55 personnes furent portées disparues entre janvier et novembre 1931, et 155 au cours de 1932, victimes pour la plupart d'attentats ou d'affrontements entre des petits groupes d'activistes armés.

De plus en plus, même si cette escalade dans la violence impliquait des membres de la police et de tous les partis, la majorité de ces incidents se produisait dans le contexte d'une bataille rangée entre nazis et communistes. En 1930, un SA tomba dans une embuscade au centre de Berlin, et le procureur de la République déclara à cette occasion :

> « Entre les partisans du parti communiste et ceux du parti national-socialiste dans le quartier surnommé "Fischerkietz" (le bouge des pêcheurs) une guérilla sanglante fait rage, dans laquelle les deux adversaires ne cessent de se lancer insultes, menaces et attaques, sans qu'il soit possible de décider lequel doit être considéré comme l'agresseur[1]. »

Les batailles de rues résultèrent, pour beaucoup, des positions mêmes adoptées par les partis communiste et nazi. Dans la mythologie politique de Berlin, les quartiers ouvriers de la ville étaient traditionnellement « rouges » depuis le XIXe siècle. L'idée d'un lien organique avec la classe ouvrière faisait la force et l'orgueil du parti communiste. Berlin représentait sa plus vaste zone d'influence : un dixième de tous les communistes d'Allemagne y habitaient. Lors des élections de juillet 1932, le parti communiste remporta la majorité dans tous les principaux quartiers ouvriers. En novembre, presque un tiers des électeurs de Berlin choisirent de voter communiste. Plus important encore était le lien privilégié que le parti communiste entretenait avec certains quartiers. Le plus connu de ces bastions était Wedding, rendu célèbre par la manifestation du 1er mai, en 1929, au cours de laquelle les forces de police avaient chargé brutalement et assiégé la Kösliner Straße, causant la mort de plus de trente civils[2]. Les ouvriers de Neukölln, impliqués dans les événements, étaient revendiqués par le parti communiste, tout comme les enclaves prolétaires de Kreuzberg, du centre de Berlin, de Schöneberg, de Charlottenbourg et du Tiergarten.

1. « Dossiers du procureur de Berlin » in *Archives du Land*, Berlin, rap. 58, dossier 2205, t. 1, p. 124.
2. La Bln 58/148, 63 sq.

Goebbels à l'assaut de la Babylone rouge

Les nazis firent de l'infiltration des fiefs communistes l'objectif principal de leur action à Berlin. À partir de 1933, du reste, les chroniqueurs officiels des SA accordèrent une place centrale à la victoire nazie sur la « Babylone rouge ». La section nazie de Berlin fut fondée au début de 1925, les SA au printemps de 1926, et, dès le début, ils consacrèrent tous leurs efforts à « la conquête de l'ouvrier allemand ». Après la nomination de Goebbels à la tête du parti national-socialiste dans la capitale, en novembre 1926, les nazis partirent officiellement « à l'assaut de Berlin » en organisant une série de réunions politiques houleuses dans le quartier industriel du sud-ouest de la ville. Le 11 février 1927, Goebbels en personne prit la parole dans la salle Pharus, au cœur de Wedding, où se tenaient traditionnellement les réunions du parti communiste, sur le thème du « déclin de la bourgeoisie ». Quatre personnes furent blessées dans les bagarres qui s'ensuivirent entre les nazis, les forces de l'ordre et les contre-manifestants.

Ces démonstrations de violence n'étaient pas accidentelles. Elles appartenaient à la technique nazie pour conquérir la classe ouvrière. Un mois plus tard, au retour d'une réunion où Goebbels avait déclaré que « le sang avait toujours été le meilleur ciment, et les unirait dans les luttes à venir », environ six cents SA berlinois se retrouvèrent dans un train pour s'opposer à un wagon de communistes en uniformes. L'un des chefs SA décrit la scène à la fin de la bataille :

> « Il y a des morceaux de verre, des mares de sang, des bouts de bois, et au moins deux cents pierres par terre. Le premier corps que l'on sort est celui d'un civil, le député communiste au Parlement de Prusse Paul Hoffmann. Son visage n'est qu'une masse informe ensanglantée. C'était l'un de ceux qui tirent les ficelles, de ceux qu'on ne peut pas avoir autrement. Il n'a eu que ce qu'il méritait. »

Les SA de Berlin mirent au point tout un dispositif d'incursions, de raids ou d'opérations de « nettoyage » dans les tavernes fréquentées par les communistes, ainsi que de marches organisées dans les quartiers ouvriers. En 1928 s'y ajouta la création des *Sturmlokale*, tavernes qui leur servaient de quartiers généraux dans les faubourgs ouvriers de la ville. Les social-démocrates et les communistes utilisaient depuis toujours certaines tavernes comme centres d'activités politiques et lieux de rencontre, mais le *Sturmlokal* était une institution différente : à la fois dortoir, soupe populaire et corps de garde, il représentait, pour reprendre les termes d'un chroniqueur nazi, « la position fortifiée dans la zone de combat ». Il devint ainsi l'instrument et le symbole apparent de la pénétration nazie en territoire communiste.

La réponse du parti communiste à cette propagande agressive fut d'adopter, dans la sienne propre, l'image du SA comme envahisseur, et de l'amplifier. Avec des slogans tels que « Berlin est rouge, Berlin restera rouge ! », il donna l'impression d'accroître ses prétentions à l'hégémonie. En même temps, il redoubla d'efforts pour organiser des formations de défense antifascistes : on estime de trois cents à cinq cents le nombre de détachements comptant de cinq à quatre-vingts membres. Malgré tout, les *Sturmlokale* nazis se multiplièrent dans le Berlin en crise et s'enfoncèrent de plus en plus au cœur du territoire communiste. Les huit SA qui, en 1929, habitaient la Kösliner Strasse, alors considérée comme « rouge », auraient dû faire plus de deux kilomètres pour atteindre la plus proche base des SA, dans Wedding : or, dès le milieu de 1932, il y avait trois *Sturmlokale* à quelques pas de cette rue. Cette prolifération reflétait une croissance réelle de l'influence du parti nazi dans les couches populaires. Aux élections législatives de septembre 1930, les nazis gagnèrent plus de 10 p. cent des suffrages dans tous les quartiers, à l'exception de Wedding. Parallèlement, les SA berlinois gagnèrent de plus en plus de jeunes ouvriers à leur cause, surtout parmi les chômeurs. Paradoxalement, c'est précisément au moment où les prétentions du parti communiste à l'hégémonie s'affirmaient avec le plus de force qu'il vit son influence contestée avec le plus de vigueur et, dans une certaine mesure, non sans succès.

Néanmoins, l'image du nazi comme intrus trouva un écho dans l'attitude du militant communiste de base. Le thème de la défense des quartiers ouvriers devint de plus en plus présent dans le discours des communistes, qui menèrent un combat physique contre les SA. Les références des communistes aux agressions physiques, réelles ou escomptées des SA, renforcent l'idée d'une menace radicale pesant sur l'ensemble de la communauté ouvrière. On retrouve également cette attitude dans les activités caractéristiques des milices antifascistes organisées par les communistes : elles patrouillaient dans les quartiers à la recherche des signes extérieurs d'appartenance au parti nazi, uniformes et insignes, pour les « confisquer ».

Les Sturmlokale

La vague d'attentats contre les tavernes nazies de l'automne 1931 traduit bien cette réponse à ce qui était ressenti par les communistes comme une menace sur leurs zones d'influence. Les deux partis entrèrent en concurrence pour asseoir leur politique en misant sur la déstabilisation des relations sociales engendrée par la crise économique. Les nazis progressèrent essentiellement à Berlin au cours de l'année 1932, et cela grâce à leurs efforts redoublés pour établir des *Sturmlokale*. Dès le mois d'avril, la presse communiste publiait une liste des « antres nazis du crime » dans la ville, avec cette mise en garde : « L'autodéfense est un droit légitime en cas d'agression. » À la fin du mois d'août, le parti communiste lança une campagne générale contre les tavernes brunes. Les sections locales du parti furent encouragées à organiser les habitants des quartiers touchés ; elles proposèrent des boycotts, des manifestations massives de protestation, et un système collectif d'autodéfense. En l'occurrence, il s'ensuivit un certain nombre de raids armés.

Dans Friedrichshain, Kreuzberg et Neukölln, les premiers *Sturmlokale* furent mis en place dans des zones d'influence communiste à la fin de l'été et à l'automne 1931. Dans tous ces quartiers, les nouvelles bases des SA introduisirent, au cœur des bastions du parti communiste, une présence policière nazie structurée, qui devint permanente après les premières manifestations d'hostilité populaire. La présence de ces tavernes dans la Richardstraße, à Neukölln et dans la Posener Straße, ainsi qu'à Friedrichshain, constituait un affront plus grave que partout, car ces mêmes tavernes avaient été à l'origine des lieux de réunion communistes[3].

Depuis son ouverture, vingt-six ans auparavant, des groupes divers s'étaient succédé, par exemple, dans la taverne située au 36 de la Richardstraße. Avant 1914, elle avait servi de lieu de rencontre à l'association protestante Gotteshilfe. Depuis 1919, elle était

3. Documents sur la Richardstraße et la Posener Straße : La Bln 58/29 et 2624.

Un lieu de rendez-vous des SA, attaqués par les antifascistes (photo de Walter Ballhause).

fréquentée par des clubs sportifs et des groupements politiques de gauche. Son propriétaire, un ancien agent immobilier, avait repris le local en octobre 1929 avec ce qui lui restait d'économies après un investissement malheureux à Magdebourg, sa ville natale. Les communistes du quartier fréquentaient son café, mais leur clientèle lui apportait de moins en moins de bénéfices. La crise économique élargit le fossé entre la part que ces communistes pouvaient consacrer au boire et au manger, et ce qu'il fallait au patron pour survivre.

À la fin de l'été 1931, celui-ci ne fut que trop heureux d'accepter la proposition du chef de la section locale des SA : les nazis lui garantissaient la vente d'un tonneau de bière par jour s'il acceptait de mettre sa taverne à leur disposition. Il demanda conseil au commissaire de police du quartier, qui l'assura qu'il ne courait aucun danger en acceptant de recevoir les SA. Dès qu'ils connurent ses intentions, ses clients de gauche cessèrent de fréquenter sa taverne. Même si, en principe, il ne trouvait rien à redire à ses anciens clients, le patron adhéra au parti nazi peu après, « pour des raisons commerciales ». Le 26 août, la section 21 des SA de Neukölln prit possession des lieux. Très peu de temps après, on commença à raconter que les SA urinaient dans les couloirs de l'immeuble, brandissaient leurs pistolets devant les enfants qui jouaient dans la cour, et menaçaient de tirer dans les fenêtres des locataires. Ces derniers organisèrent une grève des loyers, mais sans réussir à contraindre le tenancier d'expulser les SA : ils étaient trop nombreux à bénéficier d'une allocation et, par conséquent, il leur était impossible de ne pas payer leur loyer, sous peine de se la voir supprimer. En fin de compte, les communistes organisèrent une manifestation contre la taverne ; des coups de revolver furent tirés, le propriétaire fut tué, et quatre consommateurs blessés.

Un attentat contre le *Sturmlokal* du 25 de la Posener Straße, dans le quartier de Friedrichshain, survint le 10 décembre 1931, dans un contexte similaire. Le propriétaire était aussi un nouveau venu dans le quartier. Il avait repris la taverne en septembre de l'année précédente, renonçant à son épicerie fine dans le faubourg bourgeois de Zehlendorf. La taverne était le lieu où se tenaient les réunions de la cellule communiste locale. Elle servait aussi lors des sessions extraordinaires des permanents du parti communiste et de l'Association prolétarienne des libres-penseurs. Vers la fin novembre, selon son propre témoignage, le patron avait reçu la visite d'un nazi habitant non loin de là : « Il m'a demandé, entre autres, si j'arrivais à survivre avec aussi peu de clients, et quelles étaient mes opinions politiques. » Le nazi lui proposa ensuite d'utiliser de temps en temps son arrière-salle pour des réunions. Les SA de Friedrichshain se trouvaient à l'étroit dans leur vieux *Sturmlokal*, et la toute nouvelle section 36 avait besoin d'un lieu de rassemblement. « Étant donné que les communistes [...] ne venaient plus aussi souvent chez moi, je n'avais pas d'objection de principe », explique le patron. Il se contenta de demander aux nazis de se cantonner à l'arrière-salle pour éviter les ennuis. Les membres de la cellule communiste reconnurent par la suite que le patron de la taverne les avait prévenus de son intention d'accepter chez lui les nazis, qui lui avaient promis de consommer au moins trente fûts de bière par mois.

Au matin du 29 novembre, un groupe de nazis entra dans l'établissement. Ils passèrent trois quarts d'heure à jouer aux cartes et à boire de la bière, observés par des communistes isolés qui entraient et ressortaient aussitôt, sans mot dire. Le même après-midi, le propriétaire reçut la visite des responsables de la cellule, qui protestèrent contre la présence des nazis. « Je leur ai fait remarquer qu'ils m'avaient complètement laissé tomber ces derniers temps, et que, de toute façon, ça m'était égal de savoir qui buvait une bière dans mon café. » Ce à quoi le secrétaire de cellule du parti communiste répondit : « Ce n'est pas aussi simple, même pour vous, il vous faut bien l'admettre. Ou les nazis s'installent ou, nous, nous restons... Vous n'êtes plus à Steglitz ou ailleurs. Ici, vous êtes dans un vrai quartier ouvrier. » Devant les manifestations de protestation le patron fut contraint, au cours des semaines suivantes, de demander qu'un policier d'une brigade spéciale reste en faction devant son établissement.

Multiplication des conflits sociaux

Un patron de café nouveau dans le quartier, un chiffre de vente en baisse, une offre faite par les SA : tous ces éléments reflètent très précisément les conditions endémiques à partir de 1929. Entre 1929 et 1933, la consommation de bière par habitant en Allemagne chuta de 43 p. cent. Dans une lettre datée de février 1932, adressée au quotidien social-démocrate de Berlin, un patron de taverne estimait que les trois quarts de ses collègues étaient « ruinés ou au bord de la ruine », à cause de l'augmentation des taxes et de la baisse des recettes. Lui-même n'était plus en mesure de payer sa prime d'assurance maladie ni sa cotisation syndicale[4]. Les tavernes devaient se trouver de nouveaux propriétaires, voire parfois une nouvelle clientèle. Mais dans les revers de fortune d'une taverne de quartier, il y avait un autre enjeu qu'une simple succession de transactions financières : l'attitude de la population locale vis-à-vis de « son » bar fait que la relation de base, fondée sur un rapport d'argent, est masquée par une rhétorique de l'hospitalité (celle de l'hôte et de ses invités) pour l'une des parties, et par un droit coutumier d'occupation, qui semble acquis par la libre entrée et la fréquentation régulière du lieu, pour l'autre partie. Le choc causé par le départ d'un patron de café, ou la méfiance à l'égard d'un nouveau venu, est donc particulièrement aigu, car il s'agit là d'un rôle social fondamental.

L'une des conséquences de la crise économique fut donc d'exacerber les divisions et les conflits sociaux qui existaient depuis toujours dans les quartiers dits « ouvriers » : entre locataires et propriétaires, clients et commerçants, ou bien encore entre voisins au mode de vie et aux principes de respectabilité différents, qu'ils appartiennent à des classes sociales différentes ou à des couches différentes de la même classe. Si l'on s'éloigne de la bataille de rue proprement dite, on retrouve le même processus de politisation (et en même temps de résolution par la force) des conflits sociaux, à mesure qu'ils s'aggravent. Les grèves des loyers se multipliaient, encouragées par les communistes, et souvent soutenues ouvertement par les nazis. Les communistes s'employaient à organiser des « Groupes de défense des locataires », afin d'empêcher les expulsions. Des clubs, constitués principalement de jeunes sans qualification, étaient confrontés à la nécessité de survivre à mesure que leurs membres se retrouvaient sans travail, réduits au vagabondage.

Étant donné que leurs activités empiétaient sur les zones d'influence au sein des quartiers, ils devinrent tout naturellement des candidats au recrutement, tant pour les nazis que pour les communistes. Les écoles progressistes laïques, qui furent fondées dans les quartiers ouvriers après 1919, devinrent elles aussi le théâtre du

4. *Vorwärts*, 26 février 1932 (édition du matin).

conflit politique : au cours de l'année 1930, les communistes appelèrent à la grève dans les écoles, pour protester contre les réductions du budget dans l'éducation, tandis que les nazis s'employaient à mobiliser élèves et parents, et que le gouvernement régional prussien réclamait des mesures contre la subversion politique à l'école.

Un incident qui se produisit dans une école progressiste de Neukölln, réputée pour avoir facilité l'entente entre parents et professeurs de religions différentes, illustre bien les difficultés rencontrées[5]. Au début de l'été 1932, les élèves d'une classe étaient partis en excursion avec leur professeur dans un village des environs. Pendant les quelques jours passés à la campagne, les élèves avaient pris trois repas par jour à l'auberge de jeunesse. Mais, à leur retour, certains parents s'étaient plaints au directeur, en disant que ces repas (essentiellement des ragoûts et des soupes) n'avaient pas été assez copieux. L'enquête auprès des élèves et de leurs parents révéla que le professeur avait menacé d'écourter l'excursion s'il devait y avoir d'autres pauses pour manger. Il avait également eu recours au rationnement comme mesure disciplinaire, et il avait personnellement censuré les cartes postales que les enfants avaient envoyées à leurs parents pour leur demander de venir les chercher à la gare en leur apportant de la nourriture. Trois enfants avaient même été surpris, découvrit-on, à mendier des miettes de gâteau dans une boulangerie.

Il est certain, telle fut la conclusion du directeur et d'autres collègues qui avaient mené l'enquête, que « les choses ne s'étaient pas passées exactement comme elles auraient dû » au cours de cette excursion. Mais le professeur accusé par les parents ne manifesta pas le moindre repentir. Selon lui, les frais avaient été réduits au minimum. Quant à la nourriture, elle était, par la quantité et le type de repas, comparable à celle qui était donnée dans les maisons de redressement ; par conséquent, elle ne pouvait être insuffisante. Il dénonça à la fois le manquement au règlement de la part des parents, qui s'étaient plaints au directeur au lieu de s'adresser à lui, et le fait que l'on avait discuté de la question avec les élèves. Il profita même d'une réunion avec les parents pour exprimer ses doutes sur l'utilité de leur participation à la vie scolaire. Au conseil des professeurs qui suivit, il décrivit les événements

5. La Bln, rap. 214, dossier 525, vol. 34.

comme une « chasse aux sorcières » et déclara qu'il « ne voyait pas l'intérêt de travailler dans une école politisée ». Peu de temps après, il demanda sa mutation pour un quartier aisé, où il n'y avait pas d'écoles progressistes.

Ouvriers = chômeurs = violence

Cet empressement à exprimer les conflits d'intérêts en termes politiques, ainsi que l'irritabilité politique qui conduisait à la violence, trouvent donc une explication dans les privations, dans la nécessité de se battre pour se procurer de quoi manger, et dans l'absence d'espoir de tout changement dans la vie quotidienne. Le parti communiste était typiquement (mais non exclusivement) le parti des victimes de la rationalisation économique, à savoir les jeunes, les ouvriers peu qualifiés et les chômeurs chroniques. À Berlin, les fiefs communistes étaient généralement les parties les plus pauvres des quartiers les plus pauvres, ceux qu'on appelait souvent « les zones dangereuses », les anciens taudis plutôt que les logements sociaux nouveau modèle. Le parti communiste, cependant, visait à une hégémonie sur l'ensemble de ces quartiers.

Or il existait des différences réelles d'intérêts et de modes de vie entre les diverses populations. La rhétorique nazie joua sur ces différences, insistant sur la nécessité de se libérer de l'emprise du « marxisme ». Les slogans étaient ouvertement antisocialistes, mais ostensiblement non antiprolétariens. Ainsi les paroles de cette marche des SA du quartier de Kreuzberg :

> « À quartier ouvrier, misère profonde,
> mais la foi en l'Allemagne n'est pas morte.
> Sud-Est rouge, un vrai coupe-gorge,
> toutes les semaines, y a une autre victime.
> Mais le drapeau de Hitler est planté fermement
> au cœur du repaire des assassins de Moscou. »

Cette vision du quartier, lieu de conflit et de coercition, était parfaitement adaptée à une situation où les différences sociales, qui avaient toujours existé, étaient aiguisées par des difficultés matérielles. Elle trouva un écho chez ceux qui vivaient le mythe de Berlin le Rouge comme un rejet de leur expression sociale ou politique :

les ouvriers non socialistes et les membres de la petite-bourgeoisie, surtout lorsque les liens qui les rattachaient à leurs voisins socialistes et ouvriers s'étaient usés. Quant à l'érosion des barrières de sécurité, créées par les coutumes et la respectabilité, qui les avaient jusqu'ici maintenus séparés, elle n'avait pas manqué d'être, bien évidemment, un autre facteur de troubles.

Les rues et les quartiers du Berlin ouvrier durant cette période étaient caractérisés dans l'esprit du public non seulement par une montée de la violence politique, mais aussi par un surpeuplement chronique, capable de mettre en échec toute notion de convenance dans le comportement public. Ils pouvaient même être perçus comme franchement menaçants. On voyait partout des groupes de désœuvrés. Ils se déversaient dans la rue en sortant des agences pour l'emploi. Ils dormaient dans les bibliothèques municipales. Ils erraient, occupaient les parcs publics, chassant les enfants de leurs aires de jeu et les retraités de leurs bancs : « Les personnes âgées passent timidement devant ces bancs qui ont été les leurs pendant des années. Les gardiens n'osent pas intervenir[6]. » Les témoins de cette époque évoquent très précisément la crainte de perdre la disposition de son espace habituel, qu'on soit de droite ou de gauche. La fille de l'une des employées d'une soupe populaire des SA de Kreuzberg avant 1933 rapporte ce qui fut pour elle le souvenir le plus marquant de ces années de crise :

> « Quand nous descendions Marienplatz, toute la place était remplie d'hommes de tous âges. Ils jouaient aux cartes. »

Une femme décrit en ces termes la première phase du régime nazi :

> « Il n'y avait plus de privations, plus de souffrances ; on se sentait tellement en sécurité dans les rues que les gens ne fermaient plus leur porte à clé, il n'y avait plus de crimes comme avant[7]. »

La soudaineté avec laquelle les rues furent « libérées » a marqué la mémoire des Berlinois qui n'avaient pas d'appartenance poli-

---

6. B.N. Haken, *Stempelchronik 261*, Hambourg, Hanseatische Verlaganstalt, 1932, p. 26.
7. Les deux citations sont d'Ingrid Wittmann, « Und es ging ja auch voran, nicht wahr : Spurensicherung durch Interviewes », in Berliner Geschichtewerkstatt (éd.), *Projekt Spurensicherung. Alltag und Widerstand im Berlin der dreissiger Jahre*, Berlin, Elefanten Press, 1983, p. 51, 53.

tique nette. C'était pour eux la preuve que le nouveau régime avait réussi à créer des emplois. En fait, il s'agissait des premières conséquences de la terreur nazie et de l'introduction de mesures draconiennes contre les « parasites », c'est-à-dire d'un trompe-l'œil. La conviction que les nazis assuraient la sécurité, non seulement des rues mais aussi des foyers, mérite cependant quelque considération, car elle reflète à quel point, durant ces années, les rapports sociaux ont pu être bouleversés dans la vie quotidienne d'une métropole ouvrière comme Berlin.

Traduit de l'anglais par Sylvie Ohlmann.

Eve Rosenhaft

Effets de crise au quotidien

Jürgen Kuczynski

Berlin est toujours resté une ville de gauche sous la République de Weimar, et en ce sens la capitale de l'Allemagne était en décalage par rapport au reste du pays. Mais elle l'était aussi par un chômage beaucoup plus intense qu'ailleurs. Les difficultés d'existence n'y ont jamais été aussi grandes qu'en 1931-1932.

Si l'on considère les résultats des élections législatives dans l'ensemble de l'Allemagne de 1928 à 1932, on s'aperçoit que les nazis obtenaient un nombre de voix très faible en mai 1928 et qu'en juillet 1932 ils dépassaient les communistes et les social-démocrates réunis. Quant aux communistes, leur score équivalait à un peu moins d'un tiers de celui des social-démocrates en mai 1928, et en novembre 1932 ils parvenaient presque à égaler ces derniers.

À Berlin, les rapports étaient différents. Même lors du scrutin du 31 juillet 1932, qui fut un énorme succès pour les nazis, les communistes se retrouvèrent de façon tout à fait évidente en première position, et les nazis, de façon tout aussi évidente, à la troisième place. Politiquement, Berlin était beaucoup plus nettement à gauche que l'ensemble du territoire allemand.

Quelle politisation ?

Mais à Berlin aussi la politique, dans la vie de tous les jours, accentua les clivages. Votaient surtout pour lesdits national-socialistes les classes moyennes (à Berlin, les paysans et ouvriers agricoles, qui leur ont apporté en juillet 1932 un soutien prépondérant, ne jouaient aucun rôle) et des chômeurs. Les social-démocrates obtenaient leurs voix principalement d'ouvriers et d'employés. Les communistes, également d'ouvriers pour l'essentiel, dont tout particulièrement les chômeurs.

Néanmoins, même à la fin de 1932 et au début de 1933, l'influence du mode de pensée social-démocrate, par rapport à celui des communistes, marquait les ouvriers. Le dernier jour encore de la République de Weimar, ce ne furent pas simplement les directions du parti social-démocrate et des syndicats qui, à Berlin comme dans toute l'Allemagne, refusèrent de répondre au mot d'ordre de grève générale lancé par les communistes, mais, à l'exception d'une petite localité du Wurtemberg, la totalité des masses ouvrières. Les dirigeants du parti social-démocrate, tout éloignés qu'ils étaient de la vie quotidienne des ouvriers, de leurs réactions au jour le jour, avaient une véritable audience en avançant l'idée d'un compromis nécessaire avec les circonstances : la classe ouvrière, en cette situation critique, les suivait, et, bien sûr, les employés aussi, communistes ou social-démocrates. Décalage notable entre les votes et, dans le domaine concret, l'exercice de la grève ! Pas plus que dans le

ÉLECTIONS LÉGISLATIVES EN ALLEMAGNE DE 1928 À 1932
NOMBRE DE VOIX EXPRIMÉES EN MILLIONS

DATES	PARTI SOCIAL-DÉMOCRATE (SPD)	PARTI COMMUNISTE (KPD)	PARTI NATIONAL-SOCIALISTE (NSDAP)	TOTAL DES SUFFRAGES
20-5-1928	9,2	3,3	0,8	31,2
14-9-1930	8,6	4,6	6,4	35,2
31-7-1932	8,0	5,3	13,7	37,1
6-11-1932	7,2	6,0	11,7	35,8

RÉSULTATS DES ÉLECTIONS LÉGISLATIVES À BERLIN LE 31 JUILLET 1932
NOMBRE DES SUFFRAGES EXPRIMÉS : 1 141 023

Parti communiste	382 317 voix
Parti social-démocrate	318 950 voix
Parti national-socialiste	280 295 voix

reste de l'Allemagne, il ne pouvait être question à Berlin d'une protestation de nature révolutionnaire.

Ce qui eut lieu ici et là, mais il faut les distinguer de ce type de protestation, ce sont des combats de rues à caractère terroriste. À Berlin, ils se sont accrus particulièrement, atteignant leur apogée au cours de 1932. Et de même que pratique électorale et disponibilité à l'action révolutionnaire s'opposaient aussi catégoriquement, de même les théories et propagandes social-démocrates et communistes ont-elles, beaucoup plus que dans les entreprises, différé selon les quartiers. Si, dans les quartiers ouvriers, les nervis nazis s'en prenaient surtout aux communistes, ils n'épargnaient pas non plus les social-démocrates. Donc, dans ces quartiers, social-démocrates et communistes étaient amenés à s'épauler mutuellement.

Ce qu'il faut bien constater, même si l'on est d'avis que, dans la division entre les deux partis, les fautes politiques ont été aussi graves d'un côté que de l'autre, voire que celles de la direction du parti communiste ont été plus importantes, c'est qu'à la base, à Berlin, l'abnégation des militants communistes, dans leur combat quotidien, n'avait nulle part sa pareille. Certes, dès 1931 et encore plus à partir de 1932, la proportion de chômeurs était bien plus forte parmi les communistes que parmi les social-démocrates, et ces chômeurs disposaient donc de davantage de temps pour militer. Mais ce militantisme était également des plus intenses chez les communistes qui n'avaient pas perdu leur emploi. Parti de masse, le KPD était beaucoup plus engagé, beaucoup plus actif que le SPD dans un travail politique régulier collant à l'actualité et aux problèmes de la vie quotidienne. Et même si, sous cet aspect, les nazis, le parti national-socialiste, dépassaient le parti social-démocrate, ils n'arrivaient pas à la hauteur des communistes. Pour prendre une donnée statistique élémentaire, relevant pleinement du quotidien : à Berlin, de tous les adhérents à des partis, les communistes étaient ceux qui comptabilisaient, la nuit, le moins d'heures de sommeil. La raison en était exclusivement leur activité politique, bien sûr. À cet égard, il n'existait qu'un endroit où, malgré les différences d'opinion politique, régnait alors l'égalité devant le sommeil : la prison, le bagne. Et là encore, il faut bien le dire, les communistes avaient l'« avantage », dans la mesure où le pourcentage de leurs condamnés pour motifs politiques était bien plus élevé que parmi les membres des autres partis.

L'agitation et la propagande constituaient une part importante du militantisme quotidien, et, pour cette dernière, le travail autour de la presse. Les publications diffusées dans les entreprises, dans les quartiers, depuis le journal à parution régulière jusqu'au tract sur un événement ponctuel, avaient une importance considérable. Des milliers et, à la fin de 1932, des dizaines de milliers de gens s'occupaient, à Berlin, à mettre au point toute cette production. Quel mal, souvent, coûtaient l'élaboration du texte et, techniquement, son impression ! Quant à sa diffusion, ne fût-ce que pour l'introduire clandestinement dans les entreprises, elle exigeait toutes sortes de ruses, et beaucoup de courage.

Dans la presse de gauche de diffusion nationale, particulièrement importants étaient les « correspondants ouvriers », dont le travail ne saurait être assez apprécié, hier comme aujourd'hui, pour se rendre compte, à travers l'image qu'ils en donnaient, des problèmes quotidiens de ces années. Du côté de *Die Rote Fahne* (Le Drapeau rouge), l'organe central du parti communiste, la formation de « correspondants ouvriers » avait été conçue de façon méthodique. Karl Grünberg, dans son livre *Épisodes*, en parle en ces termes :

> « À l'occasion du cycle de formation qui m'avait été confié et qui était destiné aux correspondants ouvriers, je donnai pour tâche à chaque participant de rapporter dans les quinze jours le compte rendu personnel d'un événement comme il aimerait en lire un dans *Die Rote Fahne*, et puis nous verrions ensemble ce qu'il y avait de bon et de mauvais dans tout ça. Mais ils revinrent presque tous les mains vides, en prétextant qu'ils n'avaient pas trouvé de sujet sur quoi écrire ! Ce qui manquait donc à nos futurs correspondants, c'était le plus important quand on voulait manifester des aptitudes de journaliste, à savoir la capacité de se servir de ses yeux et de ses oreilles.
>
> « Je me suis alors rendu avec mes élèves dans un endroit animé, sur l'Alexanderplatz, tout près du local enfumé où, dans Elisabethstraße, nous tenions nos séances. De la matière, il y en avait ! Côte à côte, des vitrines flamboyantes et des invalides de guerre en train de mendier, des autos de luxe aux occupants couverts de manteaux de fourrure et des filles faméliques qui faisaient le trottoir, venant peut-être à peine d'échouer dans l'armée des chômeurs. Des paniers à salade qui prenaient leurs virages pour passer le porche de la préfecture de

police, et des femmes d'ouvriers aux visages rongés de chagrin, comptant à la dérobée leur maigre monnaie à l'entrée des halles du marché central.
« Est-ce que tout cela ne donnait pas à un prolétaire matière à écrire, à mettre des idées sur le papier ?... Mais, à les en croire, dans les entreprises il ne se passait rien non plus. Aussi ai-je accompagné quelques-uns de nos reporters en herbe à leur réunion de cellule, et j'ai posé un certain nombre de questions. Il en est sorti, comme par hasard, de quoi remplir des pages et des pages ! Dès lors, les articles arrivèrent, et avec les discussions, les critiques en commun, ils sont devenus plus concis, mieux écrits, et aussi plus nombreux. »

Jamais dans l'histoire de l'Allemagne, on peut le dire, les ouvriers et les employés n'ont été aussi fortement politisés que dans cette période 1930-1932, et voilà qui vaut en particulier pour Berlin. En revanche, les classes moyennes n'accédèrent, elles, au plus haut degré de politisation que sous le Troisième Reich.

Le poids du chômage

Alors qu'entre 1919 et 1923, c'est l'inflation qui domine la vie quotidienne de la grande majorité du peuple allemand - et ses effets ne furent pas des moindres à Berlin -, de 1929 à 1932, c'est le chômage. Préoccupation essentielle tant pour les chômeurs eux-mêmes que pour une grande partie des travailleurs en activité, dans la mesure où ils vivaient dans l'angoisse de se trouver sans emploi ! En juillet 1932, l'ensemble du territoire allemand comptait 5 392 248 chômeurs déclarés, dont 598 846 à Berlin. À ce nombre, il faut ajouter ceux qu'on appelait des assistés sociaux : 2 229 008 pour toute l'Allemagne, et 265 570 à Berlin. Quant aux actifs, ils étaient respectivement 32 009 000 et 2 184 000. Donc, tandis que Berlin comptait 7 p. cent du nombre total des actifs, il représentait plus de 10 p. cent du nombre total des chômeurs.

Ce qui signifie qu'à Berlin le chômage frappait ouvriers et employés dans une proportion bien plus forte qu'ailleurs. Et cela, dans une ville où le nombre des fonctionnaires jouissant d'un emploi garanti était particulièrement élevé. Sur l'isolement progressif des chômeurs berlinois, voici ce qu'écrit B. Nelissen Haken dans un ouvrage paru en 1932, *Chronique de ceux qui pointent au bureau de chômage*, montrant l'état d'esprit de l'un d'eux :

> « À l'occasion, certaines de ses connaissances lui parlent encore, mais quelle conversation auraient-elles vraiment avec lui ? Sa profession, c'est chômeur. Comment pourrait-on, avec lui, parler de ça ? Oui, peut-être que le chômage, ça peut faire un sujet de conversation. Mais le chômage, en parler c'est une chose. Et ensuite ? Ensuite, on n'a aucun réconfort à lui apporter. Pourtant, il n'évite pas encore ce genre de rencontres. Car il ne faut pas perdre le contact, bon Dieu, le contact !... »

De façon bien plus simple encore, Haken se contente de reproduire suggestivement le contenu d'une pancarte : « À l'entrée d'un musée de la Gemeindestraße, à Berlin, on peut lire en 1931 que pour hommes et femmes le prix de la visite est de trente pfennigs. Pour les sans-emploi et les enfants, il est de quinze pfennigs. » Autrement dit, les chômeurs sont devenus socialement des parias même s'ils ne sont pas encore devenus politiquement des parias, comme c'est souvent le cas aujourd'hui. De puissantes manifestations de chômeurs sont organisées, de longs défilés, des rassemblements de protestation ont lieu dans les rues. Et de violentes discussions résonnent dans les bureaux de chômage, où fréquemment, pour obtenir leurs allocations ou des renseignements sur d'éventuelles offres d'emploi, il leur faut attendre des heures.

Parallèlement au chômage, et en étroite relation avec lui, se développe dans des proportions extraordinaires la pression sur ceux qui ont encore du travail. Bien peu nombreux alors, vu la crainte d'être licenciés, les ouvriers qui s'opposent à la hausse constante des cadences dans les entreprises ! Durant les crises économiques des périodes précédentes, la productivité par tête avait en général baissé, car, et ce n'en est pas la moindre raison, les entreprises désiraient conserver les travailleurs les plus anciennement qualifiés, quitte à leur donner des tâches réduites. Il y avait eu d'autre part des périodes où, dans de très nombreuses entreprises, le salaire de chaque travailleur, pris à part, diminuait, mais où finalement les salaires moyens augmentaient, car seuls restaient en activité les ouvriers les plus qualifiés. À Berlin, et dans les autres grandes villes industrielles, cette situation changea entre 1930 et 1932 : les ouvriers furent mis à pied sans considération de leur degré de qualification. L'évolu-

Haut : La foule touchée par la crise, devant une banque, en 1931.
Bas : Chômeurs (photo de Walter Ballhause).

tion technique, il est vrai, et surtout le travail à la chaîne, avait conduit à utiliser de moins en moins de travailleurs qualifiés.

Quelle culture ?

Et qu'en était-il, dans le cadre du mouvement ouvrier, du rôle de la culture ? Qu'on ne se fasse pas d'illusion sur les lectures les plus courantes de la population berlinoise ! Dans la majorité de la classe ouvrière, on lisait, quand on avait un peu de temps libre le soir, des « navets réactionnaires », et ces habitudes de lecture étaient celles de la population active comme des chômeurs, des non-politisés comme de ceux qui étaient politiquement organisés. Tous les centres de formation, tous les établissements d'enseignement qu'entretenaient les syndicats, la social-démocratie et le parti communiste n'y faisaient rien !

Malgré tout, justement en ces années de crise, la fréquentation de ces institutions augmenta chez les ouvriers, nombre de chômeurs pensant à bon droit qu'ils pouvaient y passer utilement leur temps. Chez les communistes, l'accent était mis dans les cours, beaucoup plus que chez les social-démocrates, sur les matières scientifiques, l'économie politique, la philosophie. La différence tenait à un autre aspect, celui des principes pédagogiques. Edwin Hörnle les avait définis devant le IVe Congrès de l'Internationale Communiste, et ils étaient appliqués à Berlin : l'élève ne devait plus être un réservoir passif, ne devait plus mémoriser un savoir tout prêt, mais il avait à acquérir la capacité d'analyser par lui-même la situation économique et politique.

À la MASCH, l'école marxiste ouvrière, l'enseignement était donné à Berlin selon ces principes. Einstein lui-même y tint une conférence. Au cours de l'hiver 1932-1933, deux cent dix cours réguliers y étaient dispensés. Les programmes portaient sur le marxisme, l'apprentissage des langues, la médecine et les questions sexuelles, ainsi que sur les beaux-arts et la littérature. À l'époque, quatre à cinq mille inscrits par trimestre suivaient ces cours de la MASCH, chiffres qui n'étaient pas inférieurs de beaucoup à ceux de l'université.

Des conditions d'existence difficiles

Mais, pour beaucoup, ces efforts d'instruction étaient freinés par des conditions d'existence extrêmement difficiles. Entre 1927 et 1932, même dans les meilleures années, les salaires nets n'atteignaient pas le minimum vital officiellement défini, et dans les pires ils se situaient nettement plus bas. En 1932, ils atteignaient à peu près la moitié de ce minimum. Il aurait fallu doubler les salaires nets de 100 p. cent pour arriver à Berlin à un budget-type paraissant rejoindre le minimum vital.

Dans ces circonstances, il n'est pas étonnant qu'un grand nombre de travailleurs ait trimé pour fournir, dans la mesure où la fatigue physique de la journée normale de travail le leur permettait, un travail supplémentaire. Ce qui naturellement, selon une effroyable dialectique, amenait une nouvelle pression sur les salaires, car le patron en tirait argument : il ne voyait pas la nécessité d'augmenter l'ouvrier, puisque celui-ci gagnait autre chose par ailleurs. De ce fait, les heures supplémentaires ont été plus ou moins généralisées : ou bien on travaillait au noir, ou bien on avait pratiquement un second métier. Il faut tenir compte aussi du petit bout de jardin que beaucoup d'ouvriers cultivaient traditionnellement aux abords de Berlin.

Que la santé ait souffert de la malnutrition et de ces conditions de travail, c'est évident. Qu'à l'inverse les ouvriers et employés tombés malades aient appréhendé, en ces temps de chômage croissant, de s'absenter de leur travail, est tout aussi compréhensible. Rien d'étonnant, donc, si l'état de santé de beaucoup de Berlinois s'est, à cette époque, fortement détérioré, avec toutes les conséquences physiques et psychiques qui en découlent.

Devant les difficultés de la vie quotidienne dans ce Berlin enfermé dans la crise, peut-on imaginer conclusion plus logique et plus naturelle ?

Traduit de l'allemand par François Wirth.

Jürgen Kuczynski

Artiste et militant, John Heartfield

Jean-Michel Palmier

Ancien dadaïste et communiste, inventeur du photomontage, Helmut Herzfelde, qui anglicisa son nom en John Heartfield pendant la Première Guerre mondiale en guise de protestation, est par son art le grand témoin de son époque. Ses affiches, ses illustrations dans le magazine communiste Arbeiter-Illustrierte-Zeitung *étaient connues d'un immense public. Les nazis le poursuivirent tout particulièrement de leur haine.*

C'est une lente métamorphose qui a fait John Heartfield de celui qui s'appelait Helmut Herzfelde. Il naquit à Berlin le 19 juin 1891. La conscience politique dont témoignent ses premiers engagements est inséparable de son milieu familial. Son père, Franz Herzfeld, membre du parti social-démocrate et poète sous le nom de Franz Held, fut un adversaire acharné de Bismarck. Accusé de blasphème, ce père dut se réfugier avec sa famille en Suisse, puis en Autriche. Orphelin en 1898, Helmut est recueilli un peu plus tard à Berlin par son oncle Joseph Herzfeld, député social-démocrate, et après les années d'école primaire il est placé en apprentissage à Wiesbaden, chez un autre oncle qui tient une librairie. Sa haine pour la bourgeoisie bien pensante est sans limite. Enfant timide, plutôt chétif, il possède un complice, un allié qu'il va garder toute sa vie : son frère Wieland, de cinq ans son cadet. C'est à lui qu'il confie, très jeune, son rêve le plus fou : devenir peintre.

Il suit d'abord des cours de peinture à Wiesbaden et, en 1908, s'installe à Munich, alors le plus grand centre artistique allemand. Sans argent, il se mêle à la bohème de Schwabing, le quartier des artistes. Il s'intéresse à tout ce qui brise le carcan des préjugés. Au moins deux découvertes contribuent à sa radicalisation. En premier lieu, la lecture d'un homme qu'il n'avait jamais réellement connu comme poète : son père. En 1912, un éditeur berlinois publie un volume d'œuvres choisies de Franz Held, et il est chargé du dessin de couverture. Il découvre qu'un social-démocrate, à l'époque de Bismarck, était un révolutionnaire. Pourtant les partis politiques le laissent alors indifférent. Il est beaucoup plus touché, deuxième découverte, par l'effervescence que les expressionnistes, les cubistes, les futuristes ont introduite dans l'art, même s'il a du mal à la concilier avec la fascination qu'il éprouve pour l'ornementation asiatique.

En 1913, il décide de quitter Munich pour Berlin, où il entre immédiatement en contact avec les cercles expressionnistes des revues *Der Sturm* et *Die Aktion*, tout en continuant ses études à Charlottenbourg. Quand la guerre éclate, il n'a pas encore de conscience politique. Il partage seulement le désespoir de sa génération et, par dérision, pour montrer ce qu'il pense du culte rendu à l'empereur, il anglicise son nom : il s'appelle dorénavant John Heartfield.

Appelé en octobre 1915 à servir dans l'infanterie, il est déclaré atteint d'une « maladie nerveuse », et, de même que son frère Wieland, il est réformé. De retour à Berlin, il lit la revue *Die Aktion*, qui s'efforce, de manière indirecte, de critiquer la guerre. Il se lie avec d'autres artistes qui partagent ses convictions, notamment Georg Grosz, qui a, lui, anglicisé son prénom en George, et dont il admire les caricatures. Leur groupe cherche à agir contre la guerre. Aussi fondent-ils en juillet 1916 une revue, *Neue Jugend (Nouvelle Jeunesse)*, vite interdite : son frère Wieland en assume la direction, et lui-même la conception graphique.

L'un et l'autre sont amenés à se radicaliser par leur opposition à la guerre. Dès la fondation du parti communiste allemand, ils y entrent. Wieland crée les éditions Malik afin de publier des ouvrages politiques. Il réunit autour de lui des collaborateurs de premier plan : le metteur en scène communiste Erwin Piscator, les poètes Walther Mehring et Carl Einstein. Pour la réalisation des couvertures de ses livres, il emploie John Heartfield, qui devient alors célèbre par un procédé : le photomontage.

Sa volonté farouche d'unir l'art et la politique est à l'origine de sa fabrication d'affiches pour les campagnes électorales du parti communiste. C'est lui qui, à partir d'un dessin de Grosz, a fait

John Heartfield, Deutschland, Deutschland über alles, *1929.*

du poing levé le symbole du salut communiste et de la solidarité prolétarienne, le symbole des Combattants du Front rouge. L'affiche qu'il réalise pour les élections de mai 1928, *La main a cinq doigts*, lui vaut une extraordinaire popularité. Son génie est de rechercher des effets chocs avec les moyens les plus simples. Il s'agit, le plus souvent, d'une ou deux photographies retouchées manuellement, et retirées, dont le caractère ridicule ou dramatique est souligné par la brièveté d'un slogan rimé ou d'un commentaire laconique.

La violence de ses photomontages est à l'image de son époque. Tandis que la crise politique et sociale que connaissait l'Allemagne ne cessait de s'aggraver, ses œuvres se faisaient plus incisives. Son attachement pour le communisme, seul espoir pour lui de créer un monde plus humain, était acquis. Sa haine, comme celle de Tucholsky, visait toute la réaction et la lâcheté de son temps. Tout d'abord une république qui avait écrasé dans le sang la révolution spartakiste et qui, craignant toujours plus un débordement sur la gauche que sur la droite, laissait agir les nazis et leurs meurtriers. Un monde qui s'édifiait sur le désespoir et l'écrasement des plus pauvres. Grosz a fustigé, dans ses caricatures du *Nouveau visage de la classe régnante*, des bourgeois à groins de porcs, enjambant, les bras chargés de victuailles, des infirmes de guerre couverts de médailles et des mendiants. Mais alors que Tucholsky estimait que les forces fascistes échappaient à la satire car on ne pouvait viser si bas, Heartfield leur décocha ses flèches - ses coups de ciseaux - les plus féroces. Très tôt il attaqua Mussolini. *Le visage du fascisme*, de juillet 1928, montre en surimposition, sur un horizon de bourgeois à chapeau haut de forme et de processions d'insurgés et de miséreux, le visage du Duce, à demi transformé en tête de mort. En dépit de protestations, le portrait fut exposé à Berlin en septembre 1929.

La collaboration de Heartfield avec Tucholsky apporta au mordant des satires, des parodies et des aphorismes destructeurs de ce dernier la violence de ses photographies. *Deutschland, Deutschland über alles* demeure la caricature la plus féroce de la République de Weimar. Avec une précision d'anatomiste, Heartfield juxtapose les clichés, morceaux de rêve et de barbarie, pour ridiculiser ceux qui l'incarnent, mais aussi ses travers les plus odieux.

Lucide, il le fut. Fanatique aussi. Dès la montée du national-

John Heartfield, Millionen stehen hinter mir ! *(Des millions sont derrière moi !)*

socialisme, il vit en lui le plus grand danger de son époque, alors que nombre d'intellectuels de sa génération ne voyaient toujours en Hitler qu'un gorille échappé d'un cirque, une mauvaise imitation de Charlie Chaplin. Sa rencontre avec Willi Münzenberg et le magazine *Arbeiter-Illustrierte-Zeitung* lui a permis de développer tout son génie de propagandiste. Il a été l'un de ses illustrateurs les plus éblouissants et les plus fidèles. Il y a exprimé, à travers ses photomontages, ses idéaux de fraternité universelle, son angoisse face à la guerre, sa haine des nazis.

Images brutales, ironiques ou inquiétantes. La répression en Chine, il l'évoque à travers la photographie de la tête coupée d'un ouvrier chinois suspendue à une poutrelle métallique, la haine de la guerre par l'image d'une femme au visage las, sur le point d'accoucher avec, derrière elle, un soldat mort. Ou encore le célèbre photomontage de 1925 contre Hindenburg, *Dix ans après : Pères et Fils*, où le vieux maréchal en uniforme, avec ses décorations et son casque à pointe, passe en revue une armée de squelettes. À leurs pieds défilent des enfants habillés en soldats. En rouge et noir, c'est toute l'agonie de la République de Weimar qu'il annonce. Les assassinats d'ouvriers par les hommes des Sections d'assaut sont seulement évoqués par la photographie d'une femme qui pleure dans les rues. À ses pieds, une flaque de sang rouge vif et le commentaire « Ils tuent nos frères ». La nécessité de voter pour les communistes en 1930 est suggérée par l'image d'un enfant pauvre mangeant une tartine de pain et le slogan « Le dernier morceau de pain, le capitalisme vous le dérobe ».

Le national-socialisme fut, bien sûr, le thème de ses photomontages les plus féroces. Il représente Hitler avec des jambes ridiculement courtes, ou affublé du casque à plumes et des moustaches relevées de Guillaume II. Une radiographie du Führer montre que sa colonne vertébrale est faite de pièces de monnaie. À la place du cœur bat une croix gammée. La guerre qu'il ne manquera pas de déclencher est évoquée par des squelettes de soldats qui dialoguent dans la boue des tranchées. Une hyène en chapeau haut de forme, couverte de décorations, marche sur les cadavres. Quel est le sens du salut hitlérien ? En 1932, Heartfield le suggère en reprenant le slogan nazi « Des millions sont derrière moi » : le Führer tend le bras, la main repliée en arrière, et la haute finance y dépose des liasses de billets pour le récompenser à l'avance de la mise au pas de la classe ouvrière, des syndicats et des partis d'opposition, et de la conversion de l'industrie lourde en industrie d'armement.

Haï par les nazis, Heartfield l'a été entre tous. Les hommes des Sections d'assaut lacéraient ses affiches, furieux de voir s'arrêter les passants pour en discuter. Comme Piscator, il avait compris que l'art pousse aussi à réfléchir. Dès l'arrivée au pouvoir de Hitler, il dut s'exiler : à Prague, puis à Londres. Autres années de combat !

Jean-Michel Palmier

Tribulations d'un jeune communiste

Entretien avec Albert Flocon

Alors communiste, un jeune Allemand, qui va émigrer en France en 1933 et deviendra beaucoup plus tard, après la Seconde Guerre mondiale, professeur à Paris à l'École nationale des beaux-arts, part tenter sa chance à Berlin. Il a été élève du Bauhaus à Dessau de 1927 à 1930, et il pense que dans l'immense métropole il sera au plus près de tout ce qui est nouveau : il découvre principalement la misère.

« J'ai commencé à travailler pour Piscator, sur les décors de la pièce *Tai Yang erwacht* (Tai Yang s'éveille) de Friedrich Wolf, consacrée à la révolution chinoise. Mais je travaillais surtout pour le parti, je faisais des brochures, des affiches de propagande. J'ai rejoint la troupe d'agit-prop *Rote Sprachrohr* (le Porte-Voix rouge), créée par Maxim Vallentin en 1928, et puis je me suis occupé des chômeurs. Expulsés de leurs logements faute de pouvoir payer leurs loyers, ils émigraient en masse dans leurs petits jardins ouvriers. Ils vivaient dans des conditions très précaires, transformant tant bien que mal en lieu d'habitation la cabane en bois, au fond du jardin, qui avait servi naguère de maison de week-end pendant les beaux jours. C'était le stade ultime, avant les asiles qui accueillaient les "sans-abri, sans-domicile-fixe". J'étais chargé de leur donner des cours de formation marxiste-léniniste.

« C'était aussi l'époque des ravitaillements de masse dans les magasins : le parti organisait des descentes de ménagères. En deux minutes, ils étaient vidés et on avait disparu.

« J'ai connu aussi deux nostalgiques de la révolution, ils se promenaient avec un fusil-mitrailleur dans une grosse boîte à violon. Ils allaient dans les cours d'immeuble et tiraient en l'air, comme ça. C'étaient des camarades du parti... un peu dissidents. Il y avait de tout. À cette époque, je m'étais acheté un revolver. Je me disais "On ne sait jamais, la révolution peut éclater demain".

« On avait des réunions sans arrêt. À Tempelhof, où j'habitais, le local du parti était un bistrot. Le bar d'à côté, c'était le local de la Bannière républicaine, l'organisation social-démocrate, et un peu plus loin celui des nazis.

« Je n'étais pas un très bon militant. J'avais adhéré au parti communiste en 1929, après la manifestation du Premier Mai qui avait fini dans le sang. En voyant la police charger, je m'étais dit : il faut s'organiser. Mais la manière communiste de marcher au mot d'ordre était impossible. L'analyse du parti était terrifiante, on parlait de "social-fascistes", et pas des nazis. J'étais contre.

« Nous étions complètement radicaux. L'art engagé de John Heartfield et de George Grosz était le seul admis. L'expressionnisme, on le combattait. On trouvait nul *Metropolis*, le film de Fritz Lang ; sa théâtralité, "tocarde". Nous voulions du réel, nous étions complètement insensibles à sa manière de voir. Nous adorions en revanche Louise Brooks dans *Loulou*, le film de Pabst, mais le *Nosferatu* de Murnau nous faisait hurler de rire.

« En 1929, j'étais allé voir avec ma femme Wilhelm Reich. Lo, ma femme, se rongeait les ongles. Je trouvais ça affreux. J'en parle à des amis du parti qui me disent : "On a un psychanalyste au parti. La psychanalyse, ce n'est pas seulement pour les riches, c'est aussi pour les pauvres. Va le voir, il s'appelle Wilhelm Reich." Nous y allons. Il n'avait que des meubles du Bauhaus, et il commence à nous interroger sur l'école et ce que nous y faisions. Puis au bout d'un moment il demande ce qui nous amène. Je lui montre les mains de Lo : "Regardez, n'est-ce pas horrible ?" Il se tourne vers Lo et lui demande quel est son travail. "Je suis au Bauhaus, à l'atelier des métaux." - "Ah, vous n'êtes pas en contact avec le public, vous n'êtes pas la sténodactylo d'un directeur que cela pourrait gêner ?" - "Non." - "Écoutez, mangez vos ongles tranquillement, ça vous passera tout seul." »

Propos recueillis par Laure Siaud.

Entretien avec Albert Flocon

Réunions hitlériennes

Philippe Soupault

Envoyé spécial de Vu, *magazine illustré que dirigeait Lucien Vogel, Philippe Soupault rapporte de Berlin, en avril 1932, des impressions déjà fort inquiétantes : dans une métropole traditionnellement de gauche, les manifestations nazies mobilisaient des masses énormes.*

« Sans contredit, le Sportpalast de Berlin en l'année 1932 fut un des lieux les plus fréquentés et les plus vivants de Berlin. Les Six Jours cyclistes venaient à peine de se terminer que les réunions politiques s'y succédèrent sans interruption. Un soir c'était Hitler qui, par des discours enflammés, tentait de galvaniser ses troupes ; le lendemain une assemblée communiste s'y tenait ; le surlendemain le chancelier Brüning venait soutenir la candidature Hindenburg ; le jour suivant un bal communiste y avait lieu et ainsi de suite.

« Je m'y rendis un soir pour assister à une manifestation hitlérienne. Devant la porte quelques agents de police se promenaient tranquillement tandis que les partisans de Hitler, bien sagement, passaient à la caisse et versaient un mark, pour pouvoir admirer leur idole. Une salle comble, surchauffée. Sur les murs, des banderoles portant des inscriptions brutalement agressives ou seulement provocatrices. ''Un peuple sans honneur est un peuple sans pain'' ou ''Revenons à notre sang et à notre patrie''. Des réclames pour les journaux nationaux-socialistes et un peu partout l'insigne du parti, la croix gammée.

« Les spectateurs sont presque tous de petits bourgeois, des employés, des commerçants ou des fonctionnaires. Beaucoup de femmes : la charcutière du coin, la femme de ménage, l'employée de banque, la dactylo. Tout ce monde est très sage et très patient. Un orchestre joue des airs patriotiques et des marches militaires que l'on fredonne de temps en temps comme des cantiques. Une foule de jeunes gens et de jeunes filles arborant des insignes, et quelques-uns portant soit des uniformes soit des casquettes spéciales, s'agite et plastronne. Des vendeuses de cartes postales représentant les principaux chefs ou des allégories faciles à déchiffrer ne cessent pas de solliciter votre obole. À ces obstinées vendeuses viennent se joindre les quêteurs et les quêteuses qui ne se lassent pas de vous présenter des troncs de métal pour enrichir la caisse du parti. On ne s'étonne plus après ces "tapages" sans cesse renouvelés que le parti national-socialiste dispose de fonds importants pour sa propagande. Et si l'on ne s'exécute pas assez vite un contrôleur du parti indique aux quêteurs et aux quêteuses la vraie manière pour faire cracher le partisan : on lui agite sous le nez le tronc rempli de pièces de métal jusqu'à ce qu'il se décide à lâcher une aumône. C'est pour les élections !

« La première précaution à prendre lorsqu'on se rend à une manifestation hitlérienne est de se munir de petite monnaie.

« L'orchestre continue à jeter ses refrains guerriers. Il est neuf heures du soir et la foule semble toujours aussi calme. Il y a environ quinze mille personnes qui ne manifestent aucune impatience. Beautés de la discipline allemande !

« Enfin, après un hymne bien cadencé, des jeunes gens porteurs de drapeaux font leur entrée. Toute la foule s'est levée et chacun a élevé le bras pour saluer. Une vingtaine de drapeaux rouges s'avancent vers le fond où est dressée l'estrade. Les spectateurs semblent assez satisfaits de ce défilé. Autour de moi je vois des visages se pencher. L'émotion va grandissant.

« Après le défilé, les drapeaux et leurs porteurs vont se ranger sur l'estrade. Un orateur se lève, la foule s'assoit.

« On entend, grâce aux mégaphones, un discours belliqueux où les thèmes favoris du parti sont successivement examinés : Mort aux Juifs ; mort aux étrangers : à bas le gouvernement, etc. Vive le parti national-socialiste qui vaincra sûrement demain et alors on verra !

« L'enthousiasme et la température s'élèvent. Mes voisins sont de plus en plus rouges. Il fait de plus en plus chaud. Le discours est fini. Vendeuses, quêteurs et quêteuses reprennent leur ronde. Nouvelle marche guerrière. Nouvelle quête pour les élections. Nouveau discours. Enthousiasme vif, mais discipliné.

« Tout à coup, un incident. Le docteur Goebbels, le leader du parti au Reichstag, le lieutenant d'Hitler, qui se trouve sur l'estrade et qui, par interdiction du gouvernement, n'a pas le droit de prendre la parole, veut faire lire une lettre par un de ses camarades. Mais un policier se dresse et affirme "qu'il regrette beaucoup" *(sic)* mais qu'il doit interdire cette lecture.

« Malgré la présence de quinze mille de leurs partisans, les chefs s'inclinent et on ne lit pas la lettre.

« Personne n'a protesté. Un peu de déception, mais nulle révolte. La réunion est terminée. La foule s'en va calmement. En sortant, nous échangeons nos impressions et le mot le plus juste me semble avoir été dit par Roger Francq : "Les foules de Lourdes".

« Ce mot me parut encore plus juste lorsque j'assistai à une "revue" des jeunes hitlériens par Hitler, en chair et en os. C'était au Tennishalle, dans un vaste hangar, pavoisé et orné des mêmes banderoles, des mêmes insignes. La revue devait avoir lieu à 9 heures mais l'on m'avait conseillé de m'y rendre de très bonne heure de façon à éviter la bousculade. Quand j'arrivai à 7 heures et demie, dix-huit mille jeunes gens rangés comme des soldats de plomb attendaient depuis une demi-heure. De temps en temps, un chef montait sur l'estrade et criait dans le mégaphone : "Fixe... Repos... Fixe... Repos..." L'orchestre jouait sans entrain.

« Vers 8 heures et demie, des malheureux au garde-à-vous depuis plus d'une heure commencèrent à s'évanouir de fatigue. Les infirmiers se précipitaient et l'on voyait des gosses de quatorze ans pâles de fatigue s'avancer, soutenus par deux camarades. Les rangs se reformèrent.

« À 9 heures, un remous. Le "Führer" était arrivé. À petits pas comme s'il suivait un enterrement. Hitler, accompagné par trois de ses collaborateurs, les yeux fixés droit devant lui, traversa le Tennishalle sous les yeux de ses partisans. Il alla jusqu'au fond puis, après avoir serré les mains de quelques chefs, passa ses troupes en revue. Il fixa attentivement les rangées des partisans à la façon de Napoléon, mais avec un automatisme remarquable. Beaucoup de ces jeunes gens pâlissaient sous son regard.

« Lorsque, cinquante minutes plus tard, il eut achevé sa tournée, Hitler revint à son point de départ, monta sur l'estrade sans ôter son imperméable beige et prononça un discours. Dès les premiers mots, il fit comprendre qu'il était fort en colère. Sa voix se durcissait, il criait, son visage rougissait, il tendait le poing, ses sourcils se fronçaient, il criait de plus en plus fort.

« Il dut s'interrompre un instant. Plusieurs jeunes gens s'étaient écroulés vaincus par la fatigue et les infirmiers nationaux-socialistes ne savaient plus où porter secours. La fatigue, l'émotion avaient raison de files entières.

« ''Ne vous étonnez pas, camarades, reprit Hitler, et ce fut le moment le plus pathétique de son discours, de voir certains des nôtres tomber brutalement car si je demandais à beaucoup d'entre vous ce qu'ils ont mangé depuis vingt-quatre heures, beaucoup ne pourraient pas me répondre. Un gouvernement qui permet une pareille, etc.''

« Les partisans tombaient toujours. Mais Hitler continuait. ''Quand on nous demande ce que nous ferons quand nous serons au pouvoir, on se moque de nous. Depuis douze ans, nous avons eu le temps de réfléchir et cette treizième année est l'année de l'action.''

« Et il se mettait encore en colère. Il se moquait du front d'acier, des social-démocrates... Il tendait encore une fois le poing. Des applaudissements nourris et des hourras accueillirent la fin de son discours.

« Un de ses lieutenants lui succéda et fit l'éloge du chef.

« ''Hitler, cria-t-il, c'est l'Allemagne.'' Et l'on entonna *Deutschland über alles...*

« Puis Hitler descendit de l'estrade, retraversa le Tennishalle à pas lents et monta dans la puissante Mercédès qui l'attendait à la porte après avoir été bousculé sans respect et sans protestation par une jeune journaliste danoise trop pressée de prendre son métro. Les sections défilèrent dans un ordre parfait et sortirent sans la moindre anicroche sous l'œil vigilant de la police. »

Texte publié dans Vu, *n° 213, 15 avril 1932.*

Philippe Soupault

Scènes de la fin du monde

Alain Brossat

Le 30 janvier 1933, date à laquelle Hitler est appelé par le maréchal Hindenburg, président de la République, au poste de chancelier, est devenu un événement historique. Mais que s'est-il vraiment passé ce jour-là ? Pour beaucoup d'Allemands, ce ne fut qu'un jour ordinaire. Et pour de moins nombreux, la vive impression d'une défaite sans bataille.

Le 30 janvier 1933 est devenu rétrospectivement, dans nos représentations de l'histoire contemporaine, l'événement par excellence, au même titre au moins que le 7 novembre 1917, celui qui ébranle le monde, qui coupe notre histoire en deux - un commencement absolu. Dans ce temps de la mémoire collective, les séismes de l'histoire européenne des années 1930 et 1940, les désastres de la Seconde Guerre mondiale, et surtout Auschwitz, viennent se coaguler à cette date et au monde signifiant particulièrement dense qui s'y greffe.

Un avènement, donc - la connotation religieuse du terme pèse ici de tout son poids -, celui d'un temps, d'un calendrier nouveaux, ceux du Troisième Reich. Curieusement, les représentations courantes forgées *a posteriori* viennent conforter les rodomontades du discours nazi de l'époque : « Une ère nouvelle commence... » Ainsi érigé en date absolue, réinterprété comme inéluctable commencement de la fin du monde par excellence, le 30 janvier 1933 est devenu, pour la mémoire tragique du XXe siècle, le plus sombre, le plus fréquenté des mémoriaux.

Mais la mémoire n'est pas toujours bonne conseillère. Elle fournit en l'occurrence un fonds de commerce précieux à toute l'espèce bigarrée des commentateurs qui, depuis quelque temps, ne cessent de nous rebattre les oreilles de l'ineptie suivante : avant Hitler, il y avait la République, c'est-à-dire la démocratie. Un jour, le Führer s'en vint au pouvoir, par des moyens *légaux* (ils ne savent plus très bien lesquels, les plus audacieux d'entre eux parlent même d'« élections libres ») - et c'en fut fait de la démocratie. Hier, il y avait des institutions républicaines, un parlement élu, une légalité démocratique, et aujourd'hui la dictature brune est là, le Reichstag brûle, les camps de concentration prospèrent et la solution finale est au coin de la rue. Moralité : les démocraties se suicident parfois, l'histoire est un bien grand mystère, et le bacille du totalitarisme omniprésent.

Pour être inlassablement colportée avec des airs entendus, cette énormité inspirée d'un irrationalisme historique fagoté à la diable n'en devient pas pour autant une inébranlable vérité. Si la « démocratie allemande » se suicide le 30 janvier 1933 dans des conditions et pour des raisons que nos commentateurs pressés n'ont guère cure d'éclaircir, c'est à la manière du célèbre escroc Stavisky, une année plus tard : D'UNE BALLE QU'ON LUI A TIRÉE DANS LA TÊTE, selon le titre inoubliable qu'en fit *le Canard enchaîné* à l'époque.

Changeons la disposition des éclairages, et revenons à la scène du crime. Que se passe-t-il le 30 janvier 1933 ? Pas grand-chose, à vrai dire, tout juste un de ces innombrables rebondissements et épisodes ministériels au rythme desquels vit l'Allemagne depuis la nomination de Brüning au poste de chancelier, en mars 1930. Le 30 janvier 1933, une nouvelle coalition gouvernementale se met en place, composite comme les précédentes, dépourvue d'une solide majorité parlementaire, formée de nazis, mais aussi de national-populistes et de représentants du Zentrum catholique et conservateur. Une coalition pas davantage légitimée par le suffrage universel que les précédentes (dirigées par von Papen, par le général Schleicher), puisque les nazis viennent de perdre plus de trente sièges aux élections législatives de novembre 1932 et sont loin de détenir la majorité absolue au Reichstag.

Avant tout, donc, la nomination de Hitler au poste de chancelier par le président de la République Hindenburg, décision promue et encouragée par les milieux d'affaires et la camarilla qui entoure le sénescent maréchal-président, c'est une crise à épisodes qui se poursuit, et nullement un coup de tonnerre dans un ciel serein. Si l'imaginaire collectif de la postérité ne peut détacher son regard horrifié et fasciné de ce *lieu maudit* qu'est le 30 janvier 1933, la sobre raison historienne, elle, pourrait aussi bien dater la fin du monde weimarien du mois de mars 1930 : c'est alors que tombe la dernière coalition assurant un fonctionnement plus ou moins normal des institutions républicaines, le gouvernement Müller, c'est alors que le centre de gravité de la politique de Weimar cesse de passer par la puissante social-démocratie. Dès lors se met en place jusqu'en 1933, un régime de transition entre le système démocratique et le système fasciste où l'on voit Brüning, le premier de ses représentants, « s'appuyer (encore) du coude gauche » sur la social-démocratie, tandis que son successeur von Papen, déjà, « s'appuie du coude droit sur l'épaule de Hitler »[1]. En ce sens, l'avènement du Führer est bien le maillon final d'une chaîne de poussées vers la dictature.

Ce n'est donc pas à la substitution d'une *essence* dictatoriale à une *essence* démocratique que l'on assiste le 30 janvier 1933, à la faveur de quelque tour de prestidigitation « légal ». Lorsque Brüning devient chancelier, il y a trois millions de chômeurs, et deux ans plus tard, en 1932, lorsque Hitler se présente aux élections présidentielles contre Hindenburg, il y en a six. Les gouvernements qui se succèdent à partir du début de l'année 1930 sont de quasi-dictatures militaro-bonapartistes gouvernant à coup de décrets-lois ; pendant ces trois années, le Reichstag fait de la figuration. On gouverne sous la pression de la rue, de la Reichswehr et des organisations paramilitaires. Le 17 juillet 1932, les nazis sont autorisés à défiler dans le quartier communiste d'Altona, à Hambourg - dix-sept morts ; le 20 juillet, le chancelier von Papen destitue, au mépris de la Constitution, le gouvernement (social-démocrate) de Prusse ; le 9 août, à Potempa, en Silésie, des SA piétinent à mort devant sa mère un ouvrier communiste, et von Papen, sous la pression des nazis, les soustrait à l'action de la justice ; depuis le mois d'avril, l'Allemagne a reconduit à sa tête un homme, Hindenburg, qui méprise la République et envisage les moyens de rétablir la monarchie... Un président gâteux et autocrate qui démet le cabinet Brüning comme il l'a nommé - sans se soucier de consulter le parlement.

Dans cette « démocratie », le film pacifiste *À l'Ouest rien de*

1. La formule est de Léon Trotski.

nouveau, la pièce de Gorki *La mère*, mise en scène par Brecht, le film du même, *Kuhle Wampe*, et nombre d'autres œuvres majeures sont interdits[2]. Les mécanismes régulateurs - ô combien fragiles et imparfaits - de la République de 1918 ne fonctionnent plus. Pour beaucoup d'Allemands, la fin du monde - le chômage, la faim, le désordre dans la rue, l'effondrement des mœurs, les faillites bancaires et industrielles - est *déjà là*. Nombre d'entre eux plébisciteront Hitler non pas comme l'annonciateur de l'apocalypse joyeuse, du mouvement perpétuel, mais comme la main forte, le champion du rétablissement de l'ordre. Noire ironie, le Troisième Reich s'annonce pour plus d'un petit-bourgeois, d'un industriel, d'un chômeur comme le retour à l'univers kitsch par excellence de la sécurité allemande, dans le calme des chaumières allemandes. Avant que la tempête ne se déchaîne, un certain art de masse nazi (scènes campagnardes, bibelots, romans à l'eau de rose...) viendra conforter ces aspirations sécuritaires.

Clowns et bouffons

Une fois encore, l'imaginaire de la Catastrophe et la perception sobre et réaliste des menaces ne font pas bon ménage. L'un des atouts majeurs de Hitler, comme de Mussolini dix ans plus tôt, fut de se présenter comme un bouffon, un imitateur de Charlie Chaplin, d'*être* un clown parmi les croque-morts de la classe politique légitimée. Comment prendre au sérieux l'apocalypse lorsqu'elle est annoncée par un auguste dans le pire des numéros de cabarets ? Dans leurs autobiographies respectives, Stefan Zweig et Klaus Mann[3] - deux générations, deux sensibilités fort différentes - commentent dans des termes voisins l'avènement du pantin : son intronisation fut abondamment perçue, dans la classe politique et les milieux dirigeants comme une sorte de farce, d'acte de dérision - dont, au demeurant, tous escomptaient bien, pour des raisons variées, tirer les marrons du feu. Même le très lucide et très pessi-

2. Voir à ce propos : Hildegard Brenner, *Asja Lacis, profession révolutionnaire*, traduit de l'allemand par Philippe Ivernel, Presses universitaires de Grenoble, 1989.

3. Stefan Zweig, *Le monde d'hier*, traduction de Jean-Paul Zimmermann, réédition Belfond, Paris, 1982, et Klaus Mann, *Le tournant*, traduit de l'allemand par Nicole Roche, Paris, Solin, 1984.

miste Kurt Tucholsky ne peut s'empêcher, après avoir solennellement affirmé que « la satire ne peut pas s'abaisser si bas » en prenant pour sujet Hitler, de mettre - en 1932 - les rieurs de son côté dans son éblouissant « devoir d'écolier » consacré à une comparaison... entre Hitler et Goethe. Du côté de l'étranger, le chroniqueur Raymond Recouly écrit fin 1931 : « La plupart des Allemands à qui j'en parle estiment que Hitler a des chances d'arriver légalement au pouvoir, soit en février prochain, lors de la rentrée du Reichstag, soit au plus tard au mois de mai après les élections au *Landtag* (diète) prussien »[4] - mais la tranquillité d'âme avec laquelle il formule ce pronostic contraste avec son inquiétante précision.

Exceptionnelle, en la circonstance, la hauteur de vues et la lucidité d'un Trotski, dans les années et les mois qui précèdent le couronnement du pitre. Il énonça les enjeux de la catastrophe qui se dessine : l'écrasement de la classe ouvrière allemande, une formidable poussée de barbarie, dans toute l'Europe, la perspective d'une nouvelle guerre mondiale. À la même époque, les communistes allemands pensaient, eux, que la social-démocratie était une variété de fascisme, que Brüning, von Papen, Schleicher et Hitler n'étaient que les pseudonymes d'une même dictature du Capital, et que la gloire éphémère de Hitler annonçait l'avènement prochain de leur Royaume.

Hitler, pour l'essentiel, ne faisait pas mystère de ses intentions et de son programme ; lancées à la conquête de la rue, dès avant janvier 1933, ses troupes d'assaut dessinaient en lettres de sang les perspectives du lendemain - et, pourtant, Hitler ne faisait pas vraiment peur, car la fin du monde qu'il annonçait était, pour l'immense majorité de ses contemporains, *l'inconcevable*, au même titre que, quelques années plus tard, lors des procès de Moscou, la *fabrication* des crimes confessés de Zinoviev, Kamenev, Boukharine, Radek... demeura l'inconcevable pour des millions de protagonistes de la culture communiste. Comme dit Lucian Boïa, l'homme ne croit pas au néant, il ne peut imaginer que des *fausses fins du monde*, des *presque fins du monde*[5], sa fantaisie inventive en échafaude inlassablement les scénarios, mais il se cabre d'instinct face à l'Annonciation du néant : autant le 30 janvier 1933

4. Raymond Recouly, *Où va l'Allemagne ?*, Paris, Les Éditions de France, 1932, p. 208.
5. Lucian Boïa, *La fin du monde, une histoire sans fin*, La Découverte, 1989.

apparaît, *a posteriori*, inséparable d'Auschwitz, autant les acteurs et témoins de cette scène vulgaire où l'on voit le Maréchal cacochyme introniser le bouffon autrichien déguisé, avec son frac, en homme d'État, récusent la Raison qui leur annonce le pire.

L'expérimenté Raymond Recouly voit bien, dès 1931, Hitler se hisser au pouvoir dès les prochaines élections, mais lorsqu'il évoque l'antisémitisme des nazis, c'est pour conjurer toute perspective *catastrophiste* en ces termes : « En dehors de ses prédications et de ses excitations contre les Juifs, *qu'il ne faut peut-être pas prendre au tragique*[6], la responsabilité du pouvoir pouvant fort bien le conduire à y renoncer rapidement, son programme comporte une lutte sans merci contre les communistes. » Intéressant : comme beaucoup de notables et conservateurs - y compris juifs -, Recouly est porté à prendre bien davantage au sérieux le programme anticommuniste de Hitler que son programme antisémite.

L'homme *d'ordre*, secrètement ou ouvertement espéré, est clairement perçu, le barbare et ses pogroms annoncés en grand sont banalisés comme s'il s'agissait de simples effets de manches.

Trop tard, mon garçon...

Face à l'événement un peu farce, un peu obscène, que constitue pour les contemporains l'*élévation* du petit caporal devenu citoyen allemand depuis moins d'un an au rang de chancelier, rares sont ceux qui éprouvent d'emblée le sentiment de *l'inéluctable*, comme ces ouvriers que tente désespérément de mobiliser le jeune communiste Stephan Hermlin : « Vers midi, le président du Reich avait appelé Hitler à la tête du gouvernement. Quelques heures plus tard, j'essayais de distribuer des tracts avec un ami devant les usines Askania. Ils appelaient à la grève générale, bien que les syndicats s'y soient refusés. On ne voyait encore aucune police, mais déjà un bon nombre d'ouvriers ne voulaient plus prendre de tracts ; beaucoup les acceptaient, en lisaient le titre, puis les jetaient. "Trop tard, mon garçon", dit l'un d'eux[7]... » Lorsque Klaus Mann

6. C'est moi qui souligne - A.B.
7. Stephan Hermlin, *Crépuscule*, Paris, Les Presses d'aujourd'hui, 1980, traduit de l'allemand par Colette Gennadi-Albertini et Guillevic, p. 67.

adresse au « prince des poètes » Gottfried Benn cette fameuse lettre, en mai 1935, où il lui signifie que l'histoire allemande s'est cassée en deux et que « tous ceux qui en ce moment auront une conduite équivoque cesseront à jamais d'être des nôtres »[8], le Reichstag a déjà brûlé, le dirigeant communiste Ernst Thälmann est déjà en prison, les camps font déjà le plein de militants communistes, socialistes et syndicalistes, la mise au pas de la société allemande bat déjà son plein. Le 30 janvier 1933 est déjà en passe de devenir *la somme de ce qui suit*... Comme la plupart de ses compatriotes, Benn devait, lui, arguer *post festum* de son « apolitisme » pour rappeler qu'il éprouva le 30 janvier 1933 comme une journée somme toute bien ordinaire et ne fut saisi par le sentiment de l'accomplissement du destin que lorsque celui-ci eut pris son lourd envol :

> « En ce qui me concerne, et beaucoup d'autres, nous dûmes, de toute façon, considérer que le nouveau gouvernement avait légalement pris en main l'exécutif ; il n'y avait rien à objecter. C'était le président du Reich, élu du peuple, qui avait nommé ce nouveau gouvernement ; il n'était pas totalitaire, du moins par sa composition. [...] Le Reichstag subsistait, la presse paraissait, les syndicats ouvriers fonctionnaient encore. [...] Les événements qui devaient se produire [n'étaient-il pas] aussi inéluctables que les secousses de la géologie[9] ? »

Dans le paysage culturel et politique de la République finissante, Carl von Ossietzky se situait aux antipodes d'un Benn. Tandis que ce dernier affichait ouvertement ses sympathies pour le mouvement nazi et se souciait de ses certificats d'aryanité, le premier, directeur de la très progressiste *Weltbühne* proclamait que le nazisme était une forme de cannibalisme. En mai 1932, la justice de Weimar, prosternée devant la Reichswehr, l'avait condamné à dix-huit mois de prison pour « haute trahison » ; son crime : avoir publié, quatre ans auparavant, un article d'expert sur le réarmement secret de l'aviation allemande. Albert Einstein, Thomas Mann eurent beau protester, rien n'y fit : Ossietzky prit le chemin de la prison. Libéré à la faveur d'une amnistie en décembre 1932, il se refuse à quitter l'Allemagne après le 30 janvier, après même l'incendie du

8. Cité par Gottfried Benn, *Double vie*, Paris, Éditions de Minuit, 1954, traduit de l'allemand par Alexandre Vialatte, p. 81.
9. *Ibid.*, p. 96.

Reichstag - quoiqu'il soit l'une des personnalités de la gauche intellectuelle les plus honnies par les nazis ; ses arguments sont les mêmes que ceux qu'il opposait, début 1932, à Ludwig Marcuse l'adjurant de quitter l'Allemagne avant que la main lourde de la justice ne s'abatte sur lui : la voix de l'exilé ne porte plus dans son propre pays. L'intellectuel engagé n'a pas à montrer l'exemple... de la panique. Au lendemain de l'incendie du Reichstag, Ossietzky est de nouveau arrêté. En mars 1935, on le déporte dans le camp de concentration de Papenburg-Esterwegen, où les SA lui réservent un traitement de faveur. En octobre de la même année, un représentant de la Croix-Rouge peut lui rendre visite et le découvre à bout de force, sa santé ruinée. Début 1936, les nazis le transfèrent dans un hôpital afin d'éviter le scandale mondial que susciterait sa mort en camp. Fin 1936, Ossietzky se voit attribuer le prix Nobel de la paix. Hitler en conçoit un tel dépit qu'il décide que plus jamais un seul de ses compatriotes n'acceptera le prix Nobel. Ossietzky meurt, en mai 1938, des suites des mauvais traitements subis au camp.

La parenthèse Weimar

Le destin de ce stoïcien qui, bien avant que ce ne soit à la mode, pratique *l'objection de conscience* à la dictature, jusqu'au bout, est tout à fait exemplaire d'une flagrante continuité entre une certaine *part maudite* des temps de Weimar et du Troisième Reich : *ce que les juges de la République ont commencé, les SA l'ont achevé*. Nulle surprise, donc, qu'à son tour, Ossietzky, le pacifiste, l'humaniste, l'animateur de la Ligue allemande pour les droits de l'homme, acharné depuis les premiers jours de la République à dénoncer l'arrogance du militarisme allemand, les partis pris de la justice allemande, ait vu dans le 30 janvier 1933 moins le commencement d'une fin horrible que l'accomplissement des plus sombres promesses d'une République rongée par les fantômes de l'ordre ancien.

À sa manière, le destin - ou plus précisément le *choix* d'Ossietzky - constitue une allégorie : le 30 janvier 1933 constitue moins, à la lumière de cet *exemple*, une coupure radicale dans l'histoire allemande contemporaine que la République de Weimar ne constitue une parenthèse ; elle est, à plus d'un égard, une « ère nouvelle » en trompe-l'œil, et les séismes répétés des années 1918-1923 entretiennent l'illusion d'un tardif mais radical arrachement de la modernité allemande à son sol archaïque.

En vérité, et Ossietzky en est, comme Tucholsky, le témoin pathétique et écorché, si la République s'impose en 1918 comme relève institutionnelle face à la dislocation ignominieuse de l'Empire, elle échoue, durant les quinze petites années qui lui sont dévolues, à imposer sa légitimité et ses valeurs consensuelles, elle échoue à s'imposer comme *culture* ; elle ne fut jamais, notait un observateur, qu'un « ballon de football » disputé et maltraité sans relâche par la coalition hétéroclite de ses adversaires de principe. Pour beaucoup d'Allemands, la République demeure inexorablement associée au souvenir de la défaite de 1918, à Versailles, à la légende du « coup de poignard dans le dos » ; tandis que les social-démocrates prennent fort à cœur leur rôle de *gouvernante* de la jeune et frêle République, juges, professeurs et militaires continuent pour la plupart à incarner une Allemagne cocardière, revancharde, imbue de ses privilèges de caste et de classe qui récuse le système weimarien et refuse de saluer son drapeau.

En ce sens, la « catastrophe allemande » qui s'annonce en 1933 constitue avant tout une revanche du temps long de la modernité allemande sur son temps actuel : Ranke, Treitschke, un certain romantisme, une « affirmation de soi » de la nation allemande portée plus d'un siècle durant par une tradition culturelle farouchement hostile aux Lumières et au cosmopolitisme, prennent leur revanche sur Dada, Stresemann, le Bauhaus, Heinrich et Thomas Mann (ce républicain de raison) et tout le bolchevisme culturel des incandescentes années 1920.

Brûler ses vaisseaux

Pour un certain nombre d'esprits forts, acteurs et témoins des dernières années de la République de Weimar, tout particulièrement ceux qui vivent dans l'*exaltation* de la culture communiste de la « troisième période[10] », le 30 janvier 1933 ne prend pas une signification particulière - car ils vivent dans la conviction que l'apocalypse est déjà là ; dans un tel contexte, l'arrivée aux affaires de Hitler n'apparaît guère que comme une péripétie, tout juste susceptible de rapprocher l'explication finale. Dans son autobiographie, Arthur Koestler[11] restitue bien le sentiment d'*euphorie de la catastrophe* qui habite alors ceux qui voient dans l'imminence de la révolution l'alternative à la barbarie capitaliste. Jeune journaliste aux talents prometteurs, Koestler voit une belle carrière s'ouvrir devant lui à Berlin dans le groupe de presse Ullstein. Mais, saisi par le sentiment de l'incandescence de l'histoire, il brûle ses vaisseaux et adhère au parti communiste, fin 1931 :

> « Ayant perdu mon emploi, j'étais libéré des chaînes de la bourgeoisie. [...] J'abandonnai mon appartement dans le quartier cher de Neu Westend et en pris un dans un immeuble de Bonner Platz qu'on appelait le Bloc rouge parce que la plupart de ses locataires étaient des artistes et des écrivains, sans le sou et d'opinions extrémistes. Là, j'entrai à la cellule communiste locale et pus mener sans restriction la vie d'un membre régulier du parti. »

Ayant ainsi largué les amarres avec le monde honorable, hiérarchisé, ordonné que s'apprête à balayer la transe de l'Histoire, le néophyte de la révolution entreprend de se reconditionner, avec la conviction qu'il est un soldat sur la ligne de front, que la guerre des classes qui fait rage ne cessera de s'amplifier jusqu'à l'explication finale :

> « Pendant le long été étouffant de 1932, nous étions continuellement en bagarre avec les nazis. Il ne se passait guère de jour à Berlin sans que ces affrontements fissent une ou deux victimes. Les champs de bataille étaient les petites tavernes, les bistrots enfumés des quartiers ouvriers... »

Koestler apprend qu'avec le vieux monde sont mortes ses normes et valeurs, que « les règles communes de loyauté, de fidélité, d'honnêteté, n'étaient pas des règles absolues, mais les projections

10. Expression désignant le cours dur et sectaire adopté par l'Internationale communiste de 1928 à 1934, caractérisé par la mise en œuvre de la ligne « classe contre classe » et la dénonciation de la social-démocratie comme « social-fasciste ».

11. Arthur Koestler, *Hiéroglyphes*, t. 1, Le Livre de poche, 1978, traduit de l'anglais par Denise Van Moppès. Les citations de Koestler qui suivent sont toutes tirées de ce livre.

éphémères de la société compétitive bourgeoise. [...] La révolution ne pouvait pas s'accomplir selon les règles du jeu de tennis. Sa loi suprême était que la fin justifie les moyens ; son guide suprême, la méthode du matérialisme dialectique... » Il apprend que sur le continent nouveau où il vient de s'installer, il convient de « surveiller ses gestes, ses paroles et ses pensées », que ses relations avec d'autres membres de la cellule ne doivent pas « obéir à la confiance mais à la ''vigilance révolutionnaire'' », que rapporter toute parole hérétique est un devoir, s'abstenir de le faire, un crime contre le parti et éprouver de la répugnance envers ce code, un signe de préjugé sentimental petit-bourgeois ».

Ainsi reconditionné, protégé par sa nouvelle foi, le militant se trouve d'une manière croissante placé « à l'abri des chocs de la réalité » ; il vit dans une sphère distincte :

> « En dehors de la cellule qui était devenue mon univers, je comptais à présent peu d'amis. Encore ceux-ci étaient-ils ou communistes ou sympathisants. Quant aux autres, je ne parlais plus leur langue. Nous entrions dans une ère totalitaire ; tous les contacts devenaient tendus et polarisés. [...] Les possibilités de communication humaine diminuaient rapidement. »

Ainsi avancé dans ce processus de sécession d'avec la réalité et de fuite dans l'imaginaire, le militant communiste ignore l'avalanche qui menace de s'abattre sur lui. Jusqu'à la rafle géante qui fait suite à l'incendie du Reichstag, le 30 janvier lui apparaît avant tout comme une convulsion de plus du monde bourgeois qui s'en va.

« *Rescapés d'une division anéantie* »

Nombreux sont également les intellectuels radicaux, les humanistes de toutes tendances, les « compagnons de route » du parti communiste, bref tout ce que les nazis rangent sous l'étiquette du bolchevisme culturel qui, après le jour fatidique, *attendent la suite pour voir*. Ils ne sont pas peu surpris de voir la police faire irruption chez eux le 28 février au matin, quelques heures après que le Reichstag s'est embrasé. Le célèbre reporter frénétique Egon Erwin

Kisch, communiste, fut l'un d'eux. Encore mal réveillé, il se retrouve à la préfecture de police en bonne compagnie : des avocats célèbres, Carl von Ossietzky, l'écrivain Ludwig Renn, l'éditeur Hermann Dunker, un membre de la Haute Cour de justice, un sexologue réputé, des journalistes, des médecins, des députés, des militants de la Ligue des droits de l'homme...

> « Voilà [commente Kisch], qui me rappelle irrésistiblement un certain matin de septembre 1914 : j'étais assis là, sur la rive autrichienne de la Drina parmi les rescapés d'une division anéantie [...]. Chaque fois qu'une silhouette trempée, déguenillée passait en titubant devant nous - un soldat de notre régiment -, ses camarades le saluaient d'un sourire mélancolique et le groupe se serrait un peu pour lui faire place[12]... »

C'est toute la République de la Raison, ce sont tous les héritiers des Lumières allemandes qui sont là, ceux qui, après le désastre de 1918, ont cru possible une réforme de l'entendement allemand, une rupture avec cette *passion* guerrière, chauvine, conquérante, cléricale et obscurantiste qui avait conduit le Reich à l'abîme - et qui subit sa dernière défaite. Trop épris de paix, trop savants, trop moraux, trop humanistes pour avoir vraiment entendu le glas du 30 janvier, pour avoir cru à cette triomphale revanche de l'archaïque et du vulgaire...

L'histoire, dit Peter Weiss après Walter Benjamin et Ernst Bloch, demande à être écrite du point de vue des vaincus. Pour eux, il y a toujours *quelque chose* après la fin du monde, après la plus écrasante des défaites. L'inaccompli de l'histoire des exploités se sédimente dans la culture sous la forme de l'Espérance, de l'aptitude de ceux qui portent l'héritage des défaites à tisonner l'utopie et se projeter vers l'avenir. *L'Esthétique de la Résistance*[13] est le roman monumental de cette dialectique : le 30 janvier 1933 y est une funeste *station* pour ces jeunes ouvriers qui luttent avec obstination pour conquérir l'autonomie et accéder à la culture ; il leur faut désormais ruser, se cacher pour lire Rosa Luxemburg, mais aussi

---

12. Egon Erwin Kisch « Dans les geôles de Spandau, les premiers jours du Troisième Reich », in Recueil de reportages aux Éditions Cent Pages, 1990.

13. Peter Weiss, *L'Esthétique de la Résistance*, Paris, Klincksiek, 1989, traduit de l'allemand par Eliane Kaufholz-Messmer.

Kafka, réinterpréter le mythe d'Heraklès, ce héros des opprimés, mais aussi découvrir la peinture de Klee et de Kandinsky, dresser le bilan des erreurs qui ont conduit à cette défaite sans bataille. Surtout, il leur faut lutter contre le sentiment du néant et l'abandon de la Raison :

> « Surmonter la catastrophe qui s'était abattue sur nous : cela conditionnait chaque fois tout ce que nous entreprenions. [...] Ce que nous exigions *a priori*, c'était que les événements à grande échelle ne devinssent jamais quelque chose d'incompréhensible, d'impénétrable, que nous ne puissions jamais estimer que, dans notre isolement, nous étions livrés pieds et poings liés. »

Ainsi, ces héritiers de tous les combats et de toutes les défaites - mais aussi de toutes les espérances - vont continuer à étudier (« Pour nous, étudier, ce fut d'emblée se révolter »), réfléchir, observer et agir... Bientôt, la bataille perdue en Allemagne reprend sur un autre front, en Espagne, et ils rejoignent les Brigades internationales. Tandis qu'ils affrontent la « force monstrueuse » du fascisme, Boukharine et ses compagnons avouent des crimes imaginaires à Moscou. La dialectique de l'émancipation n'est pas un chemin parsemé de roses. L'Espagne, ce sera pour eux une autre retraite, une autre fin du monde. Mais « la guerre continue » et l'« Espagne est partout » : « elle nous accompagnerait en quelque lieu que nous nous trouvions ».

Le 30 janvier 1933 commence à Berlin l'interminable histoire de la fin du monde, qui s'achève, en principe, en mai 1945, à Berlin, et condamne les habitants du « monde d'après » à errer parmi les ruines de sa mémoire.

Alain Brossat

5. *Annexes*

Chronologie

1918

- Le 9 novembre, proclamation d'une république « sociale » par le député social-démocrate Scheidemann au Reichstag, et d'une république « socialiste » par Karl Liebknecht lors d'une manifestation populaire devant le Château royal à Berlin.
- Armistice signé par Matthias Erzberger et le maréchal Foch le 11 novembre près de Compiègne.
- Fondation d'une Ligue antibolchevique, soutenue notamment par l'industriel Hugo Stinnes.
- Fondation du parti communiste (KPD) à la fin de l'année.

1919

- Écrasement de la révolution à Berlin.
- Élection pour une Assemblée nationale, et ouverture de celle-ci.
- Ebert élu provisoirement président de la République.
- Les conditions de paix fixées par le traité de Versailles sont acceptées.
- Adoption de la Constitution de Weimar. Promulgation officielle le 11 août.
- *Monde :* Fondation à Milan des *Fasci Italiani di Combattimento.*

1920

- Tentative avortée de putsch de la part d'un groupe d'officiers autour de Kapp.
- Fondation du parti national-socialiste des ouvriers allemands (NSDAP) à Munich.
- Sortie du film de Robert Wiene, *le Cabinet du Dr Caligari.*
- *Monde :* L'Internationale Communiste pose vingt et une conditions aux partis qui souhaitent adhérer à son organisation.

1921

- Occupation de la Ruhr par l'armée française pour protester contre le refus opposé par l'Allemagne au paiement des

réparations. Acceptation des conditions par le gouvernement Wirth et premiers versements.
• Signature d'un traité de paix entre l'Allemagne et les États-Unis.
• Assassinat d'Erzberger par une organisation d'extrême droite.
• Prix Nobel de physique décerné à Albert Einstein.
• Fritz Lang tourne *Les Trois Lumières*.
• *Monde :* Transformation des *Fasci di Combattimento* en un Parti national-fasciste (PNF) en Italie.

1922 • Traité germano-soviétique de Rapallo.
• Assassinat de Rathenau.
• Manifestations nazies à Munich en novembre.
• Brecht reçoit le prix Kleist, Fritz Lang tourne son premier *Docteur Mabuse* et Murnau *Nosferatu*.
• *Monde :* Marche sur Rome, la formation du gouvernement italien est confiée à Mussolini.

1923 • Occupation de la Ruhr par les troupes franco-belges en janvier. Le gouvernement allemand décide une résistance passive. Fin de celle-ci sur décision du nouveau gouvernement Stresemann le 26 septembre.
• Tentative de putsch à Munich par Hitler et le général Ludendorff.

1924 • Mort de l'industriel Hugo Stinnes.
• Procès de Hitler à Munich. Le « loup-garou de Hanovre », Haarmann, auteur d'une vingtaine de crimes, est condamné à mort.
• Ouverture de l'aéroport de Tempelhof.
• *Monde :* Mort de Lénine le 29 janvier. Premiers jeux Olympiques d'hiver (Chamonix). Enlèvement et assassinat du député Matteotti par les fascistes en Italie.

1925 • Décès du président Ebert.
• Élection de Hindenburg à la présidence de la République.
• Évacuation de la Ruhr par les troupes françaises.
• Signature du traité de Locarno.

1926 • L'Allemagne est acceptée dans la Société des Nations. Goebbels devient le responsable de la circonscription de Berlin pour le parti national-socialiste.
• Le film de l'année est *Metropolis* de Fritz Lang.

1927 • Ouverture du théâtre de Piscator place Nollendorf, inauguration avec la pièce d'Ernst Toller *Hop-là, nous vivons !*
• Prix Nobel de chimie décerné à O.H. Wieland.
• *Monde :* Protestations internationales contre la condamnation à mort des syndicalistes Sacco et Vanzetti aux États-Unis.

1928 • Succès de *L'Opéra de Quat'sous* de Brecht et Kurt Weill.
• Procès contre George Grosz.
• Fondation de l'Association des écrivains révolutionnaires-prolétariens et de l'Association des artistes plasticiens révolutionnaires (ASSO) à Berlin.
• Prix Nobel de chimie décerné à A.O.R. Windaus.
• Formation de la première société allemande destinée à sonoriser les films.
• *Monde :* Signature du pacte Briand-Kellogg.

1929 • Signature du plan Young.
• Mort du chef de gouvernement Gustav Stresemann.
• L'électrification du métro de surface (*S-Bahn*) est complètement terminée à Berlin.
• Aux élections municipales du 17 novembre à Berlin, les deux frères ennemis que sont le parti social-démocrate (SPD) et le parti communiste (KPD) disposent encore, ensemble, de la majorité (28,5 % pour le SPD, et 64 conseillers ; 17,6 % pour le KPD, et 56 conseillers). Mais pour la première fois, 13 nazis entrent au conseil municipal, dont Joseph Goebbels, qui assure la présidence du groupe.
• Parution du roman d'Alfred Döblin *Berlin Alexanderplatz.*
• Prix Nobel de littérature décerné à Thomas Mann.
• *Monde :* Début de la crise économique mondiale.

1930 • Début de la politique d'ordonnances avec le chancelier Brüning.
• *L'Ange bleu*, film de Josef von Sternberg avec Marlene Dietrich, adapté d'un roman de Heinrich Mann, *Professor Unrat.*

1931 • Formation du Front de Harzbourg : des industriels apportent leur aide financière au parti national-socialiste.
• Ouverture de la Maison de la radio à Berlin, architecte : Hans Poelzig.
• *Monde :* L'Espagne devient une république.

1932 • Nouveau chancelier : von Papen.
• Déménagement du Bauhaus de Dessau à Berlin-Steglitz, par son directeur d'alors, Mies van der Rohe, transformation en école privée.

- Sur 22 millions de salariés, le nombre des chômeurs déclarés dépasse 6 millions et demi dans toute l'Allemagne, contre 5 millions un an auparavant.
- *Kuhle Wampe*, film de Slatan Dudow et Bertolt Brecht, sur la vie des chômeurs dans les environs de Berlin.
- Prix Nobel de physique décerné à Werner Heisenberg.
- *Monde :* Congrès international d'Amsterdam contre la guerre impérialiste et le fascisme. Conférence internationale à Genève sur le désarmement, sans résultat. Roosevelt élu président des États-Unis le 1er novembre.

1933
- Hitler est nommé chancelier. Début de la dictature nazie.
- Construction d'autoroutes.
- Fermeture du Bauhaus.
- L'Allemagne quitte la Société des Nations.

Berlin

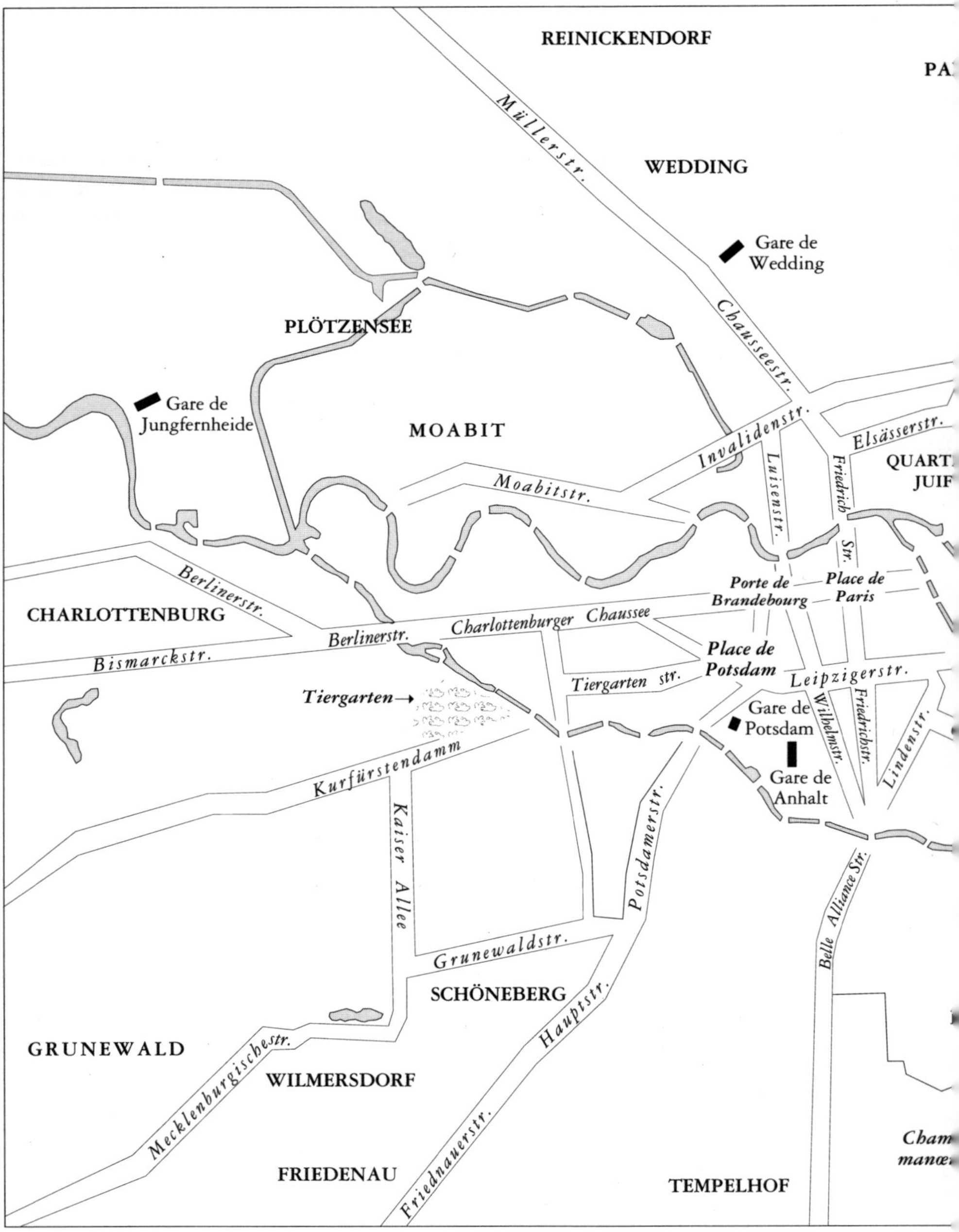
REINICKENDORF
Müllerstr.
WEDDING
Gare de Wedding
Chausseestr.
PLÖTZENSEE
Gare de Jungfernheide
MOABIT
Invalidenstr.
Elsässerstr.
QUART
JUIF
Moabitstr.
Luisenstr.
Friedrich Str.
Berlinerstr.
CHARLOTTENBURG
Porte de Brandebourg
Place de Paris
Berlinerstr.
Charlottenburger Chaussee
Bismarckstr.
Place de Potsdam
Tiergarten str.
Leipzigerstr.
Tiergarten→
Gare de Potsdam
Wilhelmstr.
Friedrichstr.
Lindenstr.
Gare de Anhalt
Kurfürstendamm
Kaiser Allee
Potsdamerstr.
Belle Alliance Str.
Grunewaldstr.
SCHÖNEBERG
Hauptstr.
GRUNEWALD
Mecklenburgischestr.
WILMERSDORF
FRIEDENAU
Friednauerstr.
TEMPELHOF

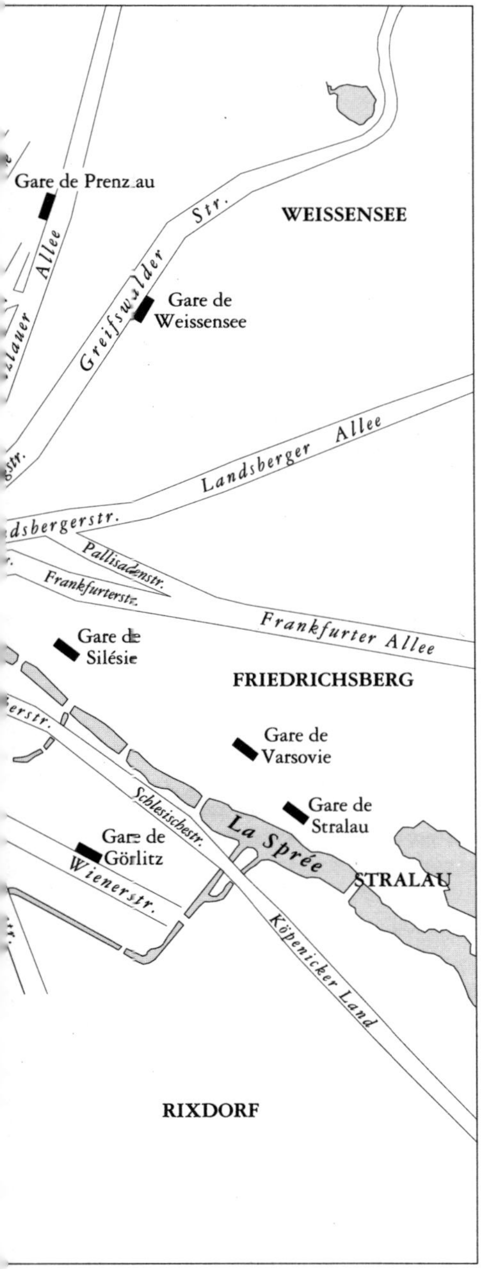

Gare de Prenz.au
Allee
Greifswalder Str.
WEISSENSEE
Gare de Weissensee
Landsberger Allee
Pallisadenstr.
Frankfurterstr.
Frankfurter Allee
Gare de Silésie
FRIEDRICHSBERG
Gare de Varsovie
Gare de Stralau
Schlesischestr.
La Sprée
STRALAU
Gare de Görlitz
Wienerstr.
Köpenicker Land
RIXDORF

Index biographique

Brecht Bertolt

Né en 1898 à Augsbourg. Nombreuses pièces de théâtre sous la République de Weimar, dont *Homme pour homme* en 1926, *La Décision* en 1930, *La Mère* en 1932. Émigre en février 1933. Revient en Europe en 1947. Mort à Berlin en 1956.

Brüning Heinrich

Né en 1885. Première Guerre. En 1920, l'un des dirigeants des syndicats chrétiens. Député du Zentrum à partir de 1924. Chancelier en 1930. Dissout le parti du Zentrum en juillet 1933. Émigre en 1934. Mort en 1970.

Döblin Alfred

Né en 1878, études de médecine. De 1911 à 1933, médecin à Berlin. Émigre en 1933, en France pour quelque temps, puis aux États-Unis. Retourne en Europe en 1945. Mort en 1957. Auteur de nouvelles, de pièces de théâtre, de romans, dont *Berlin Alexanderplatz* en 1929.

Durieux Tilla

Née en 1880 à Vienne, père professeur à l'université, études de piano, puis de théâtre. En 1910, se rend à Berlin, engagée par Max Reinhardt. Ensuite, comédienne dans différents théâtres. En 1910, épouse l'éditeur et marchand d'art Paul Cassirer, qui se suicide en 1926. Se remarie en 1930 avec un industriel. Le couple émigre en 1933. Elle participe au mouvement de résistance en Yougoslavie. De retour à Berlin en 1952. Elle est morte en 1971.

Flechtheim Alfred

Né en 1878, il devient marchand d'art et éditeur. Il a ouvert sa première galerie à Dusseldorf en 1913, puis des succursales à Cologne, Francfort, Vienne, et s'est installé à Berlin. Sa galerie berlinoise, où il a exposé beaucoup d'artistes français, est fermée en 1933. Il émigre à Londres, où il est mort en 1936.

Goebbels Josef Paul

Né en 1897 en Rhénanie. Études supérieures de 1917 à 1921. Thèse de doctorat sur le romantique Wilhelm von Schütz. Au cours des années suivantes, s'adonne à la littérature : écrit poèmes, essais, et le roman autobiographique *Michaël* (publié seulement en 1929, aux éditions nazies Franz Eher). Journalisme dans les organes nazis. De 1927 à 1935, responsable du périodique *Der Angriff*. Parallèlement, activité politique. En 1928, député. En 1929, chargé de la propagande du parti nazi. À partir de 1940, écrit régulièrement l'éditorial de l'hebdomadaire *Das Reich*. Se suicide avec toute sa famille le 1er mai 1945.

Grosz George

Né en 1893. Peintre. Appartint au mouvement dada. Émigre en 1932 aux États-Unis. Mort à Berlin en 1959. Voir son autobiographie, *Un petit oui et un grand non*, aux éditions Jacqueline Chambon.

Heartfield John

Né en 1891, de son véritable nom Helmut Herzfelde. Adhésion au parti communiste allemand dès sa fondation. Participation au dadaïsme. Collaboration au théâtre de Piscator. Émigre en 1933. Retourne en Allemagne (Berlin-Est) en 1950. Mort en 1968. Considéré comme l'un des plus remarquables représentants du photomontage.

Herzfelde Wieland

Né en 1896. Frère de John Heartfield et même itinéraire politique. Fondateur des éditions Malik, qu'il dirigea en Allemagne de 1917 à 1933. Émigre ensuite et revient en Allemagne (Berlin-Est) en 1948. Mort en 1989.

Hessel Franz

Né en 1880, fréquente la bohème munichoise puis, avant la Première Guerre mondiale, les milieux littéraires parisiens. Nombreux voyages. Décide de rentrer en Allemagne lors de la déclaration de guerre. Incorporé. Après 1918, travaux de traduction du français pour les éditions Rowohlt. Ami de Brecht, Benjamin, Weill, etc. À Paris, de nouveau, de 1926 à 1928, pour traduire Proust. Retour à Berlin (*Spazieren im Berlin*, *Promenades dans Berlin*, 1929). Fuit l'Allemagne nazie en 1939 pour la France, où sont installés sa femme et ses enfants. Interné au camp de Milles avec son fils Ulrich, jusqu'au 27 juillet 1940. Son fils cadet, Stéphane, est alors aspirant-officier dans l'armée française (deviendra haut fonctionnaire aux Nations-Unies après 1945 et ambassadeur de France). S'installe à Sanary-sur-Mer, où il est mort le 6 janvier 1941. Ami d'Henri-Pierre Roché, qui dans son roman *Jules et Jim* a décrit leurs relations avec Helen Hessel. Voir notamment *les Carnets* d'Henri-Pierre Roché parus aux éditions André Dimanche.

Hirschfeld Magnus

Né en 1868 à Kolberg, fils de médecin, étudie lui-même la philosophie à Breslau, puis la médecine. Spécialisation en neurologie. Lutte en faveur d'une transformation du code pénal à l'égard de l'homosexualité dès son installation à Berlin avant 1914. Développe l'étude scientifique de la sexualité, nombreux ouvrages sur le sujet. Créateur à Berlin de l'*Institut für Sexualwissenschaft*. Émigré en France, il s'est suicidé à Nice le 15 mai 1935.

Hitler Adolf

Né en 1889 en Haute-Autriche. A essayé en vain d'entrer à l'Académie des beaux-arts de Vienne et devient un déclassé social. Partage l'antisémitisme des groupes nationalistes d'avant 1914 en Autriche. En 1913, part pour Munich. Engagé volontaire lors de la Première Guerre mondiale. En 1919, contacts avec le parti ouvrier allemand *(Deutsche Arbeiter-Partei)* qui va devenir en 1920 le parti ouvrier national-socialiste (NSDAP). En 1923, organise à Munich un putsch avec Ludendorff. Échec et condamnation à cinq ans de prison. Libération anticipée à la fin de 1924. Entre-temps, a jeté les bases de *Mein Kampf*, dont le premier tome paraît en 1925 et le second en 1926. Réorganise le parti ouvrier national-socialiste à partir de 1925. Ensuite, se confond avec ce parti. Se suicide le 30 avril 1945 à Berlin.

Hindenburg Paul von

Né en 1847, officier. Chef d'état-major en 1916. De 1925 à sa mort, en 1934, président de la République.

Hugenberg Alfred

Né en 1865. Haut fonctionnaire jusqu'en 1907. Ensuite, entre dans les affaires. En même temps, activité politique. Responsable du parti national-populaire (DVNP). Ministre de l'Économie dans le premier cabinet Hitler en 1933. Démissionne en juin 1933. Se retire sur ses terres. Mort en 1951.

Jogisches Leo

Né en 1867 à Vilna, en Lituanie. Militant social-démocrate, vivant à Berlin en partie dès 1907. Compagnon de Rosa Luxemburg, cofondateur du Spartakus Bund pendant la Première Guerre, puis du parti communiste allemand (KPD), il a été abattu dans la prison de Moabit le 10 mars 1919, sous le prétexte de « tentative de fuite ».

Kirdorf Emil

Né en 1847. Industriel (en 1918, alliance avec Siemens et Stinnes). L'un de ceux qui, avec Thyssen, ont financé le parti national-socialiste. Mort en 1938.

Kracauer Siegfried

Né en 1889. Études d'histoire de l'art, de sociologie et d'architecture. À partir de 1920, journalisme. Émigre en 1933, en France puis aux États-Unis, où il est mort en 1966. Spécialiste de cinéma, mais plus généralement essayiste.

Lang Fritz

Né à Vienne en 1890. Études artistiques avant 1914, débute comme réalisateur de cinéma à Berlin en 1919 avec *Le Seigneur de l'amour.* Émigre en France en 1933, puis en 1934 aux États-Unis. Mort en 1976 à Los Angeles.

Luxemburg Rosa

Née le 5 mars 1871 à Zamość (Pologne russe), émigre en Suisse en 1889, où elle se lie avec Leo Jogisches. Intense activité dans le mouvement social-démocrate à partir de son installation à Berlin en 1898. Opposée à la guerre en 1914, elle est condamnée à la prison de février 1915 à février 1916, puis de juillet 1916 à la fin de la guerre. Assassinée le 15 janvier 1919.

Ludendorff Erich

Né en 1865. Officier. Adjoint du maréchal Hindenburg à l'État-Major à partir de 1916. Influence importante sur toutes les décisions prises. Après la guerre, activité d'extrême droite. Candidat du parti national-socialiste aux élections présidentielles de 1925. Mort en 1937.

Mann Heinrich

Né en 1871 à Lubeck. Frère aîné de Thomas Mann. Comme lui, d'abord influencé par le nationalisme. Ensuite, enthousiasmé par les idées de la Révolution française. Nombreux romans, dont *Professor Unrat* (Professeur Ordure) en 1905, *La Petite Ville* en 1909, *Le Sujet* en 1918, etc. Émigre en 1933, d'abord en France puis aux États-Unis. Mort en 1950 à Santa Monica (Californie).

Mann Thomas

Né en 1875 à Lubeck. Jusqu'en 1920, fortement influencé par le nationalisme. Se rallie ensuite à la démocratie. Auteur des *Buddenbrook* en 1901, de *La Montagne magique* en 1924, du *Docteur Faustus* en 1947, etc. Émigre aux États-Unis en 1938. En 1952, s'installe en Suisse. Mort en 1955.

Mendelsohn Erich

Né en 1887, études à Berlin et Munich, commence une carrière d'architecte en 1918. Voulut concilier, à travers de vastes bâtiments modernes, l'imagination de l'expressionnisme et la rigueur du fonctionnalisme. Émigre en 1933 (Angleterre, Palestine, États-Unis en 1941). Mort à San Francisco en 1953.

Münzenberg Willi

Né en 1889 à Erfurt. Ouvrier dans une fabrique de chaussures, prend contact avec les révolutionnaires russes. En Suisse pendant la Première Guerre mondiale. En 1920, membre du parti communiste (KPD). Hautes fonctions dans les organisations communistes. Élabore en 1924 un consortium de presse d'extrême gauche. Élu député la même année. En 1933, émigre en Suisse puis en France. Poursuit son travail d'édition (journaux, livres antifascistes). Après les grands procès de Moscou, prend ses distances à l'égard du parti communiste allemand, qui l'exclut en 1937. Très hostile au pacte germano-soviétique. Trouvé mort en 1940 à Grenoble (certains prétendent qu'il a été victime d'un agent de la police politique stalinienne).

Noske Gustav

Né en 1868 à Brandbourg, d'un père tisserand. Devient ouvrier vannier. Adhère au syndicat des vanniers et au parti social-démocrate en 1886. Puis journaliste dans la presse social-démocrate. Activité parlementaire à partir de 1900. Défend la politique coloniale de Guillaume II et vote les crédits de guerre en 1914. Nommé Commissaire du peuple chargé des questions militaires à la fin de 1918, puis ministre de l'Armée en janvier 1919, il est chargé par le gouvernement de rétablir l'ordre par la force. Il écrase ainsi le mouvement révolutionnaire. À partir de 1920, il est mis à l'écart par les militants social-démocrates. Nommé à des responsabilités administratives dans la province de Hanovre (sorte de « superpréfet »), il y resta de juillet 1920 jusqu'à l'arrivée de Hitler au pouvoir. Brièvement incarcéré par les nazis en 1939, et envoyé plus tard, après l'attentat manqué contre Hitler de juillet 1944, en camp de concentration. Mort en 1946, alors qu'il pensait émigrer aux États-Unis.

Papen Franz von

Né en 1879. Officier, puis activité diplomatique. De 1921 à 1932, député du Zentrum à la diète de Prusse. Chancelier en 1932. Ambassadeur sous le Troisième Reich. Mort en 1969.

Pfemfert Franz

Né en 1879 en Prusse orientale, enfance à Berlin, journaliste à partir de 1904. Fondateur de la revue expressionniste *Die Aktion* en 1911. Émigre en 1933. Mort aux États-Unis en 1954.

Piscator Erwin

Né en 1893 à Wetzlar, dans une vieille famille protestante. Incorporé durant la Première Guerre mondiale, il devient pacifiste. Au moment des troubles révolutionnaires, participe au dadaïsme et adhère, avec Wieland Herzfelde et son frère John Heartfield, au parti communiste nouvellement fondé. Activité théâtrale en faveur d'un théâtre prolétarien, puis politique. Acquiert, grâce à l'aide financière de la comédienne Tilla Durieux, un théâtre, qui va devenir la *Scène Piscator*, une fois reconstruit sur des plans de Gropius. Il y donne pour premier spectacle *Hop-là, nous vivons !*, d'Ernst Toller, en 1927. Émigre en 1934, s'installe aux États-Unis en 1939. Rentre en Allemagne en 1951, où il reprend ses activités théâtrales à Berlin-Ouest. Mort à Starnberg en 1966.

Poelzig Hans

Né en 1869, architecte. Construisit notamment le Schauspielhaus pour Max Reinhardt à Berlin en 1919. Mort à Berlin en 1936.

Preuss Hugo

Né en 1860, fils d'un commerçant berlinois. Nommé professeur de droit public à l'École supérieure de commerce de Berlin en 1906. Friedrich Ebert lui confie la rédaction de la Constitution de Weimar. En février 1919, occupe le poste de ministre de l'Intérieur dans le gouvernement Scheidemann. Démissionne en juin 1919, car il désapprouve la signature du traité de Versailles. Mort en 1925.

Rathenau Walther

Né en 1867. Président de la Compagnie générale d'électricité (AEG). Partisan de la guerre à outrance en 1918. En 1920, membre de la commission de « socialisation ». L'un des dirigeants du parti démocrate (DDP). Ministre de la Reconstruction en 1921 et des Affaires étrangères en 1922. Participe à la conférence de Gênes et signe le traité de Rapallo avec l'Union soviétique. Écrivain et philosophe, en plus de son activité politique. Assassiné en 1922.

Reinhardt Max

Né près de Vienne en 1873, s'oriente à 17 ans vers une carrière d'acteur. Engagé à Berlin dans la troupe d'Otto Brahm en 1892-1893, puis réagit contre le naturalisme et se lance dans la mise en scène. Il achète en 1905 le Deutsches Theater. Après la guerre, dispose d'une autre salle à Berlin, celle de la Maison du Spectacle (Großes Schauspielhaus) réaménagée par l'architecte Hans Poelzig, et inaugurée en 1919 avec l'*Orestie* d'Eschyle. À partir de 1932, nombreuses tournées à l'étranger. Il se fixe aux États-Unis en 1937. Il est mort à New York en 1943.

Remarque Erich Maria

Né en 1898, de son vrai nom Erich Paul Remark. D'abord journaliste. Auteur du célèbre roman pacifiste *À l'Ouest rien de nouveau*. Émigre en Suisse, puis aux États-Unis. Citoyen américain à partir de 1947. Mort à Locarno en 1970.

Roth Joseph

Né en 1884, études à Vienne. À partir de 1921, journalisme à Berlin. Plusieurs romans. Émigration en France. Sombre dans l'alcoolisme. Mort à Paris en 1939.

Scharoun Hans

Né à Brême en 1893, architecte, membre du groupe Der Ring en 1925 avec Peter Behrens, Walter Gropius, Erich Mendelsohn, Mies van der Rohe, Hans Poelzig et les frères Taut. Reste en Allemagne sous le Troisième Reich, mais pratiquement sans pouvoir exercer sa profession. Ne reprend une véritable activité qu'après 1945, associé à la reconstruction de Berlin et Stuttgart. Mort à Berlin en 1972.

Thälmann Ernst

Né en 1886. D'abord social-démocrate avant la guerre. Rejoint le parti communiste en 1920. Docker à Hambourg. En 1924, dirige la Ligue rouge des combattants du front (Roter Frontkämpferbund). Président du parti communiste en 1924. Camp de concentration en 1933. Assassiné à Buchenwald en 1944.

Thyssen Fritz

Né en 1873. Hérite de la firme paternelle et devient industriel à son tour. Membre du parti national-allemand de 1919 à 1932, puis du parti national-socialiste, qu'il finance. Brouille avec Hitler, émigration en 1939. Mort en 1951.

Toller Ernst

Né en 1893. Participe à la révolution en Bavière en 1919. Condamné à cinq ans de forteresse. Poèmes, pièces de théâtre, journalisme. Émigre en 1933. Désespéré, se suicide à New York en mai 1939.

Treitschke Heinrich von

Né en 1834 à Dresde. Études d'histoire et de sciences politiques. Défenseur d'une unification de l'Allemagne sous la direction de la Prusse. Occupe diverses chaires de professeur. En 1874, nommé à l'université de Berlin. Puis député. Devient l'historiographe officiel de la Prusse : de 1879 à 1894, il écrit une monumentale *Histoire de l'Allemagne au XIXe siècle*. Meurt en 1896.

Troeltsch Ernst

Né en 1865 près d'Augsbourg, professeur de théologie à Bonn puis à Heidelberg, et de philosophie à Berlin de 1915 à sa mort, en 1923. Activité politique en relation avec le parti démocrate. Collaboration, notamment, avec Walther Rathenau, dont il fait l'éloge funèbre en 1922. Dès 1916, s'engage en faveur d'une « démocratisation » de l'Allemagne, député du parti démocrate à la diète de Prusse, et sous-secrétaire d'État au ministère prussien des Cultes (responsable de la réorganisation des Églises protestantes de Prusse). Lors du discours tenu pour son enterrement, le 1er février 1923, Adolf von Harnack déclare qu'il fut « le plus grand philosophe de l'histoire que l'Allemagne ait connu depuis Hegel ». Voir le volume *Religion et Histoire*, Genève, éditions Labor et Fidès, 1990, et *ibid.*, réédition 1990, Edmond Vermeil, *La pensée religieuse de Troeltsch*, introduction de Hartmut Ruddies.

Tucholsky Kurt

Né en 1890 à Berlin. Auteur célèbre de textes satiriques et de chansons. Collaborateur régulier de *Die Weltbühne*. S'installe à partir de 1924 à Paris, puis en Suède en 1929, où il se suicide en 1935.

Walden Herwarth

Né en 1878 à Berlin, il s'appelait en réalité Georg Levin. Fonde la revue *Der Sturm* en 1909. Extraordinaire animateur, organisateur d'expositions et marchand de tableaux avisé, il a été l'un des grands propagateurs de l'art moderne en Allemagne. Émigré en 1932 en Union soviétique, où il a été porté disparu en 1941, dans la région de Saratov, dans des conditions restées mystérieuses.

Weill Kurt

Né en 1900, études à l'École supérieure de musique de Berlin et travaille la composition musicale, de 1921 à 1924, sous la direction de Ferruccio Busoni. Se fait d'abord connaître par des œuvres pour chœur et orchestre, puis s'oriente vers l'opéra. Révolutionne avec Brecht le théâtre lyrique *(Opéra de Quat'sous, Mahagonny)*. Quitte l'Allemagne en 1933, s'installe à New York en 1935. Mort aux États-Unis en 1950.

Wolf Friedrich

Né en 1888, études de médecine. En 1918, mêlé aux événements révolutionnaires à Dresde. Adhésion au parti communiste allemand en 1928. Émigre en 1933, d'abord en France puis en Union soviétique. Retour en Allemagne (Berlin-Est) en 1945. Mort en 1953.

Glossaire

Bauhaus

Établissement d'enseignement et de création fondé à Weimar par Walter Gropius en mars 1919. Littéralement : la Maison de la Construction. Son programme parut en avril 1919. Marqué, dans sa première phase, par l'expressionnisme, à travers l'enseignement de Johannes Itten. Dissous en décembre 1924 à Weimar, il est reconstitué à Dessau. Deuxième phase, jusqu'en 1932. Gropius quitte son poste de directeur en avril 1928 ; il est remplacé par l'architecte suisse Hannes Meyer, qui, victime d'une cabale anticommuniste, est limogé. Un autre architecte, Mies van der Rohe, lui succède, qui, après la fermeture de l'établissement de Dessau, installe le Bauhaus à Berlin, dans une usine désaffectée, il en fait une école privée. Celle-ci survit quelques mois : en avril 1933, elle ferme définitivement, sous la pression nazie. Le Bauhaus ne saurait donc être considéré comme caractéristique de l'esprit « berlinois ».

Juifs

Selon des statistiques de 1925, l'Allemagne comptait, sur une population de 60 millions d'habitants, 600 000 Juifs environ. Il y en avait 5 millions en Union soviétique et 3 millions en Pologne. À peu près 30 % de ces Juifs qui vivaient en Allemagne étaient installés à Berlin.
Les uns étaient intégrés à la vie sociale allemande depuis 1808, suite au combat mené pour l'émancipation des Juifs par le mouvement libéral au XVIIIe siècle. Les autres arrivaient de l'Est. Les bourgeois juifs de Westend voyaient d'un mauvais œil cette intrusion de Juifs pauvres, car ils considéraient que ces derniers risquaient, par leur comportement, de provoquer un regain d'antisémitisme.
À 44 %, le commerce représentait l'activité des Juifs berlinois. L'industrie comptait pour 27 %. Berlin comptait 16 synagogues et 80 institutions juives (cliniques, jardins d'enfants, écoles).

Kurfürstendamm
Chaussée du Prince-Électeur, artère qui constitue, à l'ouest, l'un des grands centres d'activité de Berlin (les deux autres étant l'Alexanderplatz, à l'est, et le quartier des affaires entre Leipziger Straße et Friedrichstraße). C'est l'avenue luxueuse des cinémas, des dancings, des cabarets.

Nouvelle Objectivité
En allemand, *Neue Sachlichkeit.* C'est le courant artistique et littéraire qui succède à l'expressionnisme. Rigoureux, il a été appelé par Félix Bertaux « l'ordre froid ». Figuratif en peinture, orienté sur des aspects documentaires, un culte des faits objectifs en littérature, il a prédominé en Allemagne de 1924 à 1932 environ.

Ours
Animal emblématique de Berlin. Le nom de la ville proviendrait, selon certains, de Bärlein, le petit ours. Franz Hessel *(Promenades dans Berlin*, Presses Universitaires de Grenoble, 1989, p. 89) signale avec raison que cette étymologie est contestée : le mot, en langue wende, désigne un « barrage », et « ce barrage, ou grille de retenue d'eau, reliait, aux temps lointains des Wendes, les rives gauche et droite de la Sprée ».

Reich
Terme désignant l'ensemble de l'Allemagne. Le premier Reich est le Saint-Empire romain germanique, le deuxième est l'empire des Hohenzollern, et le troisième l'Allemagne national-socialiste.

Romanisches Café
Ce « Café roman » était situé au numéro 238 du Kurfürstendamm. Il devint, à partir de 1921, après la fermeture du Café de l'Ouest (rouvert un peu plus tard), le lieu de rendez-vous des gens de lettres, des journalistes et des artistes. Il n'avait pourtant rien de séduisant : il ressemblait à un hall de gare et pouvait abriter seulement une centaine de personnes.

Russes
En 1922, ils étaient à Berlin une centaine de milliers. Russes blancs qui fuyaient le communisme, mais aussi aventuriers, artistes, écrivains, savants, qui échappaient à la famine en Russie. En raison de l'inflation, il était possible de vivre à Berlin pour pas très cher. On raconte que, sur la ligne 8, qui allait de Alexanderplatz à Wilmersdorf, quand l'omnibus arrivait de la Bülowstraße sur la place Nollendorf, le chauffeur criait : « Russie ! » C'était l'entrée du quartier russe, qui avait pour centre la place de Prague. Une ville dans la ville, avec des librairies, des épiceries, des restaurants. Il existait quarante maisons d'édition russes, qui publiaient des journaux, des ouvrages philosophiques et des livres de cuisine.

Tempelhof
Littéralement, la Cour du Temple. À l'origine, village qui doit son nom aux anciens templiers. Faubourg de Berlin aux immenses blocs

d'habitation, et surtout zone réservée à l'aéroport. Tempelhof est situé à côté de Mariendorf, où avaient été construits des studios de cinéma. C'est à Tempelhof que se trouvait aussi l'un des monuments de l'architecture moderne : la tour de l'imprimerie Ullstein.

Unter den Linden

Sous les Tilleuls, promenade qui est une longue avenue plantée d'arbres, au-delà de la porte de Brandebourg en arrivant de l'ouest. Elle se termine sur une place réunissant l'Opéra, l'université, la Bibliothèque nationale. Une statue de Frédéric II par Rauch y fut inaugurée en 1851.

Die Weltbühne

Siegfried Jacobsohn, après un séjour à Paris, fonde à Berlin l'hebdomadaire théâtral *Die Schaubühne* en 1905. Celui-ci devient *Die Weltbühne* en 1918. À la mort de Jacobsohn, en 1926, la direction de cet hebdomadaire des intellectuels de gauche est assurée par Carl von Ossietzky jusqu'en 1933.

Bibliographie

Généralités sur la République de Weimar

Badia Gilbert, *Histoire de l'Allemagne contemporaine* t. 1, Paris, Éditions sociales, 1962 (réédité aux éditions Messidor, Paris, 1987).

Blun Georges, *L'Allemagne mise à nu*, Paris, la Nouvelle Société d'édition, 1928.

Got Ambroise, *L'Allemagne à nu*, Paris, la Pensée française, 1923.

Klein Claude, *Weimar*, Paris, Flammarion, 1968.

Helsey Edouard, *Au pays de la monnaie de singe*, Paris, Albin Michel, 1924.

Richard Lionel, *La Vie quotidienne sous la République de Weimar*, Paris, Hachette, 1983.

Royer Louis-Charles, *L'Amour en Allemagne*, Paris, les Éditions de France, 1930.

Vermeil Edmond, *L'Allemagne contemporaine, sociale, politique et culturelle*, t. 2, Paris, Aubier, 1959.

La République de Weimar et la vie culturelle

Gay Peter, *Weimar Culture*, New York, Harper & Row, 1968.

Laqueur Walter, *Weimar*, Paris, Laffont, 1978 (édition anglaise parue en 1974).

Hermand Jost, Trommler Frank, *Die Kultur der Weimarer Republik*, Munich, Nymphenburger Verlagsbuchhandlung, 1978.

Richard Lionel, *D'une apocalypse à l'autre*, Sur l'Allemagne et ses productions intellectuelles de Guillaume II aux années vingt, Paris, UGE, coll. 10-18, 1976. *Encyclopédie de l'Expressionnisme*, Paris, Somogy, 1977. *Encyclopédie du Bauhaus*, Paris, Somogy, 1986.

Willett John, *The New Sobriety, Art and Politics in the Weimar Period*, Londres, Thames and Hudson, 1978.

Sur le cinéma

M. Le Maudit, textes de Noël Simsolo, Bernard Eisenschitz, Gérard

Legrand, Paris, Éditions Plume et la Cinémathèque française, 1990.

Borde Raymond, Buache Freddy, Courtade Francis, *Le Cinéma réaliste allemand*, Lyon, Serdoc, 1965.

Buache Freddy, *Le Cinéma allemand 1918-1933*, Paris, Hatier, 1984.

Courtade Francis, *Cinéma expressionniste*, Paris, Henri Veyrier, 1984.

Eisner Lotte H., *F.W. Murnau*, Le Terrain Vague, Paris, 1964. *Fritz Lang*, Cahiers du cinéma-Cinémathèque française, Paris, 1984.

Hanisch Michael, *Auf den Spuren der Filmgeschichte*, Berlin, Henschel Verlag, 1991.

Kracauer Siegfried, *De Caligari à Hitler*, L'Âge d'homme, Lausanne-Paris, 1973.

Kurtz Rudolf, *Expressionnisme et cinéma*, Grenoble, PUG, 1986.

Simsolo Noël, *Fritz Lang*, Cinégraphiques, Edilig, Paris, 1982.

Généralités sur Berlin de 1919 à 1933

Bidou Henry, *Berlin*, Paris, Grasset, 1936.

Boberg Jochen, Fichter Tilman, Gillen Eckhart, *Die Metropole, Industriekultur in Berlin im 20. Jahrhundert*, Munich, Beck Verlag, 1986.

Buddensieg Tilmann, Düwell Kurt, Sembach Klaus-Jürgen, *Wissenschaft in Berlin*, Berlin, Gebr. Mann Verlag, 1987.

Flocon Albert, « Avoir vingt ans dans le Berlin des années trente », in *Berlin : capitale, mythe, enjeu*, Presses universitaires de Nancy, 1988, p. 117-132.

François Étienne, Westerholt Egon Graf, édit., *Berlin : capitale, mythe, enjeu*, Presses universitaires de Nancy, 1988.

Halbwachs Maurice, « Gross-Berlin-grande agglomération ou grande ville ? », *Annales d'histoire économique et sociale*, 30 novembre 1934, t. 6, p. 547-570.

Hessel Franz, *Promenades dans Berlin*, traduction de Jean-Michel Beloeil, Presses universitaires de Grenoble, 1989 (édition originale allemande parue en 1929).

Korff Gottfried, Rürup, édit., *Berlin, Die Ausstellung zur Geschichte der Stadt*, Berlin, Nicolaische Verlagsbuchhandlung, 1987.

Kracauer Siegfried, *Straßen im Berlin und anderswo*, Berlin, Das Arsenal, 1987 (recueil d'articles des années vingt).

La situation des Juifs à Berlin avant 1933

Bourel Dominique, « Berlin et les Juifs : une histoire d'amour et une tragédie », in *Berlin : capitale, mythe, enjeu*, Presses universitaires de Nancy, 1988, p. 87-95.

Geisel Eike, *Im Scheunenviertel (Bilder, Texte und Dokumente)*, préface de Günter Kunert, Berlin, 1981.

Mattenklott Gert, « Ostjuden in Berlin », in *Die Reise nach Berlin*, Berlin, Siedler Verlag, 1987, p. 210-216.

Richartz Monika, *Jüdisches Leben in Deutschland (1918-1945)*, Stuttgart, Deutsche Verlags-Anstalt, 1982. « Jüdisches Berlin und seine Vernichtung », in *Die Metropole, Industriekultur in Berlin im 20. Jahrundert*, Munich, Verlag C.H. Beck, 1986.

La vie culturelle à Berlin

Kändler Klaus, Karolewski Helga, Siebert Ilse, édit., *Berliner Begegnungen, Ausländische Künstler in Berlin 1918-1933*, Berlin, Dietz Verlag, 1987.

Laitko Hubert, éd., *Wissenschaft in Berlin*, Berlin, Dietz Verlag, 1987.

Lange Annemarie, *Berlin in der Weimarer Republik*, Berlin, Dietz Verlag, 1987.

Palmier Jean-Michel, *Retour à Berlin*, Paris, Payot, 1990.

Richard Lionel, « Splendeur et misère d'une métropole culturelle », in *Berlin : capitale, mythe, enjeu*, Presses universitaires de Nancy, 1988, p. 105-116.

Schrader Bärbel, Schebera Jürgen, *Kunst-Metropole Berlin 1918-1933*, Berlin, Aufbau Verlag, 1987.

Biographie des auteurs

Dominique Bourel	Chercheur au CNRS, spécialiste de l'histoire de la Prusse. Collabore à de nombreuses revues, dont la *Revue de Synthèse* (Albin Michel).
Alain Brossat	Enseigne la philosophie à l'université de Paris VIII, est spécialiste de la mémoire historique dans l'Europe contemporaine.
Gerhard Brunn	Professeur d'histoire contemporaine à l'université de Siegen. Nombreuses contributions sur Berlin.
Albert Flocon	Graveur, a enseigné à l'École nationale des beaux-arts (Paris).
Eike Geisel	Journaliste à Berlin, auteur d'un livre sur le Scheunenviertel.
Pascal Huynh	Ancien élève du Conservatoire national supérieur de musique (Paris). Il a soutenu une thèse sur Kurt Weill et vit à Berlin.
Annemarie Jaeggi	Universitaire à Berlin, spécialiste des problèmes de l'architecture contemporaine.
Jürgen Kuczynski	L'un des spécialistes marxistes de l'histoire économique de la classe ouvrière allemande, sur laquelle il a commencé à travailler à la fin des années vingt. Ses publications sont innombrables.
Pia Le Moal	Universitaire, a collaboré au CNRS à la réalisation de travaux collectifs.
Jean-Michel Palmier	Professeur à Paris I (arts plastiques). Il a publié plusieurs ouvrages, dont *Weimar en exil* et *Retour à Berlin* aux éditions Payot.

Wolfgang Ribbe	Auteur de plusieurs livres, enseigne l'histoire contemporaine à l'université libre de Berlin-Ouest.
Lionel Richard	Enseigne la littérature comparée, il est notamment l'auteur d'une *Vie quotidienne sous la République de Weimar* (Hachette) et de l'*Encyclopédie du Bauhaus* (Somogy).
Eve Rosenhaft	Enseigne à l'université de Liverpool, au département d'études germaniques. Américaine, elle est notamment l'auteur de *Beating the Fascists ? The German Communists and Political Violence 1929-1933* (Cambridge University Press, 1983) et *The State and Social Change in Germany 1880-1980* (Oxford, Berg Publishers, 1990).
Jürgen Schebera	Chercheur à l'Académie des sciences de Berlin-Est, est l'auteur de plusieurs ouvrages sur la vie culturelle sous la République de Weimar, notamment à Berlin. Il a également publié une remarquable biographie de Kurt Weill.
Laure Siaud	Journaliste (contributions sur Berlin dans les revues de tourisme *Partance* et *Ulysse*).
Klaus Strohmeyer	Historien à Berlin-Ouest. Il est l'auteur de plusieurs études sur le développement de Berlin comme métropole moderne depuis la fin du XIXe siècle.
Marianne Walle	Maître de conférences d'allemand à l'université de Lille III, spécialiste de l'histoire des femmes allemandes.

Crédits photographiques

Remerciements à tous ceux qui ont participé à l'iconographie de cet ouvrage :

Auf den Spuren der Filmgeschichte, Michael Hanisch, Henschel Verlag GmbH, Berlin, 1991 : ADN-Zentralbild (pp. 73 bas, 77 haut, 92, 173) ; Landesbildstelle Berlin (p. 185 haut) ; Märkisches Museum (pp. 25 bas, 73 haut) ; Stiftung Deutsche Kinemathek, Berlin (pp. 166, 169).

Berlin, Berlin : die Ausstellung zur Geschichte der Stadt, Katalog, Berliner Festspiele GmbH und die Autoren : Akademie der Künste, Sammlung Baukunst, Berlin (p. 141 bas) ; Süddeutscher Verlag, Bilderdienst, München (p. 185 bas) ; Ullstein Bilderdienst, Berlin (p. 215 haut).

Berlin in der Weimarer Republik, Annemarie Lange, Dietz Verlag Berlin, 1987 : pp. 70, 84, 139.

Berlin, Schiksal einer Weltstadt, Walther Kiaulehn, Biederstein Verlag GmbH, München und Berlin, 1958 : Ullstein Bilderdienst, Berlin : pp. 28, 30 haut, 94, 148.

Drehpunkt 1930, BMW - Edition, München, 1979 : Ullstein Bilderdienst, Berlin et Süddeutscher Verlag, Bilderdienst, München : pp. 26 bas, 140.

Kunstmetropole Berlin 1918-1933, Bärbel Schrader et Jürgen Schebera, Aufbau-Verlag, Berlin und Weimar, 1987 : pp. 36, 37, 176, 180, 188.

Licht und Schatten der dreißiger Jahre, Walter Ballhause, Deutscher Taschenbuch Verlag, 1985 : pp. 122, 132, 201 haut, 215 bas.

Die Metropole, CH. Beck'sche Verlagsbuchhandlung (Oscar Beck), München, 1986 : Akademie der Künste (p. 141 haut) ; Bildarchiv Preußischer Kulturbesitz (pp. 121 haut, 129 haut) ; Der ewige Jude, Hg Hans Diebow, Berlin, 1938 (p. 77 bas) ; Kunstbibliothek, Berlin (p. 164) ; Ullstein Bilderdienst (pp. 118, 129 bas, 182).

Revolution und Fotographie, Berlin 1918/19, Verlag Dirk Nishen GmbH & Co. KG, Berlin, 1990 : Agentur für Bilder zur Zeitgeschichte, Berlin (pp. 19, 20 bas, 21, 30 bas) ; Landesarchiv, Berlin (p. 20 haut).

Table des matières

Chez le même éditeur

Berlin

Années 1970-1980 : le ciel partagé
Dirigé par Klaus Schuffels
Série « Monde », n° HS 1

Berlin capitale

Un choc d'identités et de cultures
Dirigé par Jacqueline Deloffre et Hans Joachim Neyer
Série « Monde », n° HS 57

Berlin 1933-1945

Séduction et terreur : croisade pour une catastrophe
Dirigé par Lionel Richard
Série « Mémoires », n° 37

Éditions Autrement

Directeur-rédacteur en chef : Henry Dougier. *Rédaction :* Jean-Claude Béhar. Nicole Czechowski. Peter Snowdon. *Fabrication/Secrétariat de rédaction :* Bernadette Mercier, *assistée de* Hélène Dupont *et de* Alice Breuil. *Maquette :* Patricia Chapuis. *Service financier :* Éric Moulette. *Gestion et administration :* Agnès André. Hassina Mérabet. Christian Da Silva. *Service commercial :* Patrick Leimgruber. *Responsable du service de presse :* Agnès Biltgen.

Abonnements au 1er janvier 1995 : la collection « Mémoires », complémentaire des Séries « Monde », « Mutations » et « Morales » est vendue à l'unité (120 F par ouvrage) ou par abonnement (France : 650 F ; Étranger : 770 F) de 7 titres par an. L'abonnement peut être souscrit auprès de votre libraire, ou directement à Autrement, Service abonnements, 17, rue du Louvre, 75001 Paris. Établir votre paiement (chèque bancaire ou postal, mandat-lettre) à l'ordre de NEXSO (CCP Paris 1-198-50-C). Le montant de l'abonnement doit être joint à la commande. Veuillez prévoir un délai d'un mois pour l'installation de votre abonnement, plus le délai d'acheminement normal. Pour tout changement d'adresse, veuillez nous prévenir avant le 15 du mois et nous joindre votre dernière étiquette d'envoi. Un nouvel abonnement débute avec le numéro du mois en cours. Vente en librairie exclusivement. Diffusion : Éditions du Seuil.

Directeur de la publication : Henry Dougier. Revue publiée par Autrement
Comm. par. 55778. Corlet, Imp., S.A., 14110 Condé-sur-Noireau. N° 12552.
Dépôt légal : septembre 1995. Précédent dépôt : février 1993.
ISSN : 1157-4488. ISBN : 2-86260-340-6. *Imprimé en France.*